조선을
사로잡은
꾼들

시대를 위로한 길거리 고수들 이야기

조선을 사로잡은 꾼들

안대회 지음

한겨레출판

조선 후기의 다채로운 명물들,
그 역동성과 인간적 품격

———

　조선 후기에 대중들의 시선을 사로잡았던 각계의 스타들을 추적
하였다. 가수, 구기口技 연기인, 재담꾼, 책 읽어주는 사람, 광대, 유
랑 연예인, 사회사업가, 노처녀 떡장수, 비구니, 무인, 기녀, 노비 시
인, 서당 선생, 강도, 도둑, 조방꾼, 점쟁이 등 도회지 공간에서 사람
들을 매료시켰던 사람들이 바로 이 책의 주인공이다.

　그들 한 사람 한 사람은 당대의 명물名物로 제각각 그들 세계에서
는 명성이 자자한 꾼들이었다. 그들을 명사名士라는 멋진 말로 표현
해도 좋을 법하지만, 그 말로는 담아내기 어려운 그들만의 특징과
개성이 있다. 명사라는 말에는 신분이 높고 학식과 품위가 있어 존
경심을 표해야 할 것만 같은 느낌이 배어 있다. 반면에 이 책에서 다
루는 인물들은 고관이나 큰 학자와 같이 전통적으로 존경의 대상이
될 법한 부류는 결코 아니다.

명사란 대체로 지위, 신분, 집안, 학식에서 명문가 귀족이 독점하는 자격이나 직업의 소유자로서 탄탄대로의 인생길을 밟아온 경우가 많다. 하지만 명물은 대개가 자기 혼자 힘으로 무언가를 일구어낸 자수성가형 스타이거나 그만의 독특한 삶을 영위한 존재들이다. 또 굳이 존경심까지 표할 필요가 없는, 한 시대의 문화적 아이콘으로서 오히려 더 친숙하다. 그렇다 보니 이들은 사회에서 주류를 형성했던 양반 계층이라기보다는 그 외부에서 삶을 영위한 비주류 인물들이다. 다른 말로 표현하자면, 명사는 주류 사회를, 명물은 비주류 사회를 활동 배경으로 삼는다.

　명사든 명물이든 모두 한 시대의 유명 인사로서 일부 소수만이 그 세계에 들어갈 수 있었다. 자신을 드러낼 수 있는 매체를 가졌느냐 못 가졌느냐 하는 점에서 차이가 날 뿐이다. 명사들은 자신의 존재를 당당하게 선전할 역사 사료와 문학 서적이라는 강력한 매체를 소유했기에 그들의 명성과 행적을 먼 후대까지 남겨놓았다.

　반면에 명물들은 그런 매체를 소유하지 못했다. 역사책도 문학책도 선뜻 그들을 위한 자리를 내어주지 않았다. 제 아무리 위대한 명물이라도 세대가 바뀌고 유행이 지나고 나면 사람들의 기억에서 지워진다. 명사들 역시 망각의 운명을 피하진 못하지만 이들이 역사와 문학을 통해 지워진 기억을 재생하는 혜택을 입는 것과는 딴판이다.

　그렇다고 명물들이 기억에서 완전히 사라지는 것은 아니다. 그들의 명성과 행적은 입에서 입으로 전해지는 구비口碑의 힘을 빌려서 지역과 세대의 벽을 넘어선다. 이른바 입소문을 통해 그들은 자신의 존재를 세상에 남겼다. 그중에서도 독보적이거나 유달리 시선을 끈 사람들은 명사들이 독점한 역사 사료와 문학이란 매체에도 존재를 각인시켰다. 이 책에서 조명하고자 하는 주제와 인물은 그렇게 입소문과 기록 매체를 통해 살아남은 전통 시대의 명물들이다. 그렇기에 명사들보다 훨씬 다채롭고 흥미로운 캐릭터들이고, 오히려 더 큰 가치를 부여할 만한 역사 인물들이다.

*   *   *

여러 매체들을 뒤져서 200여 년 전후한 시대에 도회지 시민들을 매료시켰던 명물들의 삶과 활동상을 되살려보려 했다. 그들이 어떤 존재였고 어떤 삶을 살았는지 간략하게 정리해본다.

1부에서는 도회지 거리에서 불특정 다수를 대상으로 기예를 파는 대중예술가들을 다루었다. 성대모사를 공연하며 생활하는 구기 전문인 박뱁새와 군할을 비롯해서 종로 거리에서 책을 읽어주는 전기수, 「백조요」란 노래를 부르며 전국을 방랑하는 통영동이, 만능 엔터테이너라고 할 만큼 탈춤과 재담 같은 각종 대중예술에 달인이었던 광대 달문, 여기에 이름을 알 수 없는 수많은 유랑 연예인들이 도회지의 거리와 골목을 찾아다니며 기예를 발휘하고 보수를 받았다. 그 가운데 일부는 폭발적인 인기를 얻어 사방에 불려 다녔다. 옛이야기를 잘하던 재담꾼 김중진을 비롯한 여러 부류들은 부잣집이나 귀족 집에 불려가 삯을 받고 재담을 구연했고, 군할과 같은 구기의 명인은 평양과 개성의 기생방에 불려 다니느라 하루도 공연이 비는 날이 없을 만큼 인기를 누렸다. 달문을 비롯한 인기 예인들이 공연하는 곳에는 구름떼처럼 사람들이 모여들어 환호와 박수를 보냈다. 그들의 활동상을 보면, 마치 인기를 누리는 현대의 연예인을 보는 듯한 느낌이 든다. 전국 인구가 천만 명이 되지 않았고, 한양 인구가 30만이 채 되지 않았던 시대에 펼쳐졌던 대중적 스타들의 생생한 현장을 1부에서 엿볼 수 있다.

2부에서는 18세기에 큰 화제를 뿌렸던 여성들이 주축을 이룬다. 쉰이 넘은 나이에도 온 세상 남자가 다 내 남편이라며 화장하고서 떡을 파는 노처녀 삼월이는 당시의 노처녀 문제를 보여주고, 무인 남휘와 가사를 주고받으며 사랑을 나눈 비구니의 로맨스는 18세기에 가장 유명한 연애사건의 하나였다. 둘이 주고받은 네 편의 가사는 조선 후기에 가장 인기를 누린 노래의 하나였다. 정인과의 연애를 완성하기 위해 기발한 방법으로 동반자살한 금성월, 홍국영 같은 권력깨나 쥔 자와 한상찬 같은 돈깨나 버는 내로라하는 남자를 속물 취급하며 서슴없이 버린 도도한 가기歌妓 한섬은 18세기 연예계에서 파란을 일으킨 여성들이었다. 널리 알려진 제주도의 사회사업가 김만덕 같은 경우는 18세기 여성의 색다른 캐릭터의 하나다.

3부에서는 도시에 등장한 새로운 유형의 인물들을 살펴보았다. 먹고살 길이 없는 양반은 나무를 팔러 한양 거리를 우스꽝스럽게 배회하고, 거꾸로 노비는 동대문에서 나무를 팔며 양반들의 전유물인 시를 지어 읊는다. 성균관 유생들의 뒤치다꺼리나 하던 노비가 선비의 대명사인 우암 송시열의 고택에서 가장 큰 규모의 서당을 열어 인기리에 학동들을 가르쳤다. 일부 부유한 도시민들은 명품 소비에 열을 올린다. 그런 분위기에서 일확천금을 꿈꾸는 현상도 꿈틀거렸다. 신분과 가치가 전도된 새로운 풍경이 시선을 끈다.

4부에서는 도회지의 어둠과 환락가에서 벌어지는 현상을 다루었다. 기상천외한 방법으로 부호들의 재산을 갈취하는 대도와 신출귀몰한 의적 일지매가 민중의 영웅으로 추앙받는 현상을 각종 자료를 동원해 분석하였다. 이밖에도 오입쟁이를 기생에게 중개하는 조방꾼들과 18세기의 제일가는 점쟁이 유운태도 그 풍경에서 빼놓을 없는 이들이다.

*   *   *

이들 명물 캐릭터들은 여러 각도에서 조명해볼 가치가 있지만 첫 손가락으로 꼽을 만한 요소는 아마도 도회지를 삶과 활동의 터전으로 삼았다는 것이리라. 활동무대가 벼슬아치들의 관료 사회도 아니고, 고담준론이 오가는 점잖은 선비들의 사랑방도 아니며, 수다와 갈등이 전개되는 여성들의 안방도 아니다. 그렇다고 당시 인구의 절대 다수를 차지하는 농부들이 등장하는 향촌 사회도 아니고, 더군다나 사회의 최하층 계층이 음모를 꾸미는 어두운 곳도 아니다. 이 모든 사람들이 함께 모여드는 도회지의 시장과 골목이 바로 그들이 활동한 주무대이다.

도시공간에서 그들이 펼치는 인생은 우리가 자주 접해왔던 조선 시대 사람들, 그것도 상류층 양반들의 그것과는 꽤 거리가 있다. 차분하고 이성적인 삶이 아니라 열띠고 감성적인 삶이 앞서고, 금욕적인 태도보다는 욕망의 충족을 지향하고, 향촌의 고즈넉한 분위기보다는 도회지 시장의 왁자지껄한 소음을 배경으로 삼는다. 여기에 등장하는 대중예술가나 그 예술을 향유하는 도회민들은 볼거리, 들을 거리, 즐길 거리를 두고서 망설이거나 거부하지 않는다. 도회지에 출현한 새로운 삶의 방식과 문화를 자제하거나 거부하기는커녕 즐기고 갈구한다. 도회지 서민들 틈에서 성장한 대중예술이 문화와 예술 전반에 활력을 불어넣어 조선 후기 서민문화의 한 축을 만들어가는 과정을 확인할 수 있다.

새로운 삶의 방식은 여성들의 삶에서도 예외가 아니다. 우리가 조선시대 여성에게 기대하는 것과는 딴판의 인생도 보인다. 사랑에 몸을 던지고, 남자들도 하지 않는 거액의 기부를 감행하기도 하고, 자기 멋대로 사는 노처녀도 등장한다. 양반과 상놈의 구분이 존재하기는 하나 역할이 뒤바뀌는 일도 일어난다. 도회지라는 공간과 그곳에 넘쳐나는 황금과 상대적으로 자유로운 공기가 그런 파격과 뒤집기를 가능하게 했다. 18세기 이후 확대일로에 있던 도회지의 번영이 가져온 커다란 변화이리라.

전국적인 도로망이 뚫리고 시장과 상업이 발달하여 전통적 명사 외에 색다른 캐릭터의 인물들이 관심의 대상이 되는 데 크게 기여하였다. 그 명물들은 입소문으로 전파되어 새로운 유흥거리를 갈구하는 도회지 구성원들을 사로잡았다. 이 책에서 살펴본 인물들 상당수가 한양을 비롯한 도회지에서 명성을 누리고 많은 지식인의 기록에까지 이름과 행적을 올린 이유는 새로운 문화와 인생이 사람들의 심리에 얼마나 강한 영향을 미쳤는지를 보여준다.

이들 인간 군상과 스타들은 시선을 집중시키는 특이한 괴짜의 면모와 발군의 예능으로 한 시대의 문화 아이콘으로 떠오른다. 그들은 상업도시로 변해가는 조선 후기 도회지 사회의 역동성과 익명성을 인상적으로 부각시킨다. 근대적인 도시문화가 형성되기 이전에 이미 상업화한 도시문화가 형성되는 과정을 보여준다.

그곳에서 양반은 권위를 잃고 날품팔이나 걸인으로 등장하고, 도회민은 일확천금 횡재를 꿈꾸기도 한다. 이에 반해 신분이 낮은 사람들은 능력을 갖춰 정 초부처럼 시인으로 명성을 날리기도 하고, 정학수처럼 한양에서 제일 큰 서당을 운영하기도 한다. 분위기에 휩쓸려 감상할 능력도 없는 시민들이 명품에 넋을 잃기도 한다. 각종 기예를 연마, 그 솜씨를 이용하여 돈을 버는데 바로 현금을 주고받는다. 향촌 사회에서는 상상할 수 없는 일이다. 서민들이 오가는 시장 바닥에서는 푼돈이 거래되고, 한량들이 모여드는 기생방에서는 큰돈이 오간다. 조방꾼 이중배는 기생을 이용하여 사기를 쳐서 두 채의 집값에 해당하는 100냥의 거금을 하룻밤에 손에 쥐고, 조방꾼 최씨는 그 직업만으로도 부잣집 자제들처럼 호사스럽게 산다. 소설책 읽어주는 전기수를 비롯하여 떠돌이 예인들은 푼돈을 받아서 생계를 꾸리고, 노처녀는 떡과 엿을 팔아 생계를 유지한다. 도시는 이런 다양한 인간들을 포용한다.

이 책에 등장하는 인물들이 살아가는 공간은 농업을 근간으로 한 사회가 아니다. 조선 정부와 사대부들이 그렇게 비판했던 상업이 활발하게 진행된 도시 사회이다. 도시에서 활동하는 예인들이나 여성들, 심지어는 도둑들까지 모두 일종의 서비스업에 종사하는 사람들이다. 푼돈을 벌든, 거액을 갈취하든, 경제적 수입과 관련한 이야기들이 빠지지 않고 등장한다. 이들은 조선시대에 익숙하게 보아오던 방식과 상당히 다르게 살아가는 것이다.

그럼에도 불구하고 물신화되어가는 세태에 매몰되지 않으려는 노력도 보인다. 새로운 경향에 몸을 맡기면서도 결코 물질에만 인생의 가치를 두지 않기에 그들은 매력적이다. 그들에 대한 소문과 기억이 인기를 얻은 배경에는 이런 태도가 영향을 미쳤다. 어릴 때 잃은 동생을 찾기 위해 전국을 노래 부르며 떠도는 통영동이의 우애, 광대 달문의 의리와 신의, 김만덕의 자선 행위, 기생 금성월과 한섬의 죽음으로 지킨 사랑과 의리, 일확천금을 끝까지 마다하는 양심, 탐욕한 부자를 털어 가난한 민중을 도와주는 의협심은 예술과 재능 너머에 도사린 따뜻한 인간적 품격을 느끼게 한다. 제 아무리 시장윤리가 깊숙이 파고든 도회지 시장과 골목일지언정 아직은 인륜적 가치가 살아 있어 살 만한 세상이라는 위안을 받을 수 있다. 적어도 이들 명물들은 비슷한 수준의 재능을 지니고 삶을 영위한 부류들 가운데서 사람다운 품위를 지켰다는 점에서 큰 차이가 있다. 그것이 세대와 지역을 넘어 후대에까지 기억되는 또 하나의 이유일 것이다.

*　　　*　　　*

조수삼의 『추재기이秋齋紀異』를 노둣돌 삼아 조선 후기 대중의 마음을 사로잡았던 명물의 세계를 캐어보았다. 이외에도 다양한 사료와 문학서를 수집하고 정리하여 묻혀 있던 과거의 스타들을 재구하였다. 이 작업이 가능한 원동력은 기억과 기록에 있다. 그들은 신분 높고 벼슬 높은 명사가 아닌, 대중들 속에서 활동한 명물임에도 불구하고 대중과 지식인들의 기억과 기록 속에 강렬하고 지속적인 흔적을 남겼다. 다양한 문집과 사료 속에서 역동적이고 흥미로운 이들과 조우하는 것은 신기하고도 행복한 경험이다. 이밖에도 얼마나 많은 주제와 인물이 더 있을지 궁금하기만 하다.

이 책에서 다룬 주제와 인물들이 단순히 개별적인 현상과 인간에 관한 보고서에 그치지만은 않을 것이다. 그것들은 조선 후기 사회의 역동성과 새로운 가능성을 보여주고, 근대와 현대로 이어지는 변화의 과정을 이해하는 데 적절하게 기여할 수 있으리라고 생각한다.

『추재기이』를 전후한 시대의 여러 저작과 비교하면서 자료들을 정독해왔는데 그 과정에서 이 시대를 보는 나름의 시야를 얻을 수 있었다. 그 결과로 『추재기이』를 정밀하게 번역하고 해설한 책을 함께 지어 같은 출판사에서 곧 출간하고자 한다. 이 책의 자매편이라고 해도 좋을 것이다. 이 주제에 관해 더 읽고 싶은 독자가 있다면 함께 읽기를 권한다.

책을 구상한 지는 거의 10년쯤 되었는데 이제야 일단락을 짓는다. 초고는 『한겨레21』에 706호부터 774호까지 '조선의 비주류 인생'이라는 시리즈 제목을 달고 연재하였다. 책을 내기 위해 초고를 대폭 보완하였기에 원고에 따라서는 초고와 상당히 많은 차이가 나기도 한다. 여전히 부족한 부분은 독자 제현의 가르침을 기다린다.

2010년 8월 말, 늦더위가 심한 날
안대회

저자의 말 • 4

1부 늴리리야, 딴따라들의 향연

- 맨입으로 연주하는 오케스트라 —— 구기(口技) 전문인 박뱁새와 군할 • 19
- 애끓게 동생 찾는 걸인의 노래 —— 장애인 노래꾼 통영동이 • 35
- 애틋한 온고지신, 전설의 음악 거장 —— 악사 김성기 • 48
- 재치 만점, 풍자의 달인 —— 재담꾼 김중진 • 61
- 인기 만점, 낭독의 달인 —— 책 읽어주는 전기수(傳奇叟) • 75
- 당대를 쥐락펴락한 만능 엔터테이너 —— 광대 달문 • 91
- 깡깡이 소리로 세상만사 그려내다 —— 유랑 예인들 • 104

2부 파란만장해라, 기고만장한 여인들

- 노블레스 오블리주를 실천한 제주의 여인 —— 사회사업가 김만덕 • 119
- 세상 남자 모두 배필이라던 당찬 노처녀 —— 노처녀 삼월이 • 139
- 여승과 주고받은 연애편지 —— 파계한 비구니 • 151
- 한양 유흥가의 정사사건 —— 기생 금성월 • 166
- 남자다운 남자는 진정 어디에 —— 기생 한섬 • 181
- 나는 물고기로소이다 —— 물고기로 변신한 여인 • 196

3부 윗것 아랫것 뒤섞인 반상班常의 풍경

- 돈 없는데 양반이라고 별 수 있나 —— 몰락한 양반들 • 207
- 천민 나무꾼, 시단의 명사 되다 —— 노비 시인 정 초부 • 219
- 노비, 한양의 스타 강사 되다 —— 서당 선생 정학수 • 235
- 명품·신상에 미친 소시민들 —— 서화골동 애호가들 • 251
- 일확천금 횡재를 포기한 사람들 —— 시대의 양심가들 • 264

4부 어두운 뒷골목을 사로잡았나니

- 마음을 훔친 기상천외한 도적들 —— 협객 대도들 • 279
- 신출귀몰, 민중의 영웅 —— 의적 일지매 • 291
- 천하의 기생들이 내 손안에 있소이다 —— 조방꾼 최씨와 이중배 • 303
- 내 점괘는 백발백중, 족집게라오 —— 점쟁이 유운태 • 314

주석 • 326
참고문헌 • 336

1부

닐리리야, 딴따라들의 향연

맨입으로 연주하는 오케스트라
구기ロ技 전문인 박뱁새와 군할

현대의 대중문화는 모든 사람의 생활에 깊은 영향을 끼친다. 이를 접하지 않고 살아간다는 것은 거의 불가능하다. 도시문화의 발전과 상업자본·매스컴의 기형적인 발달은 이런 현상을 촉진시켰다. 20세기 초반부터 서양식 대중문화가 발달하면서 전통 시대에 대중을 사로잡았던 이런저런 많은 기예들이 하나둘 자취를 감췄다. 지금은 시대에 적응하지도 대중의 시선을 획득하지도 못한 채 급격하게 사라진 그런 문화가 한때나마 우리나라에 존재했는지조차 기억하기 어렵다. 그러나 수백 년 전에도 대중들의 시선을 한 몸에 받으며 인기를 누리던 다양한 장르의 대중문화가 있었다. 그 가운데 구기ロ技라는 기예가 있었고, 한 시대 대중들의 귀를 사로잡았던 스타도 존재했었다.

구기란 글자 그대로 입으로 연출하는 기예이다. 한 사람이 여러 사람의 목소리 혹은 갖가지 짐승 소리를 흉내 내는 기예를 말한다. 이규경李圭景은 이를 성희聲戲라고 불렀다.[1] 현재 성대모사라는 이름으로 연예인들이 재주를 발휘하는 장면을 흔히 볼 수 있는데, 아마도 이것이 제일 가까운 기술일 것이다. 하지만 구기는 성대모사와 같은 아마추어의 서툰 재주가 아니라 대중을 상대로 공연하는 전문적인 기예이다. 조선왕조 전 기간 동안 구기가 연행되었으나 대중적으로 큰 인기를 끌면서 널리 공연된 것은 조선 후기에 들어와서였다. 조선 초기의 야사인 『용재총화慵齋叢話』에는 함북간咸北間과 대모지大毛知, 불만佛萬이란 예능인의 구기 재주가 소개되었다. 이 책에서는 그들의 재능을 다음과 같이 묘사했다.

우리 이웃에 함경도에서 온 함북간이란 자가 있었다. 피리도 제법 불고 이야기와 광대놀이를 잘했다. 남들의 생김새와 행동을 보기만 하면 바로 흉내 냈는데 누가 진짜고 가짜인지를 분간하기 어려웠다. 또 주둥이를 오므려 각종 피리 소리를 냈는데 소리가 몹시 웅장하여 몇 리까지 퍼졌다. 비파와 거문고 소리를 입으로 내면 가락이 잘 어울렸다. 궁궐에 들어가기만 하면 상을 많이 받았다. 또 대모지란 자는 거위·오리·닭·꿩 소리를 잘 모사했다. 입으로 소리를 내면 이웃 닭들이 날개를 푸덕이며 몰려들었다. 또 채수蔡壽에게는 불만이란 종이 있었는데 개 짖는 소리를 잘 냈다. 영동 지방을 유람할 때 어느 마을에 이르러 밤중에 소리를 내자 이웃 개들이 모두 모여들었다.[2]

함북간은 단순한 성대모사에 그치지 않고 입으로 음악까지 연주할 정도의 기예를 갖고 있었다. 궁궐까지 들어가 임금 앞에서 공연하고 상까지 받았으므로 전문적 수준이었음을 짐작케 한다. 저자가 개요만 묘사하는 데 그쳤기 때문에 이들의 수준이 어느 정도인지를 정확히 파악하기는 쉽지 않다. 그러나 구기를 기예의 하나로 인식했고 그것을 적극적으로 감상하는 문화가 있었음을 이런 기록을 통해 알 수 있다. 다른 야사에도 이와 유사한 기록들이 띄엄띄엄 나타나기 때문에 민간에서 구기의 예술이 끊이지 않고 향유되었다는 정황을 어렵지 않게 찾을 수 있다.

———

입으로 그려내는 소리의 향연

구기는 조선만이 아니라 중국에서도 널리 성행하여 근대까지 각종 무대에서 꾸준하게 연행되었다. 조선의 구기 기예와 직간접으로 연결되지 않을 수 없다. 중국에서 공연된 구기에 대해서는 서울대 중문학과 이창숙 교수가 상세하게 설명한 적이 있다.[3] 이 교수는 구기를 요령 있게 설명한 『청패유초清稗類鈔』에 실린 다음 글을 소개했다.

구기는 백희百戲의 일종으로 구희口戲라고도 한다. 동시에 각종 음향과 여러 사람의 목소리, 새와 짐승의 울음소리를 내어 청중을 즐겁게 한다. 세상에서는 격벽희隔壁戲 또는 초성肖聲, 상성相聲, 상성象聲, 상성像聲이라고도 부른다. 팔선탁八仙卓을 가로로 놓고 장막을 둘러친 다음 그 속에 한 사람이 숨어서 오직 부채 한 자루, 나무토막 하나만을 사용한다. 듣는 사람들은 처음에는 한 사람이 하는 줄 모른다.[4]

이 글에 묘사된 구기는 설명대로 일정한 형식을 갖추어 공연되었다. 많지는 않지만 절묘한 경지에 도달한 예능인의 공연 실례가 몇 가지 전해져 그들의 공연 수준을 짐작할 수 있다. 그 하나가 명말 청초明末清初 사람인 장조張潮가 편찬한 산문집 『우초신지虞初新志』에 실려 있는데, 임사환林嗣環이 쓴 「추성시자서秋聲詩自序」이다. 조선 후기에 가장 인기 있는 책의 하나라서 많은 사람들에게 널리 읽힌 『우초신지』 가운데서 명작으로 손꼽히는 이 글의 전문은 다음과 같다.

서울에 구기를 잘하는 자가 있었습니다. 손님을 모아 잔치를 여는데 대청의 동북쪽 구석에 여덟 폭 병풍을 펴고 구기 연기자가 병풍 안에 앉았습니다. 탁자 하나, 의자 하나, 부채 하나, 나무토막 하나만 놓였습니다. 많은 손님들이 둘러앉고, 잠시 후 병풍 안에서 나무토막을 두 번 내려치는 소리가 들리자 모두들 숨을 죽이고 떠드는 사람이 없었습니다.

멀리 깊숙한 골목에서 개 짖는 소리가 들려오더니 아낙이 놀라 깨어 하품을 하고는 사내를 흔들어 방사房事를 요구했습니다. 사내는 잠결에 중얼거리면서 처음에는 시큰둥합니다. 아낙이 계속 흔들어 깨우고 두 사람의 소리가 점차 뒤섞이더니 침상이 삐걱거립니다. 이윽고 아이가 깨어 크게 울자 사내가 아낙에게 아이를

판소리 광대가 노래하는 모습인데 가객이 재담을 한다고 그림 제목을 붙였다.
판소리와 재담이 함께 공연된 실상을 보여준다.
작자 미상, 「가객재담歌客才談」, 개인 소장.

달래라고 합니다. 젖을 물리자 아이는 젖을 물고 칭얼대고 아낙은 아이를 다독이며 자장자장 달랩니다. 사내가 일어나 오줌을 누고 아낙도 아이를 안고 일어나 오줌을 눕니다. 침상에선 또 큰아이가 깨어 칭얼칭얼 울음을 그치지 않습니다.

이때 아낙이 손으로 아이를 토닥이는 소리, 입으로 웅얼웅얼 달래는 소리, 아이가 젖을 물고 칭얼대는 소리, 큰아이가 막 깨는 소리, 사내가 큰아이를 꾸짖는 소리, 요강에 오줌 누는 소리, 오줌통에 오줌 누는 소리 따위의 온갖 오묘한 소리가 일시에 다 납니다. 자리를 가득 메운 손님들이 목을 빼고 눈알을 굴리며 미소를 띠고 말없이 탄식하면서 절묘하다고 여기지 않는 이가 없었습니다.

이윽고 사내가 침상에 올라 잠들고 아낙은 큰아이를 불러 오줌을 뉘고는 다 같이 침상에서 잠을 잡니다. 작은아이도 점차 잠이 듭니다. 사내의 코 고는 소리가 시작되고, 아낙이 아이를 다독이는 소리가 점차 수그러듭니다. 찍찍 쥐 소리가 가늘게 들리더니 접시와 그릇이 넘어지고 엎어집니다. 아낙이 잠결에 쿨룩거립니다. 손님들의 마음이 조금 느긋해져 자세가 점차 바로잡혔습니다.

별안간 한 사람이 "불이야!"라고 크게 외치자 사내가 일어나 크게 외치고, 아낙도 일어나 크게 외치고, 두 아이가 일제히 울어댑니다. 갑자기 수백 수천 명이 크게 외치며, 수백 수천 아이가 울며, 수백 수천 마리 개가 짖어댑니다. 그사이에 집을 끌어당겨 무너뜨리는 소리, 불이 터지는 소리, 횡횡 바람 소리가 수백 수천 함께 일어납니다. 또 수백 수천의 살려달라는 소리, 집이 흔들리는 소리, 물건 빼앗는 소리, 물 뿌리는 소리가 섞여 나옵니다. 나야

할 소리가 모두 나고 없는 소리가 없습니다. 사람에게 손이 100개가 있고 손마다 손가락이 100개가 있다 해도 어떤 소리 하나도 꼬집어낼 수 없고, 사람에게 입이 100개가 있고 입마다 혀가 100개가 있다 해도 어느 한군데도 이름 붙일 수 없었습니다.

그러자 손님들은 낯빛이 변해 자리에서 일어나 소매를 떨쳐 팔뚝을 내놓고 두 다리를 후들거리며 모두들 먼저 나가려고 서둡니다. 문득 나무토막을 한 번 내려치자 모든 소리가 끊기고, 병풍을 걷자 사람 하나, 탁자 하나, 의자 하나, 부채 하나, 나무토막 하나가 나타났습니다.[5]

절묘한 구기 솜씨를 절묘한 문장으로 묘사한 명문 중의 명문이다. 이런 정도까지 구기 기예가 가능한지 나로서는 의문이 들 만큼 환상적이다. 아무튼 명청 시대에 구기는 상당히 인기 있는 공연의 하나로 정착되어 근대까지 이어졌다. 과거처럼 뛰어나지는 않으나 중국에서는 지금도 여전히 구기가 명맥을 유지하고 있다.

———

뱁새와 황새, 한양을 사로잡은 짝패 형제

조선 후기에 구기가 어느 정도까지 성행했는지를 명확하게 보여주는 기록은 발견하지 못했다. 다만 여러 가지 정황과 기록을 검토해서 제법 인기를 구가했다는 사실은 입증할 수 있다. 구기가 성행했다는 사실은 빼어난 구기 솜씨를 발휘하여 인기를 얻은 연기자의 등장을 통해 추정할 수 있다. 우리가 살펴볼 박뱁새가 그런 유명한 연기자의 한 사람이다. 조수삼趙秀三, 1762~1849은 『추재기이秋齋紀異』라는 책에서 박뱁새를 다음과 같이 묘사했다.

뱁새의 형은 황새 장사라고 불리는데, 넓적다리가 길고 힘이 세기 때문이다. 박뱁새는 키가 채 3척이 되지 않고 얼굴이 대여섯 살 난 아이처럼 작기 때문에 뱁새라고 불린다. 뱁새는 구기를 잘 해서 입으로는 생황과 퉁소를 불고, 코로는 거문고와 비파 음악을 연주한다. 동시에 함께 연주하되 소리가 즐비하고 화음을 잘 이루므로 세상에서 최고로 빼어난 음악대라고 평한다.

뱁새라는 이름의 키 작은 사내가 어린아이 같은 용모를 했고, 입과 코로 음악을 연주하여 인기가 있었다고 밝혔다. 이름을 밝히지 않고 박뱁새로만 부른 것은 뱁새가 그의 별명이자 예명임을 말한다. 박뱁새는 새와 사람의 특정한 소리를 단순하게 모사하는 소박한 수준에 그치지 않고 코와 입으로 동시에 복잡한 소리들의 화음을 연주했다. 음악 소리가 화음을 잘 이루었기 때문에 한 사람의 입과 코만으로도 뛰어난 음악대의 연주를 듣는 착각이 들 정도였다.

조수삼은 박뱁새의 구기를 더 이상 구체적으로 설명하지 않았다. 그 대신 뱁새의 사연에 그의 형 이야기를 끼워 넣었다. 뱁새와는 대조적으로 형은 키가 커서 황새 장사라 불렸다. 키가 껑충 큰 한량이었음을 표현한 말이다. 생김새가 너무도 다른 형제는 일반 서민들처럼 평범한 생활을 영위하기보다는 기방 주변에서 생활했던 것 같다. 도회지 기방에서 뱁새는 아주 인기 있는 공연의 하나로 구기를 하며 생활했고, 이때 형은 황새라는 별명으로 불리며 그의 보디가드 겸 후원자로 생계를 꾸려갔다고 추정할 만하다. 박뱁새를 묘사한 조수삼의 다음 시는 추정이 억측이 아님을 보여준다.

노래도 아니요 휘파람도 아닌데
구름 위 하늘까지 음악은 솟아오른다.
코에서는 거문고와 비파
입에서는 생황과 퉁소.

협객 소굴의 아름다운 음악에는
우스개 이야기가 따라다닌다.
"형님은 황새요
아우는 뱁새라네."

시의 후반부에 묘사되었듯 이들의 활동무대는 협객의 소굴[俠藪]이었고, 뱁새와 황새는 독특한 대조를 보이는 형제로 소문나 있었다. 이들은 기방에서 명성이 자자한 공연패로 인기가 있었다. 형까지 공연에 참여하지는 않았겠지만, 이들 형제는 꺼꾸리와 장다리처럼 사람들에게 웃음거리를 제공하는 연출을 하지 않았을까 짐작된다. 정통 음악 공연과 달리 구기의 음악 연주는 웃음을 동반하는 대중적 요소를 가미했을 가능성이 높다. 뱁새와 황새 형제는 생김새 자체가 웃음을 선사하는 우스꽝스러운 짝패였다.

군할, 평양과 개성 기방의 인기 연예인

그렇게 보면 박뱁새는 구기를 공연함으로써 생활하는 전문인이었다. 다시 말해 구기를 취미로 하는 사람이 아니라 전문적 예능으로 공연하고 돈을 버는 직업인이었다. 당시에는 전문적 예능인의 활동 무대가 도회지를 중심으로 상당한 수준으로 형성되어 있었다. 그런 공연과 전문인을 양반 사대부들이 가치 있는 예술과 예술가로 인정하지 않았기 때문에 기록에 자주 등장하지 않았다 뿐이지 그들은 대중적으로 상당한 인기를 얻은 직업인으로 발돋움했다. 뱁새 말고도 좋은 사례가 또 있는데, 바로 군할君瞎이란 이름의 구기 전문인이다. 그에 관한 사연은 필자가 3년 전에 발굴하여 소개한 『녹파잡기綠波雜記』란 책에 전한다.

군할이라 하는 사람은 퉁소를 잘 분다. 입에 닿는 대로 불어도

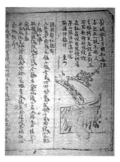

19세기 초 평양 기생과 풍류객 들의 삶을 써내려간 조선 후기 화류계의 만인보, 『녹파잡기』. 책 한편에 매화 한 줄기가 그려져 있다. 단국대 도서관 연민문고 장서.

자연스럽게 음률에 들어맞았다. 고금의 가곡을 불기만 하면 저마다 대단히 정교하고 오묘했다. 또 온갖 새 울음소리를 흉내 내는데 온 좌석이 그 소리를 듣고 뒤로 자빠졌다. 새 흉내가 끝나고 과부의 곡소리를 흉내 내면 애원하는 소리가 처절하여 눈물을 떨구게 만들었다. 개성과 평양 사이를 오가는데 다투어 그를 초빙하기 때문에 공연이 비는 날이 거의 없었다. 모두들 군할이 드물게 찾아오는 것을 한스럽게 여겼다.[6]

한재락韓在洛이 쓴 『녹파잡기』는 1810~20년대 평양의 기생과 기방 풍경을 묘사한 책이다. 군할은 기방을 무대로 활동하는 예인 가운데 대표적인 인물이기에 이 책에 이름이 올랐다. 그 이름으로 보아 장님인 듯하고, 박뱁새와 거의 동시대 사람이다. 박뱁새가 한양을 주 활동무대로 삼았다면, 군할은 평양과 개성을 주 활동무대로 삼았다. 군할은 퉁소를 연주하는 정통 음악가이지만 그의 특기는 구기에 있었다. 온갖 새 울음소리와 과부의 곡소리 성대모사를 주 특기로 삼는 군할의 솜씨에 반해 평양과 개성의 기방에서는 번갈아 그를 초청, 공연을 벌였다. 공연 일자가 꽉 차서 하루도 빈 날이 없었다고 하니 그의 인기가 얼마나 대단했는지를 가늠할 만하다. 이렇게 기방을 무대로 구기 공연을 하는 직업적 예능인은 정통 예술인과는 구별되는 대중적 민간예술인으로서 대중들의 기호에 맞는 공연을 했다.

한편 이러한 직업인들과는 달리 취미로 구기를 하는 인물들도 각지에 있어서 구기가 취미예술로 널리 퍼진 당시 사회상을 엿보게

한다. 그 가운데 하나의 사례가 성호 이익 선생의 조카인 이철환이
쓴 『상산삼매象山三昧』란 책에 등장한다.[7]

이철환은 1753년 예산의 가야산에 올랐을 때 절에서 회잠會岑이라
는 열일곱 살 사미승이 구기를 펼치는 장면을 목도했다. 회잠이 입
술을 모아 입김을 불어 나각螺角과 유사한 소리를 잘 냈고, 자연스럽
고 교묘한 소리가 법당을 가득 메웠다고 전했다. 전에도 어떤 선비
가 입으로 거문고 음악을 멋지게 연주한다는 소문을 듣고 꼭 만나
려 했던 이철환이었다. 구기를 천박한 기술로 무시하지 않고 호기
심을 가졌기에 그는 이 기록을 남겼다. 이밖에도 홍길주洪吉周를 비
롯한 학자들이 구기 공연을 직접 보고 기록을 남겼는데 어떤 때는
직업적 전문인을, 어떤 때는 취미로 구기를 연기하는 자를 대상으
로 삼았다. 취미라고 해도 전문인을 역할 모델로 삼았기 때문에 구
기의 내용 자체는 대체로 큰 차이가 없었다.

———

구기, 황제의 외국인 손님을 놀라게 하다

구기는 구한말까지 대중적으로 상당히 성행했다. 그 실상은 구한말
조선을 방문한 외국인의 눈에도 띄었다. 천문학자로 1883년 12월
조선을 방문한 퍼시벌 로웰Percival Lowell의 기행문에 실상이 고스란히
나타난다. 고종황제의 환대를 받은 로웰은 황제의 배려로 서울 화
계사에서 하룻밤을 묵으며 구기 공연을 관람했다. 이날 화계사에서
저녁을 먹고 난 뒤 로웰은 한 사람의 연기자가 모든 기예를 공연하

명왕성 발견의 초석을 닦았던 천문학자 퍼시벌 로웰은 19세기 후반 한국과 일본을
방문한 후 백과사전적인 기록들을 남겼다. 사진 앞줄 왼쪽에 퍼시벌 로웰,
앞줄 가운데에 민영익, 뒷줄 왼쪽에서 세 번째에 유길준의 모습이 담겨 있다.

는 일인극을 많은 사람들과 함께 구경했다. 그 가운데 대표적인 기예가 구기였다. 외국인이나 조선인이나 다 같이 넋을 놓고 구기 공연에 빠져들었는데, 특히 세 장면이 압권이었다. 화계사의 인상적인 공연 장면이 어떠했는지 로웰의 글로 직접 살펴보자.

주인공이 맨 처음 연기한 역할은 오랫동안 품고 있던 소망을 이루기 위해 어떤 양반을 뵈려고 하는 시골뜨기였다. 그는 대문 안으로 들어가기 위해 천 가지 계략으로 하인을 설득했다. 그에게는 뻔뻔함과 매력이 뒤섞여 있어 마침내 엄한 감시인이 그의 꾐에 넘어갔다. 일차 관문을 통과한 시골뜨기가 안으로 들어가 양반과 마주하자 갑자기 태도가 싹 바뀌어 엄청나게 공손해졌다. 그에게 노예근성이 있었는지는 모르겠지만 단순하면서도 설득력 있었고, 특히 자신의 요구를 관철시키는 능력만큼은 누구보다 뛰어났다. 공연은 무대장치 없이 진행되었다. 배우가 마룻바닥에 그어 놓은 상상의 선과 가공의 인물인 양반 이외에는 아무것도 없었다.

이어 그는 산중의 여행자가 되어 도중에 갑자기 호랑이를 만났다. 순간 배우는 단번에 호랑이로 변했다. 으르렁대는 그의 포효는 진짜 호랑이조차 따라가지 못할 만큼 무시무시했다. 구경꾼들이 본능적으로 몸을 떨 만큼…… 그는 다시 어둠이 내린 시가에서 길을 더듬는 장님으로 변해 야경꾼의 단속에서 벗어나려는 장님 행세를 했다. 장님은 야간통행금지법의 단속 대상에서 제외되기 때문에 야경꾼을 속이기 위한 가짜 장님 노릇은 약삭빠른 사람들에게 널리 유행하는 수법이었다. 그래서 주인공 역할은 관중들에게 쉬 이해됐다.

뭐니뭐니해도 가장 훌륭한 연기는 담배 행상 흉내였다. 그는 물건을 팔려고 노력하지만, 완벽한 상술에도 불구하고 실패를 거듭했다. 사지 않겠다는 사람에게 물건을 사라고 설득하다가 오해가 생기고 소동이 일어났다. 간신히 소란을 피한 그가 다시금 그 특유의 "담배 사려" 소리를 외쳐댈 때, 이전의 모든 교활함은 습관적인 외침 속에 사라졌다.

한 역할에 이어 또 다른 역이 뒤따르면서 공연은 시간 가는 줄 모르고 계속되었다. 호랑이, 시골뜨기, 장님 등이 모두 지나갔을 때 밤은 벌써 오래전에 달아나고 바야흐로 새벽이 돼 있었다. 공연이 끝나고 구경꾼들에게 감동과 즐거움을 안겨준 배우는 환한 미소를 지으며 식사를 대접받았다. 방에 들어와 잠을 자는 와중에도 나는 그의 외침을 들었다. "담배 사려어." 그 메아리는 지금도 내 귀에 생생하다.[8]

화계사의 공연은 황제의 특별한 외국인 손님을 접대하기 위한 것이었으므로 기예 종목도 가장 인기 있는 것을 선택하고, 연기자도 가장 인기 있는 예인이었을 것이다. 그런 행사에 구기가 선택되었다는 것은 그만큼 이 기예의 인기가 많았음을 말해준다. 화계사에서의 공연은 앞서 박뱁새나 군할의 레퍼토리에 비하면 훨씬 극적인 요소가 가미되어 흥미를 더한다. 물론 박뱁새나 군할의 경우에도 기록자가 지나치게 간략히 묘사해서 그렇지, 상당한 수준의 스토리 전개가 있었으리라. 단순한 소리의 묘사 수준에 그치진 않았을 것이 틀림없다. 아무튼 화계사의 연기자가 공연한 「담배 장사 흉내」는 구한말과 일제시기에 유행한 재담소리에서 가장 유명한 레퍼토리였다.

인기를 구가한 구기는 20세기에 들어와 거의 자취를 감추었다. 사정은 중국도 마찬가지였다. 하지만 구한말과 일제강점기에만 해도 전문 구기 연예인이 명맥을 유지하고 있었다. 경기소리와 서도소리를 잘하던 명창 박춘재朴春載, 1881~1950는 한국 최초로 음반을 취입한 분이자 일제 초엽의 저명한 음악인이다. 또한 서울특별시 무형문화재 제38호로 지정된 재담소리의 창시자이기도 하다. 그가 1910년대 초반 녹음한 음반에 수록된 「각색 장사치 흉내」나 「각색 장님 흉내」,「개넋두리」같은 레퍼토리는 재담소리의 일종인데, 실제 내용을 보면 구기 공연이다. 앞서 군할이 과부의 곡소리를 흉내낸 구기와 관련될 뿐만 아니라 화계사에서 공연한 연기자의 레퍼토리와도 거의 일치한다. 박춘재는 박뱁새와 군할, 그리고 화계사 연기자의 뒤를 화려하게 장식한 마지막 구기 예술인인 셈이다.[9]

애끊게 동생 찾는 걸인의 노래
장애인 노래꾼 통영동이

『추재기이』에는 조선 후기에 유명세를 탄 천 계층의 인물 70여 명이
등장한다. 그들 대부분은 흥미를 끌기는 하지만 주어진 정보가 너
무 소략하여 큰 아쉬움이 남는다. 얼개와 핵심만 소개하는 데 그쳐
정작 재미를 선사하고 좋은 정보를 얻을 만한 디테일이 부실하기
짝이 없다. 하지만 전혀 친절하지 않은 이 사료에 불만을 가져본들
동시대 다른 기록에서 보상받기도 어렵기에 별 도리가 없다. 단서
만 제시된 탓에 그들의 행적을 제대로 이해하는 데에는 한계가 있
다. 그렇지만 짧은 정보만으로 가슴 뭉클하게 하는 사연의 주인공
도 제법 있다. 이 저작이 빼어난 문학작품이라고 판단하는 것은 그
런 이유 때문이다.

그 가운데 나는 통영동이와 그에 얽힌 사연에 무척 애착이 간다.
그를 소개한 글은 겨우 수십 자에 불과하지만 가슴 뭉클하게 하는 사연이 있고, 그가 만들어 불렀다는 노래 역시 상당히 흥미롭다.

통영동이의 사연은 이렇다. 한양의 시장통에 성도 이름도 모르는 사람이 흘러 들어와 노래를 부르며 돌아다녔다. 그자는 스스로를 통영동이라고 불렀기에 사람들도 그렇게 불러주었다. 삼도수군통제사영이 있는 경상도 통영 출신이라는 의미였다. 그는 다리를 저는 데다가 설상가상 장님이었다. 통영동이는 사람들에게 자신을 이렇게 소개했다. 그가 열 살 때 동생이 어디론가 사라졌고, 동생을 잃은 후 밤낮으로 울어서 두 눈이 모두 어두워졌다. 양친이 모두 돌아가신 뒤로는 실종된 동생을 찾으러 나섰다. 다리를 절뚝거리고 지팡이로 더듬으면서 구걸 행각을 했다. 혹시라도 동생을 만날까 기대하며 팔도를 안 간 곳 없이 두루 돌아다녔다.

———

눈멀고 다리 저는 통영동이, 동생 찾아 삼천리

통영동이는 사람들의 연민을 자아냈다. 그런데 그가 용모와 사연만으로 사람들의 시선을 끈 것은 아니었다. 통영동이는 사람들이 처음 들어보는 새로운 노래를 불렀다. 온갖 새가 등장하는 노래로 그 일부를 들어보면 이러했다.

꾀꼬리란 놈은 노래를 잘하니
첩을 삼기 제격이요

한 손에는 부채를 들고, 다른 한 손에는 지팡이를 짚은 채 걸어가는
두 맹인을 묘사한 김홍도의 「지팡이를 든 두 맹인」.
원숙한 필치가 돋보인다. 개인 소장.

제비란 놈은 말을 잘하니
종년 삼기 제격이요

참새란 놈은 때때옷 입어
금군禁軍이 제격이요

황새란 놈은 목이 길어
포교가 제격이라

　이런 투로 새의 종류만큼 무한대로 확대해 노래를 부를 수 있다. 통영동이가 직접 만들어 부른 이 노래를 조수삼은 온갖 새를 묘사한 「백조요百鳥謠」라고 불렀다. 시장 바닥에 나타난 불쌍한 걸인의 노래는, 사람들이 처음 듣는 특이한 노래였지만 이들의 입을 통해 널리 퍼졌다.

　온갖 날짐승을 하나하나 불러내어 벼슬도 시키고 직업도 부여하는 이 특이한 노래가 어떠한 의미를 지닌 것인지 조수삼은 의문을 품었다. 공부하는 사대부였던 그는 중국 상고시대에 새를 가지고 관직 이름을 붙이던 역사가 떠올랐다. 『좌전左傳』 「소공 17년昭公十七年」에는 소호씨少皞氏가 날아온 봉황을 관리로 삼아 역법을 관리하게 하고, 까치에게는 절기를 구분하는 직책을, 파랑새에게는 문을 여는 직책을 맡긴 일이 기록되어 있다. 하지만 조수삼의 그와 같은 해석은 견강부회일 뿐이며, 우리는 그가 이 노래를 그만큼 색다르게 느꼈다는 점만을 인정하면 될 것 같다.

통영동이의 사연은 이것이 전부다. 내 나름대로 뒤져봤지만 더 이상의 자료는 나타나지 않았다. 한편 해방되던 해로부터 한국전쟁 무렵까지 이 책을 등사본으로 만들어 대학 강의에 사용한 전 서울대 교수 이명선은 통영동이의 사연이 다른 서적에도 나온다고 언급한 적이 있다. 그러나 나로서는 아무리 찾아도 이에 관한 자료를 더 이상 찾을 수 없었다. 얼개만 보면 더 풍부한 사연과 내력이 잡힐 듯도 하지만 그 이상은 전해오지 않는다.

내 판단으로는 더 많은 사실을 전해줄 텍스트가 나타나기도 어려울 듯하다. 매체가 발달하지 않은 시대에 떠돌이 걸인의 한 맺힌 구구절절한 사연을 시시콜콜 기록해줄 만한 친절한 텍스트는 거의 없기 때문이다. 그가 불렀다는 「백조요」 노래를 통해 그의 특이하고도 불쌍한 인생의 내면을 이해하는 것이 옳은 방법이리라.

<hr />

「백조요」 파급의 자취를 찾아

『추재기이』에 관심을 기울인 현대의 연구자들 대부분은 통영동이와 「백조요」에 관심을 기울이지 않았다. 물론 민요 연구자를 비롯한 시가 연구자들도 이 노래에 무관심했다. 나는 오래전부터 이 노래에 관심을 가지고 종적을 찾았다. 추적해본 결과, 「백조요」가 19세기 이래 현대까지 아주 널리 불린, 꽤나 중요한 민요의 하나라는 사실을 알게 되었다.

통영동이의 사연을 민요와 관련지어 이해한 선배 학자로는 김태준과 이명선이 있다. 일제강점기의 저명한 국문학자인 두 분은 통영동이가 불렀다는 노래가 당시에도 불렸다는 사실을 확인하고서 채보해두었다. 먼저 김태준 선생이 야담의 기원을 설명한 논문인 「야담의 기원에 대하여」에서 채보한 내용을 보자.

꾀꼬리란 놈은 노래를 잘하니
평양 기생으로 돌려라
댕그랑 땅 댕그랑 땅

제비란 놈은 사설을 잘하니
종년으로 돌리소
댕그랑 땅 댕그랑 땅

까치란 놈은 물색이 좋으니
사령청으로 돌리소
댕그랑 땅 댕그랑 땅

황새란 놈은 모가지가 길으니
월천군越川軍으로 돌려라
댕그랑 땅 댕그랑 땅[10]

이 노래를 보면 조수삼이 『추재기이』에서 한문으로 번역해놓은 것과 내용이 거의 똑같다. 물론 뒷부분에 후렴구가 있고 없는 차이가 있다. 한편 이명선 선생은 등사한 책의 뒷부분에 넣은 주석에서 김태준 선생이 채보한 것과 거의 비슷한 노래를 밝혀놓았다. 다만 후렴구인 "댕그랑 땅 댕그랑 땅"이 앞으로 와서 "똥그랑 뗑 똥그랑 뗑"으로 불린다고 했고, 까치의 '사령청'이 '수청 기생'으로 바뀌어 있다.

채보된 민요에서는 한문으로 번역된 노래보다 우리 민요다운 생동감이 훨씬 강하게 느껴진다. 이 노래를 「백조요」라고 했으므로 그 내용이 훨씬 많을 것으로 추정하고 더 조사해보았다. 다시 일제강점기부터 최근까지 전국 각지에서 채보한 민요 자료를 살펴보니, 의외로 이 민요는 전국적으로 널리 퍼져 있었다.

「백조요」의 특징은 바로 후렴구에 있고, 지역이나 부르는 사람에 따라 여러 가지로 바뀌었다. 대충만 정리해보면, "똥그랑 뗑 똥그랑 뗑", "동그랑 뗑 동그랑 뗑", "동구랑뎅 동구랑뎅 얼사절사 잘 넘어간다", "동구랑테 동구랑테", "다이나제 다이나제 쿵쿵 울려라 단다제", "돌려라 돌려라 동굴동굴 돌려라" 따위로 변화를 보였다. 이 후렴구 때문에 온갖 새를 묘사한 이 「백조요」는 보통 「둥구렁뎅노래」라는 이름으로 분류되어 있다. 또 '돌려라'라는 끝말이 나오기에 「돌려라노래」로도 불린다.

김소운 선생이 편찬하여 1933년에 출간한 『조선구전민요집』에는 여러 민요 채보집 가운데 시기가 앞서는 노래들이 실려 있다. 서울 누상동에 사는 김지연 씨가 김소운 선생에게 제보한 「돌려라노래」는 다음과 같다.

동구랑테 동구랑테
황새란 놈은 다리가 길다고
월천군으로 돌려라

동구랑테 동구랑테
솔개란 놈은 눈치가 좋다고
보초 군사로 돌려라

동구랑테 동구랑테
까마귀란 놈은 복색이 없다고
도감포수로 돌려라

동구랑테 동구랑테
제비란 놈은 복색이 좋다고
평양 기생으로 돌려라

동구랑테 동구랑테
딱따구리란 놈은 파기를 잘한다고
나막신쟁이로 돌려라

동구랑테 동구랑테
거미란 놈은 엮기를 잘 쳐서
석쇠쟁이로 돌려라[11]

이 노래까지 보면 「둥구렁뎅노래」는 아주 흥미롭다. 이 민요에서는 각종 날짐승의 대표적인 특성을 포착하고 그 특성을 인간 세상에 있는 특정한 직업이나 인간과 맞추고 있다. 새와 인간이 하는 일이 본시 어울릴 리가 없지만, 그렇기 때문에 서로 잘 맞춰서 노래하면 아주 그럴 듯하다. 책으로 읽는 것이 아니라 여러 사람들이 돌려가면서 노래할 때 훨씬 재미있고 흥겨웠으리라. 각각의 새와 인간은 꾀꼬리-노래-평양 기생, 황새-긴 목-월천군, 솔개-눈치 빠름-보초 군사, 딱따구리-나무 파기-나막신쟁이와 같이 연결된다. 그러면 수십 종이 아니라 수백 종의 새를 이렇게 짝 맞출 수 있을 것이다. 가락은 단조롭지만 후렴구를 넣어서 흥겹게 부를 수 있다.

각종 민요집에는 한두 종에서 대여섯 종씩을 이어서 부르는 「둥구렁뎅노래」가 빠짐없이 실려 있다. 그렇다면 과연 얼마나 많은 새를 묘사하고 있을까? 내가 조사한 바로는 가장 많은 새가 등장하는 것이 바로 『악부樂府』란 가집歌集에 실린 「동굴타령」이다. 이 책은 1933년에 작고했다고 알려진 이용기李用基란 분이 편집한 시가집이다. 그는 서울 토박이로 모르는 장안의 기생이 없었다고 알려져 있다. 이 「동굴타령」에는 23종의 새가 등장한다. 노래의 구조는 "돌려라 돌려라 동굴동굴 돌려라/ 장끼란 놈은 복색이 좋으니/ 별군직으로 돌려라/ 돌려라 돌려라 동굴동굴 또동굴 돌려라"이다. 앞에서 이미 등장한 새를 제외하고, 앞뒤에 붙은 전렴구와 후렴구를 제외한 채 본사만 정리하면 이렇다.

장끼란 놈은 복색이 좋으니

별군직으로 돌려라

두루미란 놈은 대가리가 붉으니
함한님으로 돌려라

따오기란 놈은 나무를 잘 파니
목방 편수로 돌려라

솔개미란 놈은 눈치가 빠르니
포도부장으로 돌려라

참새란 놈은 까기를 잘하니
군밤 장사로 돌려라

까치란 놈은 복색이 이상하니
금부나장이로 돌려라

맷저구리란 놈은 낭글 잘 후비니
나막신 우비료 장사로 돌려라

앵무새란 놈은 말을 잘하니
연설쟁이로 돌려라

명매기란 놈은 성품이 우악하니
불한당 괴수로 돌려라

매란 놈은 차기를 잘하니
초남태初男胎 집는 재리로 돌려라

원앙새란 놈은 둘이 다니기를 좋아하니
쌍둥중매로 돌려라

부엉이란 놈은 팔자가 사나우니
단독 홀아비로 돌려라

올빼미란 놈은 밤눈이 밝으니
승야월장乘夜越牆하는 놈으로 돌려라

비둘기란 놈은 의가 좋으니
판관사령으로 돌려라

뻐꾸기란 놈은 피눈물이 잘 나니
유복자 잃은 청년 과부로 돌려라

짐새란 놈은 사람을 잘 죽이니
색기장 망나니로 돌려라

할미새란 놈은 깝쭉대기를 잘하니
동경 각쟁이로 돌려라

기러기란 놈은 편지를 잘 전한다니
우편 사령으로 돌려라[12]

  이 정도쯤 되면 그야말로 「백조요」라고 부를 만하다. 앵무새와
명매기를 각기 연설쟁이와 불한당 괴수로 맞춘 것이나 부엉이와 뻐
꾸기를 홀아비와 유복자 잃은 청년 과부로 맞춘 것이 아주 그럴싸
하다.
  이제 이 흥미로운 민요가 200여 년 전에 두 눈 멀고 다리 저는 통
영동이라는 장애인이 만들어 불러서 전국적으로 유행시킨 노래라
는 사실이 밝혀졌다. 민요는 거의 대부분 지은 사람이 분명하지 않
지만, 이처럼 작자와 내력이 밝혀지는 민요도 있다.

———

잃어버린 동생을 찾아, 삶의 아픔을 담아

여기서 통영동이의 삶으로 되돌아가보면, 그가 「둥구렁뎅노래」를
부른 이유를 한번 생각해볼 필요가 있다. 통영동이는 사람들의 시
선을 끌기 위해 이 노래를 만들어 부른 것이 아니었을까? 노래를 불
러 사람들의 시선을 끌고, 사람들이 주목하는 기회를 이용하여 실
종된 아우를 찾고자 한 것이 아니었을까? 그런데 남들의 시선을 끌

고자 한 의도는 성공했으나 그가 아우를 찾지는 못한 것 같다.

지금도 숱한 미아가 생기고 그들을 찾으려 가족들이 눈물겹게 노력하는 것을 흔히 보게 되는데, 통영동이의 사연은 시대를 거슬러 올라가 잃어버린 동생을 찾으려는 눈물겨운 가족애를 증명해준다. 그런 점에서 「둥구렁뎅노래」는 민중의 아픈 가슴에서 만들어져 민중들의 입으로 불린, 그야말로 민중의 노래라고 말할 수 있겠다.

그로부터 200여 년 동안 통영동이의 가슴 아픈 사연은 잊혔으나 그가 만들어 부른 노래만은 흥겨운 가락에 실려 전국적으로 불렸다. 불과 수십 년 전만 해도 민중들은 「둥구렁뎅노래」를 널리 불렀다. 『추재기이』의 기록 덕분에 민중의 아픔이 서린 한 민요의 태생과 아픈 추억이 되살아나게 되었다.

애틋한 온고지신, 전설의 음악 거장

악사 김성기

온갖 예술인 가운데 음악인만큼 대중들의 사랑을 받는 존재도 많지 않다. 성격에 따라 차이가 있기는 하나 지극히 고답적이어서 대중들로부터 격리된 것이 아니라면 음악은 다른 어떤 장르보다 인기를 누리기 쉽다. 그러니 만큼 자연스럽게 각 시대에는 이름만 대면 알 만한 유명 음악인이 있게 마련이다.

조선 후기에도 사정은 다르지 않았다. 18세기 후반 한양의 풍물을 묘사한 장편가사 『한양가』를 보면, "금객琴客 가객歌客 다 모였구나! 거문고 임종철이, 노래에 양사길이, 계면界面에 공득이며"라는 대목이 보인다. 여기에 나오는 임종철, 양사길, 공득이는 가사가 만들어지던 시대의 내로라하는 인기 악사들이었다. 세월과 함께 그들의 명성은 씻은 듯이 사라졌으나……. 그리고 보면 명성을 누리기 쉬운 만큼 역으로 음악인만큼 명성이 쉽게 사라지는 존재도 없다.

각자의 개성을 담은 음악을 후대에 전할 뾰족한 방법이 없었던 옛날에는 당연한 일이었다.

그런 중에 세월이 흘러도 명성이 남아 전설이 된 악사가 없지 않다. 김성기金聖器, 1649~1724가 그런 악사이다. 거문고와 퉁소 연주자, 작곡가와 시조 시인으로 명성이 두고두고 기억되었다. 그가 죽은 지 100년 가까이 지난 조수삼의 시대에도 그의 음악과 행적을 두고 이야기할 만큼 김성기의 명성은 사라지지 않았다. 음악이 사라진 뒤에도 그의 인생과 예술은 그만큼 아름답고 감동적인 사연으로 남았다.

그런 연유로 필자는 『조선의 프로페셔널』이란 책에서 그의 인생과 예술을 상세하게 다루었다. 제법 많은 자료를 동원하여 자세히 살폈으므로 더 이상 할 말이 없을 듯했다. 그러나 최근 장유승 선생이 김성기와 그 제자들을 다룬 새 글을 찾아 논문을 발표했다.[13] 그 논문 덕분에 그의 삶에서 큰 의문이 남는 부분이자 깊은 인상을 던져준 대목인 스승과 제자 사이에 얽힌 관계와 교감을 새롭게 조명할 근거가 생겼다. 이는 김성기의 음악 생활에서 가장 중요한 장면이기도 하여 『추재기이』에서는 유독 여기에 초점을 맞추기도 했었다. 그래서 그의 삶을 다시 한 번 조명해 보고픈 욕심이 들었다.

이야기를 시작하기에 앞서 김성기가 어떤 인물인지를 간단하게 짚어보자. 그는 숙종 · 영조 연간의 저명한 악사로 자가 자호子豪이고, 호는 어은漁隱이다. 조수삼이 활약하던 19세기 전반으로부터 거의 150년 전에 활동한 악사이다. 과거 음악을 철저하게 공부한 바탕 위에서 새로운 음악을 창조하여 그만의 악보를 만들었고, 현재 그

악보가 전해진다. 장악원에 소속되어 음악을 연주했으며 숙종조 최고의 악사라는 평가를 받았으나 장년기 이후에는 완전히 세상과 인연을 끊고 마포 강가에 숨어버렸다. 세상을 등지고 숨어버린 행적조차 사람들은 신비롭게 여겼다.

———

창밖에서 왕세기의 연주를 엿들었다?

그가 누구에게 음악을 전수받았고, 또 누구에게 음악을 전해주었는지는 사람들의 호기심 어린 관심사였다. 조수삼은 『추재기이』에서 이 호기심을 극단적으로 표현했다.

거문고 악사 김성기는 왕세기王世基에게 거문고를 배웠다. 왕세기는 새 음악을 만날 때면 언제나 비밀에 부쳐두고 전수하려 하지 않았다. 김성기는 밤이면 밤마다 왕세기 집으로 가서 창 뒤에 바짝 붙어 몰래 음악을 훔쳐 들었다. 그러고는 다음 날 아침이면 하나도 틀리지 않고 음악을 그대로 연주했다. 이를 너무 의아하게 생각한 왕세기가 어느 날 밤 거문고 곡을 연주하다가 미처 절반도 끝내지 않았을 때 별안간 냅다 창문을 열어젖혔다. 김성기가 깜짝 놀라 땅바닥에 거꾸러졌다. 왕세기는 그제야 그를 몹시 기이한 사람으로 여기고 자신이 지은 것을 모조리 김성기에게 전수했다.

해당 기록의 전문인데, 『추재기이』의 글 치고는 변격이다. 다른 글에서는 대체로 인물의 집안, 출신, 지역을 설명하는 내용을 앞세웠는데 이 글에는 그런 도입부가 없다. 작자는 새삼스럽게 그의 인생 내력이나 소소한 행적을 밝힐 필요가 없다고 본 듯하다. 그만큼 그에 관한 정보는 세상에 널리 알려져 있었다는 이야기다.

내용은 김성기가 스승인 왕세기에게 음악을 전수받는 하나의 에피소드만을 다뤘다. 자신의 음악을 아껴 비밀에 부치는 왕세기! 새로운 음악을 전수받기 위해 밤마다 스승의 집 창문 뒤에 숨어 창틈으로 흘러나오는 음악을 듣고 공부하는 김성기! 음악의 비밀을 감추려는 왕세기가 낌새를 차리고 냅다 열어젖힌 창문 사이로 마주친 두 눈동자! 스승과 제자 사이에 음악을 매개로 교감이 이루어져 제자에게 자신의 모든 음악을 전해준다는 사연이다. 조선시대에 음악하는 스승과 제자 사이의 전승이 얼마나 비밀스럽고 엄격했는지를 보여준다. 이처럼 음악을 은밀하게 간직하여 제자에게도 함부로 전하려 하지 않는 음악가의 이야기는 동서양에 제법 전해지고 있다. 음악가의 고집스런 오기와 자존심이 느껴진다.

김성기 사후 거의 100년 뒤 인물인 조수삼이 스승과 제자 사이의 일을 어떻게 이렇게 상세히 묘사할 수 있었을까? 어떤 기록을 보았거나 선배에게 들어서 에피소드를 재생해놓았을 텐데, 아쉽게도 그 종적을 찾을 수 없다. 더욱이 왕세기란 인물은 오로지 여기에만 등장한다. 과연 왕세기는 누구일까? 이 기록을 곧이곧대로 믿을 수 있을까?

결론부터 말하자면, 조수삼의 기록을 문면文面 그대로 신뢰하기는 어렵다. 왕세기란 인물에 대한 정보가 전혀 없을 뿐만 아니라 다른 기록에서도 그의 존재를 확인하기 어렵기 때문이다. 그러나 한 가지, 스승에게 음악을 전수받고 제자에게 그것을 다시 전수하는 것이 김성기에게 매우 신비롭고 중요한 의미를 지녔다는 사실만은 분명해 보인다. 그렇다면 그의 스승과 제자에 얽힌 사연의 진실은 무엇일까? 그 뒤를 추적해보자.

정래교鄭來僑는 만년의 김성기를 직접 만난 문인이다. 그는 김성기가 죽은 뒤에 그의 전기를 지었다. 본래는 상의원尙衣院에서 활을 만드는 장인이었던 김성기가 음악을 좋아하여 일터에 나가 물건을 만들기는커녕 남의 뒤를 따라다니며 거문고를 배웠다고 기록했다. 하지만 그가 누구에게 거문고를 배웠는지를 구체적으로 밝히지는 않았다.

그런데 마침맞게 최근 장유승 선생이 새로 발굴한, 임상정林象鼎, 1681~1755이 쓴 「남원군南原君이 손수 필사한 거문고 악보의 서문」에서 김성기의 스승을 언급한 대목이 나온다. 임상정은 장악원정掌樂院正을 지낸 만큼 음악에 조예와 관심이 깊었던 분이다. 한편 남원군 이설李㠪은 숙종 · 영조 때의 종실로 풍수지리와 음악에 조예가 깊은 사람으로 유명했으며 김성기의 수제자였다. 임상정은 언젠가 남원군에게 이런 질문을 던졌다.

"공께서는 거문고 솜씨를 스승에게 전수받았습니까?"

"맞습니다. 그대는 옛날에 어은 김성기란 분 이야기를 듣지 못했습니까? 그분이 바로 내 거문고 스승입니다. 옛날 융경隆慶 · 만력萬曆 연간에 홍복원洪復元이란 사람이 거문고로 유명하여 중국 사신에게 칭찬을 들었습니다. 홍복원은 이지윤李志尹에게 전수했고, 이지윤은

도포 차림에 갓 쓰고 삼현육각을 연주하는 악사들의 모습.
김준근, 「오음육률 불고」, 19세기 후반, 숭실대 한국기독교박물관 소장.

어은 선생께 전수했습니다. 이것이 내가 거문고 솜씨를 전수받은 유래입니다."

김성기가 죽은 지 얼마 지나지 않는 시기에 그의 수제자인 남원군에게 직접 들은 이야기이다. 그의 스승은 이지윤이고, 이지윤의 스승은 홍복원이라는, 지금까지 알려진 내용과는 전혀 다른 사실을 발언하고 있는데 이 내용은 거의 틀림없는 사실로 보인다. 그가 장악원 소속이었으므로 이지윤과 홍복원 모두 장악원 소속 악사였을 것이다.

이로써 남원군을 포함해 4대째 이어지는 사승師承 계보가 명확하게 밝혀졌다. 끈끈한 사승 관계는 음악의 전승을 책임지는 악보 만들기로 표현되었다. 김성기는 속악俗樂이 갈수록 어지러워지는 현상을 염려하여 홍복원과 이지윤 두 스승이 전해준 곡을 책으로 만들고자 했다. 그러나 오류를 바로잡는 작업을 마치지 못한 채 세상을 떴고, 남원군이 뒤를 이어 악보를 완성했다. 현재 전해지는 김성기의 악보인 『낭옹신보浪翁新譜』에는 각각의 곡마다 누가 채보採譜했는지를 밝혀놓았는데, 대부분의 곡 하단에는 "원태전기原台傳記"라는 네 글자가 쓰여 있다. 여기서 '원태'는 남원군 대감을 지칭하고, '전기'는 낭옹浪翁, 곧 김성기의 음악을 전해서 기록한다는 의미이다. 이런 증거로 본다면 위에서 본 임상정이 쓴 글은 아주 신뢰할 만한 내용이다.

맹인 악사 주세근에게 '묘법' 남겨

이렇게 해서 김성기가 음악을 배운 스승과 그의 제자가 연결된 계보는 분명하게 밝혀진 셈이다. 조수삼이 김성기의 음악 스승을 왕세기라고 말한 것을 의심하지 않을 수 없다. 오래전 이야기를 적은 것인 만큼 기록이 잘못되어 생긴 오기일 것이다.

한편 스승과 제자가 한 사람이 아니라 여럿일 수도 있으므로 또다른 가능성을 열어둘 필요가 있기는 하다. 임상정과 비슷한 시대의 학자인 이영유李英裕가 쓴 글에서 그런 가능성이 발견된다. 그가 쓴 「악공 김성기에 얽힌 사연」에는 그의 또 다른 제자인 맹인 악사 주세근朱世瑾, ?~1749이 등장한다.[14] 스승 김성기가 죽은 해인 1724년 겨울에 있었던 일의 기억을 되살려서 1748년에 주세근이 말한 내용이다. 죽기 직전 서강에서 성안으로 들어온 김성기는 주세근의 손을 붙잡고 빈집의 밀실로 그를 데리고 들어갔다. 쓸쓸히 마주 앉아 비파를 꺼내놓은 김성기는 몇 곡을 연주했다. 그런 뒤에 이렇게 말했다.

"이것은 고려의 옛 가락이다. 고려의 옛 가락은 오로지 이 곡만 남아 있다. 개성 기생 황진이로부터 나온 이 곡은 김성천金成川 댁의 여종이 악기를 탈 줄 몰라 입으로 연주하여 내게 전해주었다."

이처럼 김성기는 성천부사를 지낸 김 아무개 집의 여종에게 고려의 옛 가락을 배웠다고 고백했다. 그 곡이 저 유명한 개성 기생 황진이로부터 전해졌다는 것이다. 이야기의 진실성은 차치하고라도 신비스럽게 꾸며진 느낌이 든다. 황진이에 얽힌 사연은 너무나 세속화되어서 그녀를 거론하면 진실성이 사라질 듯하다. 하지만 황진이는 거문고 연주에서 최고라는 평을 받은 악사였고, 그녀가 소장한 거문고는 귀중한 물건으로 취급되어 19세기까지 전해졌다는 기록이 남아 있다. 세속화된 인물이라는 이유로 그녀의 가치를 매몰시키는 것은 옳지 않다.

공교롭게도 그가 복원했다고 하는 옛 음악「삭대엽 평조 제일數大葉平調第一」의 곡은 황진이의 시조로 널리 알려진 다음 작품이다.

> 어져 내 일이야 그릴 줄을 모르더냐
> 있으라 하면 가랴마는 제 구태여
> 보내고 그리는 정은 나도 몰라 하노라

황진이로부터 전승되었다고 밝힌 고려의 옛 가락이 이 시조를 가리킬 가능성을 배제할 순 없다. 아무튼 황진이가 전래한 음악과 관련되어 있을 것이다.

이야기가 옆으로 흘렀으나 김성기의 음악에는 고려 음악의 전통이 담겨 있다는 말이 된다. 그는 당시로서는 고음악에 속하는 고려 음악을 복원하고자 노력했다. 조수삼이 김성기의 스승이라고 지목한 왕세기도 옛 음악을 되살리려 한 그의 노력을 설명하는 과정에서 나온 인물이 아닐까? 왕세기의 성은 그가 고려의 유민일 수 있다는 단서가 된다.

김성기는 주세근에게 "나만이 이 곡을 연주하여 묘법을 터득했다. 끔찍이 아껴서 남에게 가르쳐주지 않았던 곡이다. 이제 나는 늙었다. 네게 전해줄 테니, 남에게 가볍게 전하지 않는 것이 좋겠다"고 말했다. 어렵게 배운 기량과 곡을 함부로 남에게 가르쳐주지 않는 전통을 따르라는 당부였다. 자신이 스승에게 전수받은 것처럼 제자들이 따라 하기를 바랐다.

전통 사회에서는 음악만이 아니라 어떤 분야든 이러한 전수 방식으로 기예가 전승되었다. 스승에게 전수받은 방식을 그대로 제자한테 전수하는 식이었다. 한 번 제자로 인정하면 부자간의 관계처럼 자신의 기량을 온전하게 전해주었다.

스승의 무덤에 바치는 마지막 연주

임상정의 글로 돌아가 이제는 김성기를 스승으로 모시고 배운 제자들의 행적을 살펴보자. 앞서 살펴본 주세근에게도 그랬지만 다른 제자들에게도 김성기는 카리스마가 강한 스승이었다. 그 가운데 종친인 남원군은 김성기의 신분이 천했음에도 그를 스승으로 깍듯이 모셨다. 남원군은 정치적 역량과 비중이 큰 인물이었다. 당연히 천한 자를 스승으로 모실 수 있느냐고 누군가 문제제기를 했는데, 남원군은 "재능이 있는 곳이 바로 스승이 있는 곳이다. 나는 재능을 스승으로 삼을 뿐, 귀천이 있고 없고는 모른다"고 대꾸했다.

남원군은 스승이 죽은 뒤에도 사모하는 마음을 잃지 않았다. 그가 스승의 무덤을 찾아가 추모 의식을 치르는 모습은 음악하는 스승과

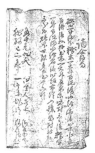
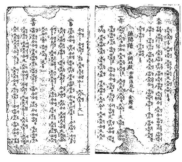

명인 김성기의 거문고 연주법을 여러 약자로 기보해 엮은 『어은보』의 표지와 본문.
이 책은 후대에 김성기의 제자들이 엮은 것으로 보인다.

⊙

제자 사이가 얼마나 끈끈하고 절실한 정으로 연결되어 있었는지를
인상적으로 보여준다. 위에서 살펴본 임상정의 글과 또 다른 김성
기의 제자인 선전관宣傳官 이현정李顯靖에게 준 신익申瀷의 글에 그때
의 일화가 함께 나온다.

　남원군과 이현정을 비롯한 제자들이 스승을 그리워하여 가기歌妓
대여섯 명을 데리고 무덤에 찾아가 술과 안주를 올렸다. 술을 붓고
나서 남원군이 직접 몇 곡을 연주했고, 다른 제자들도 각자 익힌 곡
을 연주하며 하루 종일 스승을 잃은 마음을 위로했다. 그들은 연주
를 마친 후 대성통곡하고 돌아왔다. 이때의 일을 신익은 비장한 파
토스를 담아 묘사했다.

　김성기가 죽자 이현정은 남원군과 함께 시신을 지고 광릉의 산
에 가서 장사를 지냈다. 그때 하늘의 구름은 빛을 바꾸었고, 산골
짜기에는 어둠이 몰려왔다. 새와 짐승들은 모여들어 구슬프게 울

면서 오르내렸다. 둘은 큰 잔에 술을 따라 무덤 위에 뿌리고 서로
마주보고 통곡했다. 통곡을 마치자 거문고를 안고서 제각기 자기
가 배운 것을 연주했다. 연주를 채 마치지도 않았는데 백양나무에
서 처량한 바람이 일어나 우수수 소리를 내었다. 둘은 거문고를
던지고서 다시 대성통곡했다. 길가를 지나던 사람들은 누구도 그
들이 왜 그러는지를 몰랐다.[15]

위대한 음악가의 장례를 치르는 독특한 의식을 생생하게 묘사한,
대단히 감성적인 글이다. 조선시대 음악인들은 스승의 장례식에서
이렇게 술을 따르고 스승에게 배운 음악을 연주하였다. 음악가의
마지막 가는 길을 모두들 슬퍼했는데, 하늘도 날씨도 그리고 짐승
들까지도 비통해하는 정경으로 묘사했다.
　남원군은 스승의 장례를 치르고서 이런 시를 지었다.

　백아의 거문고를
　청산에 방금 묻었으니
　이제부터 천하에는
　옛 음악이 끊어졌네

　필마 타고 홀로 왔다
　다시 홀로 떠나면서
　몇 줄기 눈물만을
　가을 하늘에 뿌리노라

青山新葬伯牙琴 天下於今絶古音
匹馬獨來還獨去 數行殘淚洒秋陰

　거장을 잃고 난 적막감과 고독감이 한 필 말을 타고 홀로 왔다 홀
로 간다는 표현에 스며 있다. 김성기와 그 제자들의 사연에는 옛 시
대 음악인들의 열정과 순정이 진하게 묻어난다.

재치 만점, 풍자의 달인
재담꾼 김중진

조선 후기 사회에서 대중문화의 실상은 어떠했을까? 그런 의문을 품고 조선 후기 대중문화의 모습을 추적해보면, 현대와는 상당히 다르다는 전제하에서 독특한 예술문화를 향유한 정황이 속속 드러난다. 현대와는 다르면서도 유사한 측면이 있는 기예들이 적지 않은데, 그 가운데 하나가 재담才談이다.

재담은 조선 후기 한양에서 독특한 대중예술의 하나로 인기를 누렸던 기예이다.[16] 익살을 섞어가며 재치 있게 말하는, 재미있는 이야기인 재담은 고담古談 또는 덕담德談, 신소리 등으로 불렸다. 말재간 좋은 사람이 흥미 삼아 말하는 수준도 없지는 않았겠지만, 이는 전문적인 직업인이 연희하는 하나의 공연예술로 정착되어 인기를 누렸다.

재담은 20세기 들어와서도 재담 또는 만담漫談으로 큰 인기를 누리다가 수십 년 전부터 개그나 코미디로 변신을 거듭했다. 직업적 대중예술로 인기를 누린 재담은 한 사람이 대중 앞에 등장하여 공연하거나 아니면 고객들에게 초빙 받아 그들 앞에서 재미있는 이야기를 풀어 즐거움을 제공한 후 대가를 받았다. 지금은 그 존재 의의가 거의 사라졌거나 다른 형태로 존재하지만, 100여 년 이전에는 인기 있는 대중예술의 하나로 도시 공간에서 흔하게 공연되었다.

재담꾼은 전문적으로 재담을 구연口演하는 직업인을 말한다. 그들은 청중들의 허리가 부러지도록 웃음을 선사하고 그들에게 금전을 받았다. 이들의 존재는 여러 문헌에 조금씩 나타나다가 18세기 들어서서는 제법 그 수효가 늘어났는데, 재담꾼이 많아지고 그들의 존재가 부각되면서 대단한 인기를 누리는 스타 재담꾼도 등장하였다. 문헌에는 이렇게 유명세를 탄 최고의 수준 높은 인물이 주로 등장하게 마련이다. 그렇다면 조선 후기 재담꾼으로 가장 유명했던 한 사람을 들라면 누구를 꼽을 수 있을까? 우선 『추재기이』에 설낭說囊, 즉 이야깃주머니라는 별명으로 불린 김 옹金翁을 눈여겨볼 필요가 있다.

조선 후기의 최고 재담꾼, 김 옹을 찾아

이야깃주머니로 불린 김 옹은 고담을 잘했다. 그가 구연하는 이야기를 듣는 사람들은 어느 누구 할 것 없이 배꼽을 잡고 웃었다. 그는 사건의 핵심을 꼭꼭 찌르며 한 대목 한 대목 이야기보따리를 풀어놓았다. 말재간이 매우 뛰어나서 마치 귀신이 도와주듯 민첩했다. 그래서 이구동성으로 우스개 이야기(滑稽)를 잘 구연하는 일군의 사람들 가운데서도 김 옹을 최고 가는 우두머리로 손꼽았다. 그런데 그가 하는 이야기의 속내를 차분하게 따져보면 모두가 세태를 비판하거나 풍속을 경계하는 말이었다.

『추재기이』에서는 고담을 잘한 김 옹의 프로필을 이렇게 간단하게 말해놓았다. 모든 사람이 포복절도할 만큼 익살 넘치는 우스개 이야기를 잘했고, 이야기는 단순한 우스개에 머물지 않고 주제가 선명하며 풍자적 의미가 담겨 있다고 지적했다. 그래서 재담 예술계의 우두머리로 인정받았다는 것이다. 이야깃주머니는 그런 솜씨를 상징하는 별명으로 당시 사람들이 김 옹을 부르는 말이었다. 적어도 조수삼이 그의 재능을 가리켜 한 말이다. 이야깃주머니는 재미있는 고담을 아주 많이 아는 사람을 지칭하는 '이야기보따리'와 거의 유사한 의미임이 틀림없다.

조수삼이 기록해놓은 내용의 이면을 살펴보면, 그 시대에는 우스개 이야기를 직업적으로 구연하는 전문가가 꽤 있었고, 그들 사이에서 김 옹이 최고수였음을 알 수 있다. 재담이 전문적으로 공연된 시대임을 감안하면, 김 옹을 한 시대의 대표적 재담꾼으로 자리매김하려 한 의도가 뚜렷하다. 그렇다면 그가 장기로 삼은 레퍼토리는 무엇이었을까? 답은 조수삼이 촌평 삼아 쓴 시에 담겨 있다.

지혜의 염주알처럼 둥글둥글
끝없이 이어져

『어면순 禦眠楯』은
재담 이야기의 으뜸이지.

꾀꼬리와 따오기가
야단스레 건 소송에서
황새란 벼슬아치
판결이 엄청나게 공정도 하다.

　시의 전반부는 의미가 분명하게 파악되지 않는다. 다만 후반부는
꾀꼬리와 따오기와 황새가 등장하는 「황새결송」이란 이야기를 언급
한 것이다. 이 이야기가 김 옹이 장기로 삼은 대표작이었기에 시에
서도 거론했을 것이다. 한편 이 이야기는 『삼설기三說記』란 단편소설
집에도 실려 있다.[17] 한 시골 부자가 뇌물을 받은 형조 관리로 인해
패할 리가 없는 소송에서 지고 난 뒤 자기가 겪은 황당한 패소를 풍
자한 이야기다. 내용을 간단하게 소개하면 이렇다.
　꾀꼬리와 뻐꾸기와 따오기가 목소리 자랑을 하다가 황새에게 누
가 제일 노래를 잘하고 제일 못하는지 우열을 판결해달라고 부탁했
다. 승부야 너무도 뻔했다. 그런데 당연히 질 수밖에 없는 따오기가
미리 황새에게 뇌물을 주어 시합에서 꽥 소리 한 번 지르고서 일등
이 되었다. 너무나도 우열이 분명한 새의 목소리 다툼이란 우언寓言
을 통해서 뇌물로 송사의 승패가 정해진다는 당시 사법제도의 비리
를 풍자했다.
　「황새결송」은 새들이 등장하여 웃음을 동반하는 묘사를 하고 대

화를 나누는 것이 아주 흥미로워 재담꾼의 사설이 소설로 정착된 대표적인 사례이다. 이 작품은 김 옹이 장기로 삼았던 레퍼토리로서 대중적인 인기를 등에 업고 한 편의 소설로 만들어졌다.

이렇게 레퍼토리가 소설로까지 만들어져 방각본으로 간행될 정도의 재담계 최고 인물이라면, 다른 기록에 다시 나타날 가능성은 충분하다. 이름도 없이 그저 이야깃주머니란 별칭이나 김 할아버지, 즉 김 옹이란 명칭으로만 전해질 인물은 아니다. 단서는 여러 곳에 나타난다. 먼저 『소은고素隱稿』란 문집에 김중진金仲眞이란 유명한 재담꾼이 등장한다.

정조 임금 때 김중진이란 사람이 있었다. 나이가 늙지 않았는데도 이가 모두 빠졌기 때문에 사람들이 조롱하여 '오이무름〔瓜濃〕'이라 불렀다. 그는 익살스런 농담〔詼諧〕과 통속적인 이야기〔俚談〕를 잘했다. 세태와 인정을 곡진하고도 섬세하게 묘사해서 곧잘 들을 만했다. 그의 이야기 가운데 「세 선비 소원담〔三士發願說〕」은 다음과 같다.[18]

오이무름이란 별명으로 불린, 명성 높았던 재담꾼 김중진을 소개하고 그가 장기로 공연한 「세 선비 소원담」을 구체적으로 들었다. 이 기록은 여러 가지 측면에서 중요하다. 우선 김중진이 정조 때 사람임이 드러난다. 18세기 후반이 그의 전성기였다는 말이다. 다음으로 늙지 않은 나이에 이가 모두 빠져 오이무름이란 별명으로 불린 사실도 알 수 있다.

『소은고』의 저자는 오이무름이란 별명이 붙은 이유를 노인이 먹기 좋은 오이무름이란 음식을 그가 즐겨 먹었기 때문이라고 밝혔다. 그러나 그의 설명은 궁색하다. 내 추정으로 이 별명은 이가 빠져 오물거리는 모습이 쭈글쭈글해진 오이와 비슷한 데서 비롯된 듯하다. 그런 용모만으로도 사람을 웃겼으며, 웃음을 유발하는 용모가 그의 별명으로 굳어진 것이다. 다시 말하면, 오이무름은 그의 캐릭터로서 특징을 잘 드러낸 예명인 셈이다.

———

오이무름, 오물음, 외무릅, 그리고 김 옹

그런데 이 오이무름이란 직업적 재담꾼은 이 시대를 대표하는 재담꾼으로 여러 곳에 등장한다. 18~19세기 왈자 패거리의 문화를 잘 보여주는 판소리 『무숙이타령』에는 봄날 흥겹게 노는 곳에 당대 최고의 대중예술가들을 총출동시키고 있다. 내용은 다음과 같다.

> 노래 명창 황사진이
> 가사 명창 백운학이
> 이야기 일수 외무릅이
> 거짓말 일수 허재순이
> 거문고의 어진창이
> 일금 일수 장계랑이
> 퉁소 일수 서계수며

장고 일수 김창옥이

젓대 일수 박보완이

피리 일수 오랑이

해금 일수 홍일등이

선소리의 송홍록이 모홍갑이

다 가 있구나.[19]

　18세기 말엽부터 19세기 전반에 활동한 각 분야의 명인들이 줄줄이 나온다. 하나같이 실제로 당시에 활동하던 사람들이다. 그 가운데 송홍록, 모홍갑이 판소리 명창으로 유명한 것을 비롯해 박보완을 비롯한 음악가는 당대의 연주가로 유명하다. 대중적 예술 명사 가운데 재담꾼도 끼어 있다. 이야기 일수 외무릅과 거짓말 일수 허재순이 그들이다. 외무릅은 이야기의 최고수로 끼어 있다.

　이 외무릅이 『소은고』에 실린 오이무름 김중진과 동일인임은 불문가지이다. 그 증거가 다른 저작에도 나온다. 『청구야담』에는 「인색한 양반을 풍자한 오물음은 재담을 잘한다〔諷吝客吳物音善諧〕」라는 야담이 한 편 실려 있다. 야담은 "서울에는 오씨 성을 가진 사람이 있다. 고담을 잘해 세상에 명성이 나서 정승·판서 집을 두루 다녔다. 오이를 익힌 나물을 좋아했기 때문에 사람들이 그를 오이무름이라고 불렀다"라는 사연으로 시작한다. 여기서 오물음吳物音은 곧 오이무름으로, '오이무름'의 '오'를 성으로 착각하여 만들어진 이두식 이름이다. 그는 김중진이란 본명보다 별명으로 더 많이 불렸기 때문이다. 결국 외무릅이 김중진과 동일인임은 의심할 여지가 없다. 『청구

갓 쓴 가객이 부채를 쥐고 북 장단에 맞춰 소리하고 있다.
김준근, 「가객창장歌客唱場」, 19세기 후반, 함부르크 민족학박물관 소장.
◉

야담』에서도 오이를 삶은 나물을 좋아했기 때문에 오이무름이라 불렸다고 했으나, 역시 그릇된 추정이다. 정리하여 말하면, 서너 곳에 등장하는 오이무름〔瓜濃〕, 오물음吳物音, 외무릅은 동일인이고, 이 별명은 늙지 않은 나이임에도 이가 빠져 오물오물거리는 입 때문에 생긴 것이며, 오이무름 곧 김중진은 정조 시절 최고의 재담꾼으로 명성이 높았던 인물이다.[20]

그렇다면 김중진은『추재기이』에서 골계의 우두머리라고 말한 이야깃주머니 김 옹과 어떠한 관계일까? 나는 김 옹 역시 외무릅 김중진과 동일인이 틀림없다고 생각한다. 당시에 재담을 전문 직업으로 삼은 사람들 가운데 외무릅만큼 지명도 높은 재담꾼은 많지 않다. 연암 박지원이 「광문자전」에서 묘사한 광문도 유명한 재담꾼의 한 사람이고, 『무숙이타령』에 등장하는 거짓말 최고수 허재순도 그중 한 사람이다. 그런 무리들 가운데 대표는 외무릅이다. 당대 최고의 대중예술가 집단을 집중적으로 조명한 조수삼은 재담꾼의 최고수로 외무릅 김중진을 꼽았을 가능성이 단연 높다.

게다가 이들 사이에는 공통점도 많다. 외무릅의 가장 뚜렷한 이미지는 노인이 아닌데도 노인의 모습을 하고 있다는 것이다. 조수삼이 김씨 늙은이라고 재담꾼을 부른 것은 단순히 그가 노인임을 가리키기 위한 표현이 아니다. 오히려 노인처럼 이 빠진 김중진의 우스꽝스러운 캐릭터를 표현하기 위해 선택한 용어이다. 이렇게 볼 때 정조 시절 최고의 재담꾼 외무릅의 존재는 뚜렷하게 부각된다. '이야깃주머니 김 옹', '오물음', '외무릅', '김중진'으로 제각기 표현된 재담꾼이 결국 동일인이라는 결론에 이른다.

그가 장기로 한 재담의 내용과 특징을 찾아보면 이 사실은 더욱 분명해진다. 그는 이야기를 풀어나가는 데 천부적인 재능을 지녔던 것으로 묘사되고, 특히 그의 구연은 대중을 웃기기에만 애쓰는 저차원의 우스개 재담을 넘어서 세태와 인정을 유달리 곡진하게 잘 표현했으며, 흥미만을 추구하지 않으면서 풍자의 기능과 주제의 선명성도 추구했다. 평범한 재담꾼을 넘어서 최고의 예술가에게서 느낄 수 있는, 차원이 다른 무언가가 그에겐 있었다. 그런 점에서 매우 수준 높은 재담의 미학을 추구한 거장이었다고 평가할 수 있다.

그러한 미학을 실감나게 보여주는 실례가 다름 아닌 「세 선비 소원담」이다. 본래는 『소은고』란 문집에 실린 이 이야기는 다시 『이향견문록』에 전재되었다.[21] 제법 긴 이야기를 줄거리만 추리면 다음과 같다.

선비 세 사람이 하늘나라에 올라가 옥황상제에게 각자의 소원을 말했다. 첫 번째 선비는 큰 벼슬아치가 되는 소원을, 두 번째 선비는 큰 부자가 되는 소원을 말했다. 옥황상제는 난색을 표하지 않고 선선히 소원을 들어주었다. 그런데 마지막으로 남은 선비는 앞의 선비들이 소원했던 부귀와 공명을 다 싫다고 단박에 부정하면서 시골에 묻혀 편안히 살다가 천수를 누리고 죽기 바란다는 소원을 말했다. 하나도 특별하달 것 없어 어찌 보면 가장 평범한 소원이었다.

뜻밖의 소원을 듣고서 한참 만에 옥황상제는 답했다. 그가 소원한 것은 이른바 청복淸福으로서 그런 복은 하늘도 정말 아껴서 아무에게나 주지 않는다고 했다. 자기도 옥황상제 노릇을 벗어던지고 그런 삶을 살고 싶노라고 덧붙여 말했다. 평범하게 사는 행복이 부귀공명보다 더 낫다는 진실을 말하는, 평범한 삶의 소중한 가치를 잊고 사는 사람에게 경종을 울리는 이야기가 아닐 수 없다. 줄거리 자체도 긴장미와 흥미가 살아 있고, 사람의 의중을 절묘하게 뒤집으면서도 가만히 되뇌어보면 인생의 역설적 진실이 담겨 있다. 『소은고』에서 이 이야기를 "입에서 나오는 대로 사연을 전개했으나 큰 진리를 비유한다"고 평가한 이유가 그런 데 있다.

재담, 소설로 각색되다

「세 선비 소원담」은 외무릅의 유명한 레퍼토리로 아주 인기가 있었다. 인기가 대단했기 때문에 뒷날 『삼설기』란 단편소설집에 「삼시횡입황천긔三士橫入黃泉記」라는 단편소설로 각색되어 실렸다. 대중적 인기를 얻은 재담이 버젓한 읽을거리로 변신한 셈이다. 소설이란 읽을거리로 각색되었기 때문에 디테일은 더 치밀해졌다. 선비 세 사람이 저승차사의 실수 때문에 생사치부책에 기록된 수명보다 빨리 저승에 끌려갔다가, 잘못을 사죄하는 염라대왕으로부터 보상 조로 각자의 소원을 말한다는 내용이다.[22] 줄거리는 동일하지만 사설이 흥미롭게 불어났다.

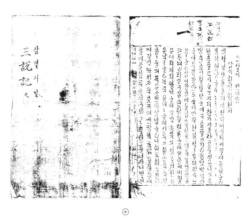

『삼설기』의 첫 번째 작품으로 수록된 「삼시횡입황천긔」는 외무릅의
재담 대본의 성격을 띤다. 1848년에 방각본으로 간행된 『삼설기』 상권의 첫 장.
서강대 로욜라도서관 소장본.

『삼설기』는 조선 후기에 널리 읽힌 대표적인 단편소설집이다. 실려 있는 소설 가운데 최소한 두 편은 김중진의 인기 있는 레퍼토리를 각색한 것이 틀림없다. 국문학계에서는 『삼설기』가 출현하게 된 원천을 한문 단편에 두고 있어서 재담소리와 연결시켜 설명하지 않는다. 그러나 대중예술인 재담소리를 모태로 하여 출발한 소설이라고 보는 것이 역사적 사실에 들어맞는다고 나는 본다. 대중적 인기를 얻은 공연 이후에 그 인기를 등에 업고 책이 만들어진 것이다.

외무릅의 재담이 대중적으로 얼마나 인기를 누렸는지를 엿볼 수 있는 정황으로 19세기를 대표하는 박학한 학자 서유구의 저술 『임원경제지林園經濟志』 「이운지怡雲志」 서문을 들 수 있다. 사대부의 여유로운 문화생활을 다양하게 서술한 「이운지」의 성격을 밝힌 서문에서 서유구는 외무릅의 재담을 거의 그대로 사용하여 평범하게 살아가는 청복을 희구하는 심경을 표현했다. 다만 그는 선비를 네 사람으로 설정해서 문장 잘하는 문인이 되고 싶다는 소망 하나를 첨가했다.[23] 당시 사대부들이 문장 잘하기를 너무나 희구한 결과이다.

서유구는 이야기에 앞서 "세상에 떠도는 속된 이야기 가운데에는 그럴듯한 이치가 담긴 것이 없지 않다"고 했다. 그의 말을 들어보면, 「세 선비 소원담」이 당시에 얼마나 큰 유명세를 탔는지 짐작해볼 수 있다. 더욱이 그의 재담 특징인 그럴듯한 인생의 이치를 담는 미학을 서유구 같은 명사도 인정하고 있지 않은가? 정말 재미있으면서도 그 안에 인생의 철학을 담는 외무릅 재담의 특징은 『추재기이』에서 대표적 레퍼토리로 든 「황새결송」에도 똑같이 나타난다. 이 사연은 굳이 더 설명하지 않는다.

빈손으로 왔다 빈손으로 가는 인생 드러내

외무릅은 자신의 이름난 장기를 주 레퍼토리로 삼는 한편 즉흥적인 재담에도 능했다. 19세기의 유명한 야담집 『청구야담』에는 외무릅의 즉흥 재담 한 편이 구연 상황과 함께 소개되어 있다.[24]

재산이 아주 많지만 인색하기 짝이 없는 종실 노인이 서울에 살고 있었다. 재물을 털끝만큼도 남에게 주는 법이 없는 구두쇠였다. 심지어는 아들 넷에게도 재산을 분배할 생각이 없었다. 그런 노인이 하루는 고담을 해달라며 외무릅을 불렀다. 외무릅은 그 기회를 잘 활용하여 인색한 노인에게 인생을 깨우쳐주고 싶었다. 바로 멋진 재담 하나가 떠올랐다. 그래서 이렇게 술술 이야기를 구술했다.

서울 장안에는 천하의 구두쇠 이동지李同知란 자가 있었다. 팔자가 좋아 부자로 산 그는 임종할 때까지 재물 재財 한 글자를 가슴에서 벗어던지지 못했다. 임종을 앞둔 그는 아들들을 모아놓고 유언을 남겼다.

"죽음을 앞두고 보니 많은 돈을 가져가지 못해 한이다. 평생 재물에 인색했던 것이 후회스럽다. 그러니 내가 죽은 뒤엘랑 양손을 쥐게 하지 말고 좍 펴놓도록 해라. 관 좌우에 구멍을 뚫고 편 손을 내놓아 행인들에게 내가 산처럼 재물을 쌓아놓고도 빈손으로 간다는 것을 보여줘라!"

유언을 거역할 수는 없는지라 자식들은 마지못해 시키는 대로 운구했다. 외무릅은 노인의 집으로 오는 길에 시신의 손을 관 밖으로 내놓은 채 운구하고 있는 행렬을 보고 이상히 여겨 물었다가 알게 된 사연이라며 이 이야기를 풀어놓았다.

종실 노인이 바보가 아닌 이상 자신을 빗대어 조롱하는 이야기인 줄 왜 몰랐겠는가? 그러나 이치가 그럴듯하니 외무릅에게 후한 상을 내리고 모든 재산을 자식들에게 물려주었다고 한다. 외무릅 재담의 위력이 얼마나 강력한지를 보여주는 사연이다. 그저 한 번 듣고 포복절도하고 나면 뒤끝이 공허한 코미디가 아니다. 풍자와 설득의 마력까지 지닌 내용 있는 재담이었다.

종실 노인에게 구연한 사연의 줄거리는 그만의 독창적인 레퍼토리는 아니다. 흥미롭게도 구두쇠의 유언은 알렉산더 대왕의 유언과 너무도 흡사하다. 알렉산더 대왕은 임종을 앞두고 "내 임종 후 나를 묻을 때에는 손을 밖으로 내놓아 보이도록 하라! 천하를 쥐고 흔들었던 알렉산더도 떠날 때는 빈손으로 간다는 것을 세상 사람들에게 보여주련다"라고 했다. 외무릅이 그의 유언을 알았을 리 없지만 공교롭게도 너무나 유사하다. 뻔해 보이는 이야기를 현장감을 살려 그럴듯하게 구연하는 그만의 솜씨를 이해하면 그뿐이다. 아무튼 이 이야기에서도 외무릅 재담의 특징이 그대로 살아 있다.

외무릅 같이 뛰어난 재담꾼들은 많은 사람들이나 특별히 초청된 부귀한 사람들 앞에서 온갖 재미를 선사하며 구연했다. 그들의 공연은 조선 후기 시정문화의 전성시대를 상징적으로 보여준다. 최고의 재담꾼은 각자의 장기를 개발하며 19세기 내내 인기를 얻었다. 20세기 초반까지만 해도 명맥을 유지하며 인기를 구가했으나 그들의 기예는 급격하게 다른 대중적 연예에 자리를 넘기고 사라졌다.

인기 만점, 낭독의 달인
책 읽어주는 전기수傳奇叟

몇 년 전부터 방송과 신문에서는 책을 읽어주는 기획이 여럿 등장
했다. 낭독의 재발견이라고 해야 할까? 그저 눈으로 읽어 내려가는
독서讀書 또는 간서看書의 무미無味함에서 벗어나 소리 내어 읽고 듣는
것은 혼자서 책 읽는 고독함과는 달리 사람 사이에 교감이 오간다.
대개는 작가나 아나운서가 잔뜩 분위기를 잡고서 책을 읽음으로써
청자의 감성에 호소한다.

　한편 이러한 전문적인 낭송과는 달리 주로 아이들에게 이야기책
을 읽어주는 활동은 이전부터 꽤 많이 활성화되었다. 책을 눈으로
읽는 것만큼이나 입으로 낭송하는 것이 오랜 전통이었음을 감안한
다면, 이 또한 전통의 복원이고 책 읽는 근본으로 되돌아가려는 노
력의 하나이리라.

　그러나 세월을 더 거슬러 올라가 보면, 이야기책은 읽는 것이라기

보다는 듣는 것이라고 해야 더 합당하다. 그렇게 접하는 이야기책의 대부분은 물론 소설책이었다. 조선 후기에는 남녀노소 신분 고하를 따질 것 없이 소설을 널리 읽었고, 소설 낭독이 대중들의 일상에 깊이 파고들었다. 하지만 많은 소설책은 한문으로 쓰여 있어서 읽을 수 있는 능력을 지닌 사람은 아주 극소수였다. 한글로 쓰였다고 해도 읽을 수 있는 사람이 조금 더 불어나는 정도에 그쳤다. 요컨대 아무리 소설이 유행한다 해도 그 감상은 눈이나 입으로 하는 것보다 귀로 듣는 것이 일반적이었다. 그만큼 문맹률이 높았다. 옛날 거의 대부분의 독자들은 우리가 오늘날 고전소설이라고 말하는 『춘향전』, 『홍길동전』, 『심청전』을 비롯해서 『삼국지』 따위의 온갖 소설들을 눈으로 보거나 입으로 읽었다기보다는 남이 읽어주는 소리로 들었다. 다시 말해 책은 혼자 읽는 것이 아니라 여럿이서 함께 듣는 것이었다.

게다가 문맹이란 이유 말고도 또 다른 이유가 있었다. 제 아무리 글을 볼 줄 안다고 해도 책을 사거나 빌려서 보는 사람은 제한되었다. 책값이 비싸기도 했고 책을 사기도 어려워서 책을 소유한 사람은 그리 많지 않았다. 이래저래 이야기책은 읽는 사람보다 듣는 사람이 더 많았다는 것이 내 판단이다.

이런 요인들 때문에 교양과 즐거움을 제공하는 이야기책 읽는 쾌락에 동참하고 싶지만 읽지 못하는 대중들을 위해 새로운 직업이 탄생했다. 문맹자를 주 고객으로 삼아 이야기책을 읽어주는 사람이 그들이다. 그렇다고 단순하게 문맹자만을 고객으로 삼은 것은 아니었다. 낭송 기술이 발달하면서 소설을 읽어주는 기법이 예술의 단계로까지 성장했고, 글을 알고 책을 소유한 사람일지라도 듣는 즐거움을 위해 전문적인 낭송자를 찾았다. 그런 전문가를 대표하는 이름이 바로 전기수傳奇叟이다.

전기수, 책 읽어주는 남자

전기수라는 직업적 낭독자가 등장하는 문헌이 바로 조수삼의 『추재기이』이다. 그 사연의 전문을 들어보자.

이야기책 읽어주는 노인은 동대문 밖에 산다. 언문으로 쓴 이야기책을 입으로 줄줄 외우는데 『숙향전』, 『소대성전』, 『심청전』, 『설인귀전』 따위의 전기소설傳奇小說 들이다. 매달 초하루에는 청계천 제일교 아래 앉아서 읽고, 초이틀에는 제이교 아래 앉아서 읽으며, 초사흘에는 배오개에 앉아서 읽고, 초나흘에는 교동 입구, 초닷새에는 대사동 입구, 초엿새에는 종루 앞에 앉아서 읽었다. 그렇게 거슬러 올라가기를 마치면 초이레부터는 거꾸로 내려온다. 아래로 내려갔다가 올라가고, 올라갔다가 또 내려오면 한 달이 지난다. 달이 바뀌면 또 전과 같이 한다.

노인이 전기소설을 잘 읽었기 때문에 몰려들어 구경하는 사람들이 노인 주변을 빙 둘러 에워쌌다. 소설을 읽어가다 몹시 들을 만한, 가장 긴장되고 중요한 대목에 이르면 노인은 갑자기 입을 다물고 아무 말도 하지 않는다. 그러면 사람들이 다음 대목을 듣고 싶어서 앞다투어 돈을 던지면서 "이게 바로 돈 긁어내는 방법이야!"라고 했다.

동대문 밖에 사는 노인은 동대문부터 종루까지 당시 서울에서 가장 번화한 거리의 한 모퉁이에서 사람들을 모아놓고 이야기책을 암송하여 들려주었다. 여섯 곳을 지정해놓고 오르락내리락하면서 사람을 불러 모았다. 사람들은 그가 어느 날 어디에서 이야기판을 벌이는지를 잘 알았다. 그의 레퍼토리는 『숙향전』과 『소대성전』 따위였는데, 당시에 큰 인기를 누렸던 언문소설들이다. 그는 단순히. 책을 읽어 내려가는 것이 아니라 소설의 장면과 인물의 개성을 살려서 들려주는 특별한 구연 실력이 있었기 때문에 많은 청중들을 불러 모았다. 그가 좌정한 곳은 당시에 가장 번화한 거리의 목 좋은 자리였다. 그런 장소를 독차지한 것을 보면 그는 제법 위세가 있는 행상 겸 기능인이었다.

이처럼 그는 평범한 구연자와는 격이 다른 직업적인 전문가였다. 이야기가 가장 긴장되고 드라마틱한 대목에 다다르면 대뜸 중지함으로써 청중들에게 보수를 받아내는 방법도 그런 수완의 한 측면이다. 이렇게 청중들이 돈을 내는 적당한 시점을 만들어내는 수완은 다른 기예에서도 종종 사용되었다.

박지원의 『열하일기』에는 그가 중국에 갔을 때 시장에서 이렇게 소설책 읽어주는 장면을 목격한 이야기가 나온다. 그때 그는 바로 조선의 골목과 시장에서 『임장군전』을 외워 구연하는 장면을 떠올렸다.[25] 박지원이 떠올린 구연자는 『추재기이』에 등장한 전기수와

전기수가 소설을 읽었던 곳들. 이는 당시 한양에서 가장 번화한 거리였다.
위 지도는 김정호가 1861년 목판으로 만든 「한성도」. 성신여대 박물관 소장.

동일인은 아닐지 몰라도 크게 다름이 없다. 이렇게 불특정 다수의 청중 고객을 상대로 이야기책을 재미있게 읽어주는 직업인이 번화한 도시에 출현하여 상업적으로 성공을 거두었다.

그런 직업인을 조수삼은 전기수傳奇叟라 불렀다. 전기傳奇는 소설이나 이야기책을 가리키는 말이므로 전기수는 이야기책을 읽어주는 노인이란 뜻이다. 과연 당시에 소설책 읽어주는 직업인을 이 용어로 불렀을까? 이 말이 이런 직업인을 부르는 일반적 명칭으로 사용되었다는 증거는 『추재기이』 외에는 없다.

호칭이야 어찌 됐든 그런 일을 하는 사람이 서울에서 적지 않게 활동했을 것으로 추정할 만한 증거가 남아 있다. 1790년정조 14년 8월 10일 전라도 장흥 사람 신여척申汝倜이 이웃집에서 형제끼리 싸우는 것을 보고 참다못해 발로 차서 그들을 살해한 사건이 발생했다. 이 사건을 판결하면서 국왕 정조는 이렇게 말했다.

세상에 떠도는 말(諺)에 이런 사연이 있다. 종로 거리의 담뱃가게에서 소사小史의 패설 읽는 것을 듣다가 영웅이 크게 실의失意한 대목에 이르렀다. 눈초리를 찢고 입에 거품을 물더니 담배 써는 칼을 잡아 곧장 앞으로 나가 소설책 읽는 사람을 쳐서 그 자리에서 죽였다. 왕왕 맹랑하게 죽는 일과 우스꽝스럽게 죽는 사건이 발생한다.[26]

국왕이 알고 있는 사실이므로 상당히 널리 알려진 사건이리라. 같은 판결을 이덕무와 정약용도 각각 기록했는데 그들은 소설책 읽어준 사람을 '독사인讀史人'이라고 표현했다. 사史는 곧 패사稗史로서 소설책을 의미하므로 독사인은 소설책을 낭독하는 사람이란 뜻으로 전기수와 같은 말이다. 사건이 벌어진 종로의 담뱃가게는 청중을 모아놓고 소설책 읽어주는 장소로 이용되었다. 당시에는 담배 판매가 다른 상품에 비해 성행하던 업종이었으므로, 종로의 담뱃가게는 규모도 크고 사람들이 많이 모이는 장소였다.

전기수나 독사인이 청중을 모은 장소는 이렇게 인파가 모여드는 곳이었다. 이는 상당한 인기를 끌지 않으면 어려운 일이다. 그들은 대단히 감동적으로 이야기책을 구연하여 청중을 완전히 소설 속으로 몰입하게 만들었고, 그 때문에 현실과 허구를 분간하지 못하고 구연하는 사람을 살해하는 일까지 발생했다.

위에서 벌어진 사건을 보면, 당시의 시장 한 모퉁이에서 수많은 청중에 둘러싸인 채 흥미진진하게 이야기책을 구연하는 전기수와 그의 구연에 몰입한 청중들이 뿜어내는 긴장과 열기를 다소나마 유추해볼 수 있다. 그런 열기를 보여주는 기록도 얼마간 전해온다. 강이천姜彝天은 18세기 말엽 한양의 대표적 풍경을 묘사한 연작시 「한경사漢京詞」를 지었는데, 시장 거리의 풍경에 소설책 읽는 사람을 포함시켰다.

동서로 뻗은 열두 곳 시전에는
온갖 물건들이 쌓여
진귀한 구슬을 꿰어놓듯이
끈에 묶여 주렁주렁 달려 있네.

도성 안 시장 풍경을 세밀하게 묘사한 「태평성시도太平城市圖」 중 일부.
시전 옆에서 놀이꾼들이 연희를 펼치고 있다.
작자 미상, 18세기 후반, 국립중앙박물관 소장.

제 아무리 소란해도 아랑곳없이

털방석에 둘러앉아서

언문으로 연의소설을

번역해 읽어주네.[27]

雜貨東西十二塵 珠璣聯絡帶條懸

讙囂不管團毛席 譯誦方言演義編

　연의소설이라 했으므로 『삼국지』와 같은 소설을 낭송했을 것이
다. 시 속에 나오는 전문 이야기꾼은 『추재기이』에서 말한 전기수와
같은 일을 하는 직업인이다. 그는 조용한 곳에서 분위기를 잡고 소
설을 낭송한 게 아니다. 한양에서도 가장 번화한 종로 거리에서 온
갖 소란을 배경음악 삼아 낭송했다. 앞서 담뱃가게에서 낭송한 이
야기꾼도 온갖 소란 속에서 구연을 했다. 그럼에도 불구하고 청중
을 사로잡았다. 대단한 능력이 아닐 수 없다.

———

가가호호, 이야기 품 팔던 이들

그래도 위에서 살펴본 이야기꾼들은 상업적으로 성공한 편에 속한
다. 이들만큼 전문적이지 못하고 상업적으로 성공하지 못한 그룹으
로 떠돌이 행상처럼 이곳저곳 그들을 필요로 하는 사람들을 찾아가
서 이야기책을 읽어주는 이야기꾼들도 있었다. 『이향견문록』에 등

장하는 이자상李子常이란 사람이 이런 부류에 속한다. 그는 총명하고 기억력이 뛰어났으며 각종 술서術書들을 모두 읽었고 백화문으로 쓰인 소설책을 모조리 꿰뚫었다. 혼자 힘으로 생계를 꾸려 나가기 어려울 만큼 가난했지만 소설책 잘 읽는 솜씨를 인정받은 덕분에 재상집에 출입할 수 있었다. 나이가 들어서는 군문軍門에서 적은 봉급을 받았고, 친지들의 집에 자주 기식했다.[28]

『이향견문록』에 실렸으므로 당시에는 꽤 명성을 얻은 사람으로 볼 수 있다. 그의 장기는 중국의 통속소설들을 모두 꿰뚫고 있는 전문성이었다. 그러나 그것만으로는 생계를 꾸려 나가지 못했고, 그 대신 소설을 잘 구연하여 그 재능으로 재상가를 돌아다니며 먹고살았다. 그는 앞서 나온 전기수나 독사인처럼 시장에 진출하여 청중들을 모아놓고 소설책을 읽을 만큼의 상업적인 수완은 없었다. 본격적으로 전기수로 나서지도 못했고 그렇다고 다른 식으로 생계를 이어갈 수도 없었다.

이런 부류의 이야기책 읽어주는 직업인이 한양과 시골에서 활동한 증거가 제법 나온다. 예컨대 구수훈具樹勳의 『이순록二旬錄』에는 여장한 남자가 사대부집을 출입하며 성적 추문을 일으킨 사건이 실려 있다.[29] 그런데 여장 남자가 여성들에게 접근한 중요한 방법 중 하나가 소설책을 잘 읽어주는 기술이었다. 당시에 재상가나 사대부가에서는 소설책을 잘 읽는 전문가를 초빙한 후 사랑방이나 안채에 모여 이야기를 감상했다. 많은 사람이 모여 앉아 흥미진진하게 소설책을 구연하는 것을 듣는 장면을 자연스럽게 떠올릴 수 있다. 독자 한 사람이 책과 대면하는 고독한 독서 행위에 익숙해진 현대인들은 이를 이해하기 어려울 것이다. 많은 청중이 둘러앉아 책을 매개로 이야기꾼이 들려주는 낭송의 세계에 몰입하는 방식은 상당히 고풍스러우면서도 낭만적이다. 이는 하나의 문화로, 하나의 유흥거리로 퍽 많은 인기를 누렸다.

그렇다면 이야기꾼이 소설책을 구연하는 것을 들은 청중의 느낌은 어떠했을까? 홍봉한洪鳳漢의 아들이자 정조의 외삼촌인 홍낙인洪樂仁은 역관 김홍철金弘喆이 구수하게 구연한 『수호전』을 듣고서 이런 시를 남겼다.

청탁淸濁과 높낮이를
입놀림에 내맡기고
깊은 밤 등불 앞에서
안석에 기대 누웠네.

정강靖康 시대 호걸들이
산채로 들어갔다니
김성탄金聖嘆 문장은
소설가 중에 으뜸이지.

변화가 무궁하여
귀신들도 놀라게 하고
결말을 예측 못해
용도 내쫓네.

궁조宮調와 우조羽調가

서로 어울려

변방에서 저녁 뿔피리

듣는 것보다 훨씬 낫구나.

깊은 밤 등불을 켜놓고 혼자서 『수호전』을 구연하는 소리를 들었다. 청탁과 높낮이를 말했으므로 제법 가락을 넣어 읽었다는 것을 알 수 있다. 더욱이 저녁 뿔피리 소리를 듣는 것보다 훨씬 낫고, 궁조와 우조가 서로 어울렸다는 음악적인 효과를 말한 것으로 보아 가락이 상당히 음악성 있었다는 점을 짐작할 수 있다.

김홍철 같은 이 말고 전문적인 전기수는 그보다 훨씬 감동적으로 구연을 했을 것이다. 전문가의 낭송은 단조롭게 가락을 얹어 읽거나 외우는 정도가 아니라서 불경을 읽고 경서를 낭송하는 것과는 달랐다는 말이다. 그러한 정황을 보여주는 기사가 『청구야담』에 등장한다. 「가인을 잃고 자주 박명함을 탓하다〔失佳人數歎薄命〕」란 야담에는 이야기책을 잘 읽는 소년의 사연이 실려 있다.

이업복李業福은 청지기의 무리이다. 어린아이 적부터 언문소설책을 잘 읽었다. 그 소리가 노래 같을 때도 있고, 원망하는 소리 같을 때도 있으며, 웃는 소리 같을 때도 있고, 애원하는 소리 같을 때도 있었다. 어떤 때는 호방하여 호걸의 형상을 하기도 했고, 어떤 때는 교태가 있어 아름다운 미인의 자태를 보이기도 했다. 읽는 책의 정경에 따라서 서로 다르게 능력을 발휘했다. 그래서 당시의 호걸과 부자 들이 모두들 그를 불러다가 그가 읽는 것을 들었다. 어떤 서리 부부가 그 재주를 혹독하게 좋아하여 업복이를 먹여주고 길러주어 친척처럼 대우하고 집안에 드나드는 것을 허락했다.[30]

이 이야기에는 업복이란 아이의 소설 구연 솜씨가 제시되어 있다. 소설의 내용에 따라 분위기를 잘 묘사해 들려주는 뛰어난 능력을 가진 이 아이는 인기를 누렸다.

———

근대화와 함께 사라져간 낭송 문화

홍낙인은 왕실의 외척 집안 사람이므로 김홍철 같은 낭송에 재능 있는 역관을 데려다가 소설을 들었다. 업복이는 서울의 명문가와 부잣집을 출입했다. 경화세족京華世族을 비롯해 지방의 양반가에서도 이렇게 소설을 잘 읽는 사람을 데려다가 소설을 들었다. 18세기 후반에서 19세기 전반기를 살아간 학자 유희柳僖는 경화세족의 삶을 묘사한 「푸르고 푸른 부들〔靑靑之蒲行〕」이란 시에서 "드넓은 대청에 화문석 넓게 깔아놓고, 왼편에 기대어 언문책 읽는 소리 한가로이 듣는다〔廣堂平鋪花紋席, 左顧閒聽諺文冊〕"라고 증언했다. 전문적인 전기수를 데려다가 이야기를 듣는 것은 이 시기 사대부 문화의 독특한 하나의 풍경이었다.

그런데 소설책을 구연하는 독특한 방식이 조선시대의 한양에만 있었을까? 그렇지 않다. 중국에서도 일찍부터 발전하여 인기가 있었다. 앞서 말했듯이 박지원도 중국에서 『서상기』를 암송하여 들려주는 장면을 목도했다. 이렇게 소설을 예술적으로 구연한 대표적인 명인이 명나라 말엽의 설서가說書家 유경정柳敬亭이다. 장대張岱가 지은 「유경정설서柳敬亭說書」에는 그의 사연이 흥미롭게 묘사되어 있다. 중국을 비롯해 유럽이나 중동 지역에도 비슷한 문화가 발달했으나 주제가 빗나가니 여기서 그치자.

서울만이 아니라 향촌에도 이야기책 읽어주는 직업인들이 찾아들었다. 경기도 안산에 살았던 문사 유경종柳慶種의 『해암고海巖稿』에는 『서유기』를 암송하는 떠돌이 구연자를 만난 일이 기록되어 있다. 그는 "엊그제 남의 집에서 『서유기』를 암송하는 자를 보았다. 한문과 언문을 섞어 외웠는데 소리가 유장하고 곡절이 있어 정말 들을 만했다. 아깝다! 그 재능을 잘못 사용하여 남에게 부림이나 당하다니!"[31]라고 하며 안타까워했다. 『서유기』를 암송할 정도의 식자가 남에게 이야기나 구연하고 다니는 것이 불쌍해 보였던 것이다. 그는 이런 시를 지었다.

서유기 외우는 자 나타나
쉴 새 없이 말이 쏟아져 나오네.
기이한 재능을 헛되이 쓰는 것은 아까우나
환상적 사연을 자세히도 말하네.

한 부部의 『수신기』와도 같고

천 가지 연극 마당인 듯도 싶네.

청아한 목소리에 곡절도 교묘하여

오래도록 귓전에 맴돌아 잊지를 못하겠네.

有誦西遊傳 懸河口角長

奇才惜虛用 幻迹說能詳

一部搜神記 千般演劇場

淸音工曲折 裊裊久難忘

　이 사람은 여기저기 초청을 받아 소설책을 들려주고 삯을 받았던
사람으로 보인다. 그는 『서유기』를 아예 통째로 외워서 흥미롭게 들
려준 모양이다. 소리가 유장하고 곡절이 있어 지극히 들을 만했다
고 말한 것으로 보아 단순히 암송하지 않고 등장인물의 성격을 목
소리로 잘 묘사했음을 알 수 있다. 천 가지 연극 마당이라고 했으므
로 등장인물의 개성을 여러 가지 목소리와 태도로 잘 살려서 구연
한 듯하다. 이렇게 안산 등지까지 소설책을 외워서 멋들어지게 구
연해주는 직업인이 활동했다. 그만큼 수요가 있었고, 이에 맞춰 직
업인이 공급되었다.

　이야기책을 읽어주는 전기수 문화는 언제까지 인기를 얻었다가
역사에서 사라졌을까? 18세기에 이어 19세기에도 이 문화는 성행
한 것으로 보이고, 이들의 후예는 20세기 초까지 꽤 활동해왔다. 그
러나 구한말 이후 일제시대에 근대적인 고독한 소설 읽기가 성행하
고, 대중들의 기호를 자극하는 현대적 대중문화가 도시로 몰려오면

서 이야기책 읽어주는 사람은 옛 문화가 잔존하는 향촌에서 겨우 명맥을 유지하다가 급속하게 사라졌다.

하지만 지금도 전기수의 후예라고 부를 만한 분이 간혹 남아 있다. 정규헌 씨도 그런 후예의 하나이다. 그는 1936년 생으로 충남 청양에서 태어났다. 부친인 정백섭 씨를 따라 어릴 적부터 소설에 가락을 얹어 읽어주는 일을 했으나 생활이 안 돼서 1968년 이후 직업을 바꾸었다. 청양이 충청도에서도 오지라 할 만큼 교통이 불편하여 현대 문물의 세례가 매우 늦었으므로 가능한 일이다. 그는 『춘향전』, 『심청전』, 『신유복전』, 『조웅전』, 『장끼전』 등을 외워서 자신을 초청한 사람들에게 들려주었다. 가락을 얹어서 구수하게 소설을 구연하던 그는 기능을 인정받아 충남도지정 문화재 제39호로 지정받았다. 그러나 그분의 구연이 전기수가 대중적 인기를 얻었던 18세기나 19세기의 본래 모습을 얼마나 계승하는지, 또 그 수준을 유지하고 있는지는 가늠하기가 어렵다.

당대를 쥐락펴락한 만능 엔터테이너
광대 달문

현대의 대중문화계를 쥐락펴락하는 스타와 같은 존재가 18세기에
도 있었을까? 문화와 예술의 전개 양상이 질적으로나 양적으로 많
이 다르기는 하지만, 대중들 사이에서 큰 인기를 누린 스타가 존재
했고 현대의 대중문화에 상당히 근접한 현상이 나타났다는 점은 부
정하기 어렵다. 절제되고 고담하면서도 품위를 잃지 않으려는 지향
을 보인 양반문화와는 다르게 대중적 취향의 문화가 성장한 결과로
나타난 현상이었다.

그러한 스타들은 대중적 인기를 바탕으로 명성과 부를 거머쥐기
도 했다. 가수와 악사, 바둑 기사, 재담꾼, 판소리 광대와 같은 예술
가들이 그 축에 드는데, 이 자리에서 살펴볼 광대 달문達文, 1707~?도
그런 스타의 하나로 손꼽힌다. 그는 어느 한 가지로만 제한하기 어
려울 만큼 다방면에 걸쳐 그만의 끼를 발산했던 인물로, 만능 엔터

테이너라고 말해도 좋을 법하다. 또한 거지, 광대, 사치품 거간꾼, 기생의 기둥서방, 재담꾼, 방랑자 등 다채로운 인생 이력의 소유자였다. 간단하게 정리하면, 그는 천하의 못생긴 남자로서 평생 독신으로 살면서 만년에는 역모사건에 연루되어 귀양까지 간 파란만장한 삶을 살았다. 워낙 대중적 인기가 높아 그에 관한 이야기는 한 시대를 풍미했다. 많은 지식인들이 달문을 주목하여 서술한 것은 그가 그만큼 대중적 인기를 누렸다는 뚜렷한 증거이다. 웬만한 고관대작도 이 정도로 관심의 대상이 되지는 못했다. 도대체 그의 어떤 점이 대중들의 마음을 파고들었을까?

달문을 기억하고 묘사하는 사람들은 한결같이 극히 추악한 그의 외모를 먼저 떠올렸다. 그를 직접 만나본 적이 있는 박지원은 그가 정말 못생겼다고 기억했다. 아주 큰 입이 유별난 외모 가운데 두드러졌다. 입이 얼마나 큰지 두 주먹이 들락날락했다. 툭하면 달문은 주먹을 쥐어 입에 넣어서 사람들을 자지러지게 만들었다. 당시에 아이들은 상대에게 욕을 퍼부을 때면 "네 형은 달문이냐"고 놀렸다. 그 말을 들은 달문은 "달문이 보고 싶으냐?" 하며 불쑥 입을 벌리고 껄껄 웃고는 주먹을 쥐어 입안으로 집어넣었다.

추악한 외모에 천한 일을 했으나 달문은 안평대군의 후손이라는 소문도 났다. 그의 성은 이씨였다. 그런 소문을 곧이곧대로 믿기는 어렵지만 그가 종실 출신일 가능성은 있다. 그러나 많은 사람들은 그의 성이 무언지도 몰랐고 굳이 알 필요도 없었다. 박지원은 그의 이름을 광문廣文이라고 불렀는데, 한자 어투의 점잖고 세련된 표현으로 바꾼 데 불과하다. 달문이 그 시대의 토속적 이름으로 더 어울리므로 실제로는 이 이름으로 불렸을 것이다.

천하의 명사인 달문은 그러나 평민 대접도 받지 못하는 거지로 살았다. 한평생 사는 곳이 일정치 않았고, 혼인도 하지 않아서 상투도 올리지 못하고 머리를 길게 땋고 살았다. 나이가 제법 들은 지독하게 못생긴 몰골에 머리를 땋은 패션이니 기괴하기 짝이 없는 꼴로 보였을 게 틀림없다. 정조의 외조부로 정승을 지낸 홍봉한洪鳳漢은 그 시대에 달문과 같은 꼴을 하고 다니는 파락호破落戶가 아주 많았고, 괴상망측한 몸가짐이 풍속을 손상시킨다고 걱정했다. 달문의 패션은 파락호의 상징처럼 보였던 것이다. 남들이 결혼하라고 권하면, 그는 "누구나 잘생긴 얼굴을 좋아하지. 사내만 그런 게 아니라 여자도 마찬가지야. 나는 본바탕이 못생겨서 용모를 꾸밀 생각은 아예 하지 않아"라고 핑계를 대곤 했다.

———

의로운 거지 두목으로 장안에 입소문 나다

유명해지기 전 달문의 직업은 거지 두목이었다. 종로 시장통에서 빌어먹고 다닐 때 거지 아이들은 그를 우두머리로 떠받들었다. 그때 사건이 벌어졌다. 눈이 오는 추운 겨울날 거지들이 모두 구걸하러 밖에 나갔고, 달문만 몸이 아픈 거지 아이와 움막에 남았다. 그 아이가 덜덜 떨며 끙끙대자 달문이 잠깐 나가 밥을 빌어와보니 아이는 벌써 죽어 있었다. 마침 돌아온 패거리들은 달문이 아이를 죽였다고 의심하고서 그를 패서 내쫓았다. 달문은 그날 수표교로 가서 거지들이 내다버린 죽은 아이의 시체를 수습해 묻어주었다. 사건의 자초지종을 알게 된 상인이 달문이 행한 의로운 행실을 사람들에게 말해 소문이 널리 퍼졌다.

달문은 그 덕분에 약국에서 일하게 되었다. 달문이 일약 장안의 명사로 떠오르는 계기를 만든 사건이 그 약국에서 발생했다. 사건의 전개과정을 『추재기이』에서는 이렇게 묘사했다.

하루는 달문이 아무개네 약방에 갔다. 주인이 값은 백금百金이고 무게는 한 양兩이 나가는 인삼 몇 뿌리를 내어 보이며 "이 물건 어떤가?"라고 물었다. 달문이 "정말 품질이 좋군요"라고 대꾸했다. 때마침 주인이 내실로 들어가서 달문은 등을 돌리고 앉아 문밖을 내다보고 있었다. 이윽고 주인이 나와 물었다.

"달문이! 인삼은 어디 있는가?"

달문이 고개를 돌려보니 인삼이 사라지고 없었다. 그러자 웃으며 "때마침 사고 싶어하는 사람이 나타나 제가 벌써 넘겼습니다. 이제 곧 값을 보내드리겠습니다"라고 바로 대답했다.

이튿날 주인이 쥐구멍에 연기를 들이대어 쥐를 잡으려다가 세워놓은 약궤 뒤에서 종이로 싼 물건을 발견했다. 꺼내 살펴보니 바로 어제의 그 인삼이었다. 주인이 깜짝 놀라 달문을 불러 사실을 말하고 "자네는 어째서 인삼을 보지 못했다고 말하지 않고 팔았다고 거짓말을 했는가?"라고 캐물었다. 달문이 "인삼은 제가 벌써 봤는데 갑자기 잃어버렸으니, 제가 모르는 일이라고 말씀드린들 주인께서 저를 도둑놈이라고 말하지 않을 도리가 있겠습니까?"라고 대답했다. 그 말을 듣고서 주인은 부끄러워하며 꾸벅꾸벅 머리를 조아려 미안하다고 했다.

달문의 품성과 의리를 보여주는 일화이다. 약국 주인은 잘 알고 지내는 높은 벼슬아치와 부자 들에게 달문의 행동을 칭찬했다. 그래서 얼마 지나지 않아 달문이 한 행위는 장안의 화젯거리가 되고, 그는 누구나 인정하는 의롭고 신의를 지키는 사람이 되었다. 그 때문에 달문이 빚보증을 서주면 담보를 묻지 않고 천금이라도 당장에 내줄 만큼 그는 신용 그 자체였다.

기생을 좌지우지하던 당대 최고의 딴따라

신용과 의리의 화신으로 장안에 이름을 날렸으나 달문의 본색은 그쪽보다는 예능에 있었다. 쾌남아 달문은 소싯적에 거지들과 어울리면서 당시 하층 사회에서 크게 유행했던 각종 연희를 골고루 배워 누구나 인정하는 광대로 발돋움했다. 그의 주특기는 만석중놀이와 철괴무鐵拐舞, 팔풍무八風舞였다. 만석중놀이는 황진이의 미모에 빠져 파계했다는 지족선사를 조롱하는 내용의 탈춤으로 조선 후기에 곳곳에서 널리 공연되었다. 철괴무는 이철괴李鐵拐라는 기괴한 모습의 신선을 흉내 내어 추는 춤으로 산대놀이의 하나로 공연되었고, 팔풍무는 남사당놀이의 땅재주넘기와 유사한 놀이이다.

홍신유는 「달문가」에서 달문이 공연하는 모습을 이렇게 묘사했다.

다채로운 연희를 선보이는 사당패의 모습. 한쪽에서는 연희를 벌이고,
다른 한쪽에서는 앞치마를 펼쳐들어 구걸을 하고 있다.
작자 미상, 「사당걸전邪堂乞錢」, 개인 소장.

팔풍무를 잘 추어
용이 꿈틀거리는 듯
몸을 뒤로 젖혀 머리가 발에 닿으면
배꼽이 볼록 하늘로 솟네.

사지는 뼈가 없는 듯
어느새 몸을 돌려 뒤집더니
별안간 가슴을 휙 바꿔 똑바로 섰다가
갑자기 거꾸러진다.

흘겨만 볼 뿐
똑바로 보는 법 없고,
비뚤어진 입에서는
온전한 발음 나오지 않네.

산대놀이 좌우부와
장안의 악소배惡少輩들!
달문이를 모셔다 상좌에 앉히고
귀신 모시듯 떠받드네.[32]

善作八風舞 魚龍更曼延
外屈頭至足 臍腹兀朝天
四體若無骨 閃倏回且旋

俄瞻瞥而改 植立忽爾顚
側目無正視 喝口無完言
鰲棚左右部 長安惡少年
延之坐上頭 敬之若鬼神

　시에서 묘사한 것처럼 인기리에 공연되던 산대놀이나 남사당패 놀이에서 달문은 발군의 실력을 뽐냈다. 연희꾼들 사이에서 최고의 예능인으로 꼽혀 존경을 받았다. 이런 연희는 하층민들 사이에서 크게 유행했는데, 달문은 거지들과 어울리면서 빼어난 연희 기술을 습득할 수 있었다. 그의 빼어난 실력은 한양을 벗어나 전국적인 명성을 얻었다. 호남과 영남의 여러 고을을 돌아다닐 때 가는 곳마다 인기가 대단했다. 그는 한양에서만 공연하지 않고 전국을 무대로 하여 돌아다녔다. 달문의 경우를 놓고 보면, 당시 대중문화의 판이 결코 작지 않았음을 알 수 있다.

　하지만 달문이 최고의 인기를 누리는 연희꾼이라 해도 그것이 바로 생계로 이어지지는 않았다. 그래서 사람들은 그에게 장사를 권했다. 달문은 일본과 북경에서 수입한 물건을 부잣집과 대갓집에 중개하고 흥정하여 이문을 남기는 일을 했다. 그런 일을 하다 보니 몇 푼의 이문에 쫓아다니는 꼬락서니라, 자기가 생각해도 서글펐다. 그는 "사내대장부가 마당에 노는 닭처럼 모이 한 알을 다툴까 보냐?" 하며 그 짓도 그만두고 유흥가로 진출했다. 달문은 기방에 들어가 기생의 기둥서방 노릇을 하며 살았다. 이른바 조방꾼이 된 것이다. 조방꾼으로 등장한 달문을 기생들은 크게 반가워했다. 그도 그럴 것이 달문은 이미 명성이 높은 사람이었기 때문이다.

그런 달문에게 기생들은 처음에는 으스대다 나중에는 애교를 부리고, 그다음에는 고분고분해졌다. 달문은 이 바닥에서도 인정을 받았다. 장안의 명기名妓들이 제 아무리 곱고 아름다워도 달문이 인정해주지 않으면 한 푼어치 값도 나가지 않았다. 기방에서 달문이 지낸 모습을 박지원은 「광문자전」에서 이렇게 소개했다.

> 언젠가 한양에서 논다 하는 자들이 당시 장안에서 검무와 미모로 이름난 밀양 출신 기생 운심雲心의 집을 찾았다. 마루 위에 술상을 차리고 가야금을 연주시키고 운심에게 춤을 추라고 했다. 그러나 도도한 운심은 일부러 지체하면서 좀처럼 춤추려 하지 않았다. 그때 달문이 운심의 집에 들렀고, 술자리 상좌에 앉아 좌중을 압도하며 무릎장단을 맞추고 콧노래를 흥얼거렸다. 그러자 운심이 바로 자리에서 일어나 옷을 갈아입고 달문을 위해 검무를 추었다. 좌중의 모든 사람들이 한껏 즐기고 친구가 되어 헤어졌다.

조방꾼 달문이 기방을 주도한 솜씨와 위세가 어떠했는지를 잘 보여주는 기록이다. 이렇게 달문은 조방꾼으로 새벽에는 장군의 연회에 불려가고, 저녁에는 왕손王孫의 잔치에 나갔다. 그때 달문이 기생들과 함께 모셨던 인물 가운데에는 암행어사 행적으로 유명한 박문수와 이름난 정승인 조현명이 들어 있다. 하지만 달문은 잔치 자리에서 먹다 남은 술과 식은 안주를 걷어 먹는 일에 처량한 마음이 들었다.

달문은 그런 생각이 들자마자 누구에게 간다 온다 말도 없이 한강
으로 나갔다. 배를 타고 한강을 거슬러 충주로 가서 문경새재를 넘
어 낙동강에 배를 띄우고 동래로 갔다. 때는 1747년영조 23년이었다.
마침 통신사가 일본으로 떠나기 위해 동래에 도착했을 때였다. 통
신사 행렬에는 수많은 예능인이 끼어 있었는데 그곳에 불쑥 나타난
달문을 보고 모두들 환영했다. 동래 사람들도 달문의 명성을 익히
들었기 때문에 가는 곳마다 몰려들어 자기들 집으로 데려가고 안주
를 잘 차려놓은 후 술을 대접했다. 그렇게 사람들과 어울려 익살과
해학의 솜씨를 발휘하며 반년을 즐겼다.

  하지만 달문은 그런 생활도 지겨워졌다. 방랑을 시작하여 전라도
와 충청도에서 두루두루 노닌 후 다시 대동강을 건너고 청천강을
거슬러 올라가 의주 통군정統軍亭에 올랐다. 통군정은 중국 사신이
왕래하는 요지인지라 기생들이 늘 잔치를 벌이는 곳이었다. 달문은
또 장기를 발휘했다. 「달문가」에서는 그가 의주에서 노는 모습을
"휘장 안에는 비단 치마 늘어앉고 촛불 아래 대피리 줄풍류 난만하
다. 봉두난발에 귀밑머리 튀어나와 반절에 기운이 펄펄 넘치네. 뜰
앞에 온갖 춤 어우러지고 술잔을 받아 마셔 얼굴은 불그레하네"라
고 묘사했다. 이후 달문은 백두산과 금강산까지 등반했다. 그가 가
는 곳마다 그의 얼굴을 알아보는 구경꾼들로 북적였다.

  현대적인 표현으로 바꾼다면, 달문은 전국 순회공연을 한 셈이다.

평양감사의 부임을 환영하는 화려한 잔치 광경을 묘사한 「부벽루연회도浮碧樓宴會圖」
전체(위)와 부분(아래). 무대에서는 예인들이 탈춤을 비롯한 기예를 선보이고,
많은 관중들이 공연을 구경하고 있다. 19세기, 국립중앙박물관 소장.

그러면서 더욱 전국적인 명성을 쌓아나갔다. 그런데 명성이 높아지자 생각지도 못한 엉뚱한 일이 벌어졌다. 세상을 떠들썩하게 만든 역모사건에 그가 연루된 것이다. 1775년, 달문이 예순아홉 되던 해에 그는 역모사건에 주모자의 한 사람으로 등장한다. 역모와 관련한 중범죄만을 기록한 『추안급국안推案及鞫案』과 『영조실록』, 『일성록日省錄』에는 이 사건의 과정과 처리가 정리되어 있다.

사건의 개요는 이렇다. 이태정李太丁이란 자가 경상도에서 중과 노비, 점쟁이 등 나라에 불만 있는 사람들을 모아 역모를 꾀했는데 여기에 가담했던 자근만者斤萬이란 자가 관에 밀고했다. 그런데 주모자인 이태정이 달문의 동생이고, 자근만은 달문의 아들이라 자처하여 사람들을 끌어 모았기에 달문이 함께 체포되었다.

자근만은 경상도 개녕의 수다사에서 밥을 빌어먹다가 절의 스님들이 달문을 화제로 올려 이야기하면서 모두들 그를 칭찬하고 그리워하는 것을 보았다. 이때 그는 절에서 더 잘 얻어먹기 위해 눈물을 흘리며 자신이 바로 달문의 아들이라고 말했다. 스님들은 깜짝 놀라 자근만을 후하게 대접했다. 역모를 꾀하던 이태정은 달문의 동생을 사칭한 자근만이 후한 대접을 받는 것을 보고 자기를 작은아버지라고 불러주면 함께 부귀를 누리게 해주겠다고 꾀어서 달문의 동생을 사칭했다. 박지원도 이 사건의 내막을 기록하면서, 평생 총각으로 산 달문에게 동생과 아들이 나타나자 수상하게 여긴 자가 관에 고발하여 사건이 불거졌는데 나중에 대질심문을 하여 거짓임이 드러났다고 했다.

그해 4월 17일 영조 임금은 이태정을 사형에 처하고 달문에 대해서는 "승려도 아니고 속인도 아닌데 인심을 미혹시켜 역적 이태정이 그 모습을 본뜨고 그 말투를 흉내 내게 했다. 비록 본 사건에 연루된 일이 없으나 사람 자체를 말하자면 난리의 근본이므로 변방에 유배 보낸다"고 하여 함경도 경성으로 귀양을 보냈다. 『영조실록』에는 "달문이란 자는 무뢰한으로 세상에 알려졌는데 머리가 반백인데도 총각의 모습을 꾸며 인심을 현혹시키고 풍속을 어지럽혔다"고 밝히면서 나이가 많은데도 머리를 땋아 내린 자는 적발되는 대로 무겁게 다스리라고 전국에 공표했다고 기록되어 있다. 이 사건에서 달문이 한 행동은 아무것도 없었다. 그저 달문의 인기를 노리고 그의 스타일을 흉내 내어 역모를 꾀한 자들 때문에 엉뚱하게 사건에 연루된 셈이다. 이 역모사건을 보면, 달문의 인기가 어느 정도이고 얼마나 유행을 선도했는지를 충분히 짐작할 수 있다.

달문은 경성에 유배 갔다가 다음해 9월 5일에 방면되었다. 달문이 유배에서 풀려 한양으로 돌아오자 늙은이며 젊은이며 모두들 나와 구경을 하는 바람에 한양의 저잣거리가 며칠 동안 텅 비었다고 한다. 달문의 인기는 그사이에도 식지 않았던 것이다. 그러나 이후 달문은 더 이상 옛날의 화려한 명성을 이어가지 못했다. 갑자기 종적을 감춰버린 것이다. 사람들은 온 나라를 들썩이게 한 명성을 뒤로한 채 사라진 그를 추억했다. 18세기 대중문화계에서 인기를 누리던 만능 엔터테이너 달문의 인생은 이처럼 시작도 끝도 종적을 알기 어렵다.

깡깡이 소리로 세상만사 그려내다
유랑 예인들

조선 후기에는 전국 각지에 유랑하는 백성들, 곧 유민流民들이 들끓었다. 농토에서 쫓겨난 유민들은 한곳에 정착하지 못하고 이곳저곳 떠돌며 구걸하여 먹고살았다. 자연재해가 발생할 때면 그 수가 급격하게 불어났다. 유민들의 종류와 성격은 복잡하여 그들 사이에도 차이가 적지 않았는데, 일반적인 걸인과는 꽤 다른 유민들이 끼어 있었다. 그 한 부류가 바로 약간의 재주와 기예를 보여주고 쌀과 돈을 대가로 받아 챙기는 유랑 예인이다. 이들은 유사시에 유민들 틈에 끼어 민란에 참여하기도 했다. 사당패나 솟대쟁이패, 그리고 초라니패와 풍각쟁이패 같은 부류는 상당히 전문적인 기예집단이었고, 대를 이어 집단을 구성해 공연을 했다. 이들은 전국을 떠돌면서 사람들이 많이 모이는 장터와 마을에서 공연하고 사람들에게 사례금을 받아 생활했다.

이러한 직업적이고 전문화된 예인집단 말고도 두세 명이 한 패를 이루거나 혹은 단독으로 재주를 보여서 먹고사는 유랑 예인이 전국적으로 많이 분포했다. 이들은 대중의 관심을 끌 만한 기예를 보여주어 그들에게 박수를 받아야만 먹고살 수 있었다. 그렇기 때문에 그들이 벌이는 재주는 철저하게 대중적 호기심을 유발하고 그들의 동정심을 자극하는 방향으로 갈 수밖에 없었다. 차원이 높고 예술적 향기를 풍기는 사대부의 예술적 취향과는 애초부터 길이 달랐다. 이들은 사람들이 꾀는 장터와 골목을 떠돌았다.

당연한 사실이지만 유랑 예인을 정식 예술가로 인정하여 그들의 솜씨와 특징을 버젓이 기록해줄 식자는 거의 없었다. 대부분 그들의 기예를 예술의 차원에서 보기보다는 기이한 구경거리로 보았다. 후에는 양반들의 다양한 잔치 자리에 불려가 공연을 할 만큼 대접을 받기도 했으나 그렇다고 적극적으로 그들의 예술성을 인정받지는 못했다. 그러나 시간이 지날수록 장터와 거리에서 민중의 예술적 욕구를 달래주면서 기예의 수준도 향상된 공연이 늘어났고 일부 식자들이 그런 유랑 예인의 존재에 관심을 갖기 시작했다.

저잣거리에서 노랫소리 들려오니

그러한 지식인을 대표하는 인물이 18세기 말엽의 문인 강이천이다. 18세기 한양의 다양한 도시경관을 묘사한 그의 연작시 「한경사」에는 다음 작품이 포함되어 있다.

19세기의 장터와 솟대쟁이를 비롯한 연희패들의 공연 모습.
엿장수와 포목 장수, 주막, 어물 장수와 칼 가는 자들이 사람들과 어울려 북적대고, 유랑 예인과 광대패들이
공연하는 시장의 변화한 모습이 축약·표현되었다. 「시장 풍경」, 1968년, 수락산 흥국사 감로탱.

어려서부터 고향 떠나
객지를 전전하는 부부는
노래와 연주를 배워 익혀
한스럽고 슬픈 사연 쏟아놓네.

이리저리 달라고 해도
돈과 쌀은 주지 않고
거리나 가득 메우고
에워싼 사람들뿐.[33]

夫婦少小轉離鄕 學得歌彈訴怨傷

遍索無多錢與米 只贏〔瀛〕街路日如墻

　「한경사」는 당시의 대표적인 도시 풍경을 묘사한 작품이므로 이
시에 나온 장면은 시장과 거리에서 흔하게 맞닥뜨릴 법한 구경거리
였을 것이다. 작자는 본래 당시 서울의 대중예술에 깊은 관심을 지
녔다. 탈춤놀이를 구경하고서 「서울 남쪽에서 탈춤을 구경하다」란
장편시를 짓기도 했다. 위 시에서는 거렁뱅이 부부가 한 쌍을 이뤄
장터에서 노래도 부르고 악기도 연주한다. 둘러싼 구경꾼들은 구경
만 할 뿐 돈과 쌀을 던지는 데는 인색하다. 한이 서리고 구슬픈 노래
와 연주를 들려준 것으로 보아 악기는 해금이나 피리였을 것이다.
　떠돌이 부부 예인을 곧장 거지라고 하기는 어렵다. 이렇게 기예로
먹고사는 존재를 강이천은 『이화관총화梨花館叢話』란 기록에서 다시

언급했다. 어른들께 들은 이야기라면서 다음과 같은 사연을 기록했다. 옛날 한양에 어떤 거지가 있었는데 그는 입으로 연주하는 기예를 잘했다. 입으로 크고 작은 피리와 해금, 젓대를 비롯한 온갖 소리를 함께 내어서 「영산회상」 한 곡을 장엄하고 기묘하게 연주했다. 악기도 없이 소리가 나와서 가만히 들어보면 그의 목구멍에서 온갖 소리가 나왔다. 노래를 부를 줄 아느냐고 물었더니 거지는 "못한다"고 대꾸했다. 피리를 불고 가야금을 타보라고 했으나 정작 그런 악기는 연주할 줄 몰랐다. 그저 사람들에게 돈만 구걸했다.[34]

이 사람은 입으로 악기를 흉내 내는 재주를 이용하여 구걸하는 거지였다. 그런 기이하고 특이한 재주를 보고 신기해하고 호기심을 보이는 사람들을 꾀는 것이 당시 도회지 시장 바닥의 풍경이었다.

그런데 한곳에 정착하지 못하고 행인이 모이는 장터에서 재주를 파는 유랑 예인들이 즐겨 연주한 악기는 다름 아닌 해금이었다. 조수삼의 『추재기이』에 등장하는 유랑 예인도 바로 해금 연주자이다. 「해금 켜는 노인」이란 글에 나오는 유랑 예인은 조수삼이 직접 목격한 인물이다. 작자가 대여섯 살 때 해금을 켜면서 쌀을 구걸하는 노인을 보았다. 얼굴과 머리칼로 볼 때 대략 예순 살쯤 되어 보이는 걸인이었다. 한 곡을 연주할 때마다 그는 "해금아! 네가 노래 좀 연주하여라!"라는 말을 빠트리지 않고 했다. 그의 말이 떨어지자마자 해금은 마치 노인의 말에 장단을 맞추듯 연주를 시작했다.

걸인의 해금 연주에는 특별한 것이 있었다. 평범한 음악을 연주하기보다는 해금과 노인이 짝을 이뤄 마치 두 사람이 마주보고 연극을 하듯이 연주했다. 아니 음악 연주가 아니라 이인극 재담 공연 같았다. 노인의 공연은 다음과 같은 식이었다. 하나는 할아버지와 할머니가 콩죽을 배불리 먹고 난 뒤 갑자기 배탈이 크게 나서 소동이 난 장면을 아주 세세하게 묘사했다. 또 하나는 갑자기 쥐가 나타나 장독대로 들어가자 다급한 목소리로 "저놈의 큰 쥐가 된장 독 밑으로 들어간다!"라고 냅다 소리 지르는 장면을 묘사했다. 또 남한산성에 도적이 쳐들어와서 사람들이 이리로 달아나고 저리로 숨는 소동 현장을 묘사했다. 조수삼이 가장 재미있게 본 장면은 이 세 가지였다. 여러 장면은 음향이 단조롭지 않고 복잡하고 다채로우며 등장인물이 여럿이었다. 걸인은 여럿이 연희해야 할 장면을 해금을 가지고 아주 세세하고도 곡진하게 묘사했기 때문에 듣는 사람들은 공연에 빠져들며 자신이 마치 그 현장에 있는 듯 착각할 뻔했다.

　노인은 악기로는 전혀 불가능할 것 같은 장면을 해금과 함께 공연하여 그 대가로 한 푼 두 푼 얻어냈다. 작자는 노인의 장면 묘사에 묘사 이상의 또 다른 의도가 있다고 해석해냈다. 이 사연을 두고 조수삼은 이런 시를 지었다.

"늙은 부부는 콩죽을 먹고
배탈이 크게 나 아프다고 소리친다.
큰 쥐란 놈이
장독대에 쌓아놓은 것을
뚫게 내버려둬서는 안 된다."

해금과 더불어

주고받는 이런 대화는
가만히 듣고 보면 모두가
사람을 깨우치는 글이라네.

　장면 묘사가 그저 흥밋거리에 머물지 않고 사람들의 경각심을 일
깨우는 내용이라고 해석했다. 콩죽을 많이 먹으면 배탈이 난다든지
장독대에 쥐가 다니게 해서는 안 된다는 생활의 지혜를 담고 있다는
것이다. 대여섯 살 어린아이가 신기하게 지켜봤던, 해금과 함께한 걸
인의 공연에서 조수삼은 인생의 어떤 의의를 캐내고자 했다.
　이것 말고도 작자는 이 걸인의 또 다른 특이점을 찾았다. 자신이
환갑된 해에 그 노인이 또 집에 찾아와 같은 공연을 하면서 쌀을 구
걸했다. 이상해서 노인의 나이를 따져보니 100여 살은 거뜬히 넘었
다. 이는 있을 수 없는 일이라고 생각할 수밖에 없다.
　그렇다면 과연 조수삼의 추정이 옳은 것일까? 대여섯 살 때 한 번
본 사람을 기억하는 것은 어려운 일이다. 내 판단으로는 그 걸인이
동일인이라기보다는 똑같은 레퍼토리를 공연하며 구걸하는 많은
유랑 예인의 한 명으로 보는 것이 나을 듯하다. 그런 재능을 생계 수
단으로 익힌 익명의 유랑 예인이 한둘이 아니라 제법 많았다는 사
실을 조수삼은 미처 생각하지 못했을 것이다. 도시와 시골 마을에
흔하게 나타나 작은 공연을 벌이고 약간의 돈을 대가로 받는 해금
연주자는 이른바 '거지 깡깡이'라고 천하게 부르는 직업적 유랑 예
인이었다. 여기서 깡깡이는 해금을 천시하여 부르는 말이다. 당시
부터 근대까지 해금을 연주하며 구걸하는 사람들은 제법 많았다.

1901년 조선을 여행한 독일인 신문 기자 지그프리트 겐테가 찍은 악사 사진.
그는 조선의 곳곳을 여행하면서 다채로운 풍경들을 글로 기록하기도 했다.

⊙

해금과 피리는 민중들이 애호하는 대표적인 악기였던 것이다.

———

세상의 온갖 소리, 깡깡이로 그려내니

18세기 후반의 학자 유득공이 쓴 「유우춘전柳遇春傳」에는 해금이 유
랑 예인들의 악기로 이용된 상황이 우회적으로 묘사되어 있다. 작
자가 언젠가 해금을 얻어 연주를 했더니 친구인 서상수徐常修가 듣
고는 깜짝 놀라서 "좁쌀이나 한 그릇 퍼 줘라. 이건 거렁뱅이 깡깡

이다"라고 외쳤다. 작자가 어리둥절해하며 "무슨 말이냐?"라고 묻자 서상수는 "자네는 음악을 전혀 모르는군. 유우춘과 호궁기扈宮其는 나란히 해금으로 유명하네. 자네가 해금을 좋아한다면 어째서 그들을 찾아가 배우지 않고 어디서 이 따위 거렁뱅이 깡깡이 소리를 배워 왔나? 거렁뱅이는 깡깡이를 들고 남의 문전에서 영감 · 할멈 · 어린애 · 온갖 짐승 · 닭 · 오리 · 풀벌레 소리를 내고는 좁쌀을 던져주면 자리를 뜬다네. 자네의 해금 연주가 바로 이런 꼴일세"라고 핀잔했다. 그 말을 듣고서 유득공은 부끄러워 견딜 수 없었다.[35]

서상수가 핀잔한 것처럼 해금 연주자는 수준 높은 전문 악사도 있었지만 반면에 대충 연주하면서 이를 문전걸식의 도구로 사용하는 부류도 있었다. 그가 한 말의 행간에서 그런 부류의 연주를 도시에서 흔하게 볼 수 있었음을 알 수 있다. 특히 장애인들이 이런 음악을 연주하며 구걸하는 장면을 흔하게 볼 수 있었다. 풍각쟁이패가 바로 그들이다. 구한말 풍속을 기록한 『해동죽지海東竹枝』에 실린 내용을 보자.

벙어리 장님 곱사등이 앉은뱅이
저들끼리 의지하며
허리에서 퉁소를, 주머니에서 해금을 꺼내
먹을 것을 제 힘으로 얻네.

구름을 뚫고 퍼지는
신방곡 한 곡조

듣자마자 마음이 움직여
눈물이 솟구치네.[36]

啞盲攣躄影相弔 腰笛囊琴食自求
穿雲一闋神房曲 聞輒移情淚迸流

　현장을 묘사한 이 시에서 엿볼 수 있듯이 해금은 가장 대중적인
악기로서 장애인들도 즐겨 연주했다. 장애인들은 유랑 예인을 구성
하는 주요 멤버였다.

　그런 거렁뱅이들은 정통의 고아한 음악을 연주한 것이 아니라 영
감과 할멈과 어린애를 비롯한 온갖 짐승 소리를 흉내 냈다. 앞서 해
금 켜는 노인이 콩죽 먹고 설사하는 늙은 부부를 흉내 낸 것도 여기
서 말하는 영감 흉내에 포함될 것이다. 해금으로 흉내 내기 좋은 레
퍼토리가 상당히 많았고 연주자의 능력과 기호에 따라 선택하여 이
를 장기로 삼았을 것이다. 마치 신라 때 백결 선생이 거문고로 방아
찧는 소리를 모사했듯이, 악기로 현실 생활의 다양한 장면을 모사
하여 재미있게 재현하는 공연은 당시에 대중들의 호기심에 부응하
는 대중예술의 중요한 부분이었다. 해금은 그런 장면의 모사에 아
주 적합한 악기로 애용되었다.

　그렇다면 왜 이렇게 해금으로 장면을 모사하는 기예가 성행했을
까? 구기 전문가 박뱁새의 사연에서도 살펴보았듯이, 조선 후기의
대중사회에서 흉내 내기는 대단한 인기를 누렸다. 단순한 성대모사
의 수준에 머물지 않고 고난도의 장면을 모사하는 단계를 공연으로

연출했다. 입으로 모사하는 방법을 많이 썼으나 악기를 이용해 모사하는 기예도 상당히 높은 수준에 이르렀다. 그 방법을 일정하게 표준화한 후 거지들도 그런 재주를 활용해 구걸에 이용한 것으로 보인다. 조수삼이 직접 구경한 노인은 그들 가운데서도 아주 솜씨가 좋은 축에 속했을 것이다.

———

중국, 해금 대신 비파로 곡진성 살려

눈을 돌려보면, 이러한 장면모사 기예는 당시 동아시아 각국에 대중적인 문화로 널리 퍼져 있었다. 명나라 말엽에는 대도시에 악기를 이용한 모사의 기예가 성행했다. 조선에서는 해금을 사용했으나 중국에서는 비파가 이용되었다. 사례를 한 번 보면, 명말 청초의 학자가 쓴 『기원기소기寄園寄所寄』란 필기筆記에는 북경의 맹인 악사 이근루李近樓의 재능이 소개되었다. 비파를 절묘하게 연주하는 그는 특히 장면 묘사에 뛰어났다. 한평생 쌓인 나그네의 설움과 같은 감정을 절묘하게 표현했는데, 얼마나 잘 연주하는지 사람의 머리털을 위로 솟구치게도 했고 눈물이 마구 흐르도록 만들기도 했다. 그러다가 갑자기 소리를 바꿔 범패 소리를 냈고, 다시 손오공이 서역으로 떠나는 장면을 시원스럽게 묘사했다. 때로는 사냥할 때 온갖 짐승들이 울부짖는 을씨년한 장면도 비파 하나로 곡진하게 잘 나타냈다. 이 책에는 이근루가 얼마나 장면 묘사에 뛰어난 재능을 지녔는지를 상징적으로 보여주는 일화가 소개되었다.

시어侍御 벼슬을 하는 아무개가 언젠가 소납암蘇納菴이란 분에게 "내가 여러 해 서울에 머물면서도 이근루의 비파 연주를 듣지 못했으니 유감"이라고 말했다. 얼마 뒤 그가 황명을 받들어 사천성으로 가야 했다. 소납암이 사천성 사람이라 홀로 그를 배웅했다. 술이 거나해지자 "미인이 술 한잔 권해도 좋겠지요?"라고 물었더니 시어기 그러면 안 된다고 거절했다. 그때 문득 병풍 안에서 웃음소리가 들려왔는데 소납암이 방금 말한 그 미인인 듯했다. 또 늙은 기생이 나타나 웃는 미인에게 화를 내면서 길게 소리를 지르며 혼을 냈다. 조금 있다가 미인이 말을 듣지 않고 욕지거리를 하며 그릇을 바닥에 내동댕이쳐서 산산조각 나는 소리가 들렸는데 하나하나 실제와 똑같았다.

몹시 겁이 난 시어가 일어나 도망하려고 하자 소납암이 웃고서 "괜찮습니다!"라며 병풍을 치우라고 했더니 장님 하나가 비파를 안고 앉아 있을 뿐 다른 물건은 아무것도 없었다. 그 모든 소리가 비파에서 나온 것이었다. 시어가 깜짝 놀라며 "오늘에야 이근루를 만났구려!"라고 했다. 그 뒤 밤새도록 비파를 듣고 길을 떠나지 않았다.[37]

신기에 가까운 장님 악사의 비파 솜씨를 묘사했다. 젊은 기생과 늙은 기생이 그릇을 던지며 싸우는 장면을 비파만을 이용하여 리얼하게 묘사한 능력이 사연만으로도 경탄을 자아낸다. 솜씨가 뛰어나 그의 공연을 접하고 싶어하는 사람이 많다고 한 한 시대의 인기인이었다. 이 저작의 저자는 당시에 북경을 비롯해 큰 도시에는 이 기예를 잘하는 이가 제법 있다고 말했다.

이근루의 경우도 순수한 음악 연주자는 아니다. 그는 악기를 이용해 온갖 소리와 특정한 상황을 모사하는 특별한 기예를 선보였다. 조선과 중국에서는 모두 이렇게 악기와 음성을 이용하여 모사하는 예술 행위가 대중적으로 큰 인기를 끌었다. 하지만 조선에서는 그런 기예가 더 전문적인 예술로 성장하지 못한 채 대중의 동정을 끌어내어 근근이 살아가는 유랑 예인의 천한 기예에 머물렀다. 그마저 구한말 이후 천천히 대중들의 시선에서 사라지는 운명에 처하게 되었다.

2부

파란만장해라, 기고만장한 여인들

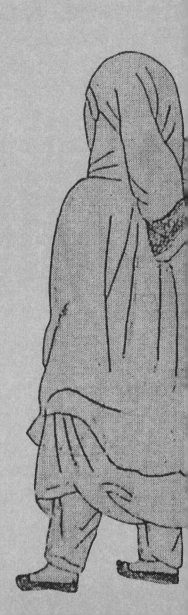

노블레스 오블리주를 실천한 제주의 여인
사회사업가 김만덕

서너 해 전 새로운 화폐 도안을 만들기 위한 논의가 진행되었을 때 제주도에서는 김만덕金萬德, 1739~1812이라는 여성을 도안에 넣으려는 움직임이 있었다. 결과적으로 성사는 되지 않았으나 그런 시도가 있었던 것은 제주도 출신에다 기생 신분이라는 것과 장사를 통해 거부가 되고서 재산을 털어 빈민을 구제한 의로운 행적이 제주의 상징이 되기에 충분하다고 보았기 때문이리라. 그처럼 여성으로서 조선시대판 노블레스 오블리주의 긍정적 이미지를 부각시켰다는 점에서 만덕을 꼽는 데 이견을 제출하기가 어렵다.

　만덕이 이렇게 추앙받을 만한 근거는 설득력을 지닐 만큼 충분하다. 행적이 『조선왕조실록』과 『승정원일기』, 『일성록』에까지 등장하고, 국왕 정조도 그녀를 칭송했으며, 정승 채제공을 비롯한 수많은 명사들이 그녀를 만나보고 시와 산문을 써서 그녀의 행적을 기록했기 때문이다. 이미 당시에 그녀의 행위는 보답을 바라지 않는 순수한 행동이란 평이 지배적이었다. 그녀의 행적은 1790년대 후반을 떠들썩하게 할 만큼 유명했다. 기녀가 이렇게까지 스포트라이트를 받는 일은 아주 드물다.

200여 년이 지난 지금 제주에서는 그녀를 기리는 사업회가 결성되어 활동 중이고, 그녀의 행적을 추적한 책도 여러 종 출간되었으며, 그녀를 주인공으로 한 드라마까지 만들어졌다. 여성과 민중과 부자의 서로 다른 성격이 겹쳐진 한 시대의 인물 형상으로서 만덕의 이미지는 지금도 생성 중이다. 따라서 만덕의 생애는 제법 알려져 있고, 학문적으로도 꽤 많이 연구된 편에 속한다. 그러나 중요한 의미를 지님에도 불구하고 언급조차 되지 않는 사료도 적지 않다. 이에 다양한 사료의 도움을 받아 만덕의 삶과 의미를 되살려본다.

———

천한 기생에서 이름난 거상으로

우선 만덕이란 이름부터 보자. 그녀는 김해 김씨이기에 김만덕으로 불려야 한다. 하지만 조선시대 이래 대개는 성을 빼고 만덕으로 불리다가 최근에 와서야 성을 붙여 부른다. 이유는 그녀의 신분 때문이다. 천한 기생이었기 때문에 성을 빼고 부른 것이다. 조선시대에는 관습적으로 노비들의 성을 빼고 불렀다. 이면승李勉昇이 지은 「만덕전萬德傳」의 서두에도 그렇게 설명되어 있다.[1]

세상에 알려지기 전에 만덕은 어떠한 삶을 살았을까? 채제공이 지은 「만덕전」에는 그녀의 삶이 이렇게 요약되어 있다. 만덕은 제주도의 기생이었다. 본래는 양갓집 딸이었으나 어려서 어머니를 잃고 기생집에 몸을 붙였기에 나이가 들자 자연스럽게 기생이 되었다. 하지만 스물 살쯤 되었을 때 관아에 눈물로 호소하여 기생 명부에서 벗어났다. 양민이 된 뒤에는 제주도 남자를 촌스럽게 여겨 남편을 얻지 않았다. 만덕은 돈 버는 재주가 있었고, 특히 물가의 변동을 잘 아는지라 적절한 시기에 물건을 사고팔아 십수 년 뒤에는 이름이 날 정도로 돈을 모았다.

채제공은 젊은 시절 만덕의 삶을 이렇게 소개했다. 만덕에 대한 기록으로는 이 전기가 가장 자세한 편이다. 당연한 사실이지만 그녀의 생애는 기록한 사람에 따라 제법 다르게 나타난다. 대체로 직접 듣거나 확인한 사람이 거의 없었던 때문이기도 하다. 제주도에서 정리한 그녀의 가계를 보면, 만덕은 김해 김씨로 부친은 김응열金應烈이고 어머니는 고씨이며, 삼남매 가운데 하나로 태어났다. 그녀의 오빠는 김만석金萬碩으로 그 후손이 지금까지 죽 이어져온다. 만덕은 결혼하지 않았고, 자식도 없었다.

한편 정조의 명에 따라 이면승이 지은 「만덕전」에는 그녀가 열 살 때쯤 부모를 여의고 기생집 심부름꾼이 되었으나 자색이 아름다워 기방에 뽑히고 기예를 배우게 되었다고 기록되어 있다. 또 만덕이 치산治産에 능란해서 배를 만들어 미곡을 무역했고, 점포를 낸 후 말총갓을 매매하여 상당한 재물을 축적했다고 했다. 그의 기록을 보면, 만덕은 무역까지 한 상당한 거상으로 묘사되었다.

다음으로 그녀의 용모와 성격은 어땠을까? 여기에 대해서도 상반

된 기록이 전한다. 김희락金熙洛은 「만덕전」에서 얼굴이 못생기고 노래와 춤을 잘하지 못한 반면 성품이 활달했다고 했으나 이면승을 비롯한 다른 기록자들은 정반대로 표현했다.

그녀를 이해하고자 할 때 일차적으로 만덕의 신분이 무엇인가가 매우 중요하다. 만덕이 젊은 시절에 기생이었다는 것을 부인하기는 어려우나 부자가 된 이후에 기생 신분을 벗었다고 여러 곳에 서술되어 있다. 하지만 과연 그렇게 볼 수 있을지 의문이다. 『일성록』을 비롯한 공식 기록에서는 모두 노기老妓라고 나오므로 당시에도 기생 신분을 벗지는 않았던 것으로 보인다. 기생 신분이었기에 한양에서 수많은 고관들을 자유롭게 만날 수 있었다. 아무튼 기생에 과부로 행세했고, 장사에 수완을 발휘한 부자였던 것만은 분명하다.

———

쌀을 내주고도 보상 바라지 않아

만덕의 이름이 만천하에 알려진 계기는 제주의 흉년 때문이었다. 본래 제주도는 유난히 흉년에 취약한 지역으로, 1792년 이래 계속 흉년과 태풍 피해로 수많은 백성들이 굶어 죽었다. 1794년에는 바람과 해수로 인한 혹심한 피해를 입자 제주목사인 심낙수沈樂洙가 9월 17일과 10월 23일에 연달아 구휼미 2만 섬을 조정에 요청한 일이 있다. 그 뒤 심낙수가 다시 어사로 제주에 파견되어 올린 보고서에서 "올해의 심각한 흉년은 100여 년 만에 한 번 있을 정도의 큰 재변"이라고 말할 만큼 참혹했다. 적극적인 조처에도 해결의 기미가

김만덕의 초상 사진(왼쪽)과 흉년과 태풍 피해로 굶주리는 제주 백성들을 위해
그녀가 구휼미를 풀고 있는 상상도(오른쪽). 김만덕기념관 소장.

보이지 않고 상황이 심각해지자, 1795년 윤2월 조정에서는 5천 섬
의 구휼미를 또 내려보냈다. 설상가상으로 쌀을 실은 배 열두 척 가
운데 다섯 척이 난파하는 피해가 발생했다. 제주도 토박이 학자인
변경붕邊景鵬이 10만 명에서 3만 명으로 인구가 줄었다고 할 만큼 피
해는 심각했다. 바로 그 시점에 만덕은 가산을 털어 육지에서 곡식
을 사다가 백성들을 구휼하는 자선을 베풀었다. 사람들은 "우리를
살린 사람은 만덕"이라는 찬사를 쏟아냈다.

만덕의 선행은 국가의 공식 기록에서 분명하게 확인할 수 있다.
공식 기록에 큰 비중을 두어 언급한 학자는 많지 않으나 이들 기록
을 세밀하게 살펴볼 필요가 있다. 『일성록』과 『승정원일기』, 『정조
실록』에 관련 기록이 실려 있으나 『일성록』이 가장 자세하다. 이를
중심으로 관련 기록을 정리하면 다음과 같다.

1796년 6월 6일

작년 11월부터 올 4월까지 굶주린 백성을 진휼한 과정과 결과를 정리한 제주목사 유사모柳師模의 보고서: 의연금을 낸 사람은 대체로 전직 관료들인데 그 가운데 노기老妓 만덕이 자원하여 정조正租 300석을 납부했습니다. 남들처럼 조정에 요구할 것이 없음에도 불구하고 재물을 가볍게 여길 줄 알았으니 비천한 사람으로서는 더욱 하기 힘든 일을 했습니다.

이조원李肇源에게 내린 정조의 지시: 노기 만덕은 요구하는 무엇이 있기에 100가마 가까운 벼를 장만하여 굶주린 백성을 구제했단 말이냐? 천민 신분을 면하게 해주든지 아니면 노고에 보답할 다른 일을 하든지 간에 경이 소원대로 시행한 뒤에 상황을 보고하라고 회유回諭하라!

1796년 7월 28일

노기 만덕이 육지로 나가고 싶다는 소원에 대한 제주목사 유사모의 보고: 노기 만덕이 굶주린 백성을 구제한 노고에 대해 보답할 어떤 일이든 소원대로 시행하라는 명령이 내려왔습니다. 신은 삼가 성상의 하명을 홍삼필洪三弼과 만덕에게 전해주었습니다. 만덕이 알려온 바로는 늙고 아들이 없으므로 면천免賤하고자 하는 마음이 전혀 없고, 단지 육지에 나가보기를 소원한다고 합니다. 그의 소원대로 육지로 나갈 수 있도록 허락해달라는 사유를 아룁니다.

1796년 11월 25일

김계락金啓洛의 진휼청 보고: 하교에 따라 제주 기생 만덕에게 이번 초하루에 노자로 쌀 한 섬과 돈 다섯 냥을 제급한 것을 감히 아룁니다.

정조: 잘 알았다. 만덕은 재물을 흩어서 여러 차례 주린 백성을 살렸다. 조정에 사연이 보고되어 그의 소망을 물었더니 상을 받기도 원치 않고 면천하기도 원치 않았다. 원하는 것은 바다를 건너 상경했다가 금강산을 보는 것뿐이라고 했다. 그런데 호된 추위를 만나 길을 떠나지 못했다. 그는 비록 천한 자이나 의기가 옛날의 매서운 협객에 손색이 없다. 오는 봄에 양식과 금전을 주어 내의원 자비대령 행수 의녀로 채워 넣어 수의首醫에 속하게 하라! 각별히 돌봐서 금강산을 보고 돌아갈 때 오가는 길의 도신道臣에게 분부하여 양식과 재물을 넉넉히 주라고 하는 것이 좋겠다.

1796년 11월 28일

초계문신抄啓文臣의 친시親試와 갱시更試의 시권試券을 평가하다: 4월 초하루의 친시에 「만덕전」을 주제로 시험했다. 서준보徐俊輔가 삼상三上의 평가를 받아 수석을 차지했다.

이상이 만덕과 관련한 공식 사료의 간추린 기록이다. 흉년에 의연금을 낸 사람들은 대체로 전임 관료로서 보상으로 벼슬자리를 얻으려는 또 다른 목적을 갖고 있었다. 그리고 조정에서는 그 의중을 알면서도 상응하는 보상을 해주었다. 그런데 문제는 만덕이었다. 300석에 상응하는 보상을 해주라고 정조가 지시했으나 돌아온 대답은 아무런 목적 없이 순수하게 의연금을 냈다는 것이었다. 기생 명부에서 빠지려는 의도도 없었고, 다른 요구도 없었다. 정조가 의외라고 생각하지 않을 수 없었다. 임금은 그녀의 소원대로 해주라고 명령하고, 옛날의 열협烈俠에 뒤지지 않는다며 만덕을 높이 평가했다. 정조가 만덕의 행위에 감동한 것이 틀림없다.

그렇다면 만덕은 왜 갑자기 기부를 한 것일까? 그녀가 이전에 비슷한 일을 했다는 기록도 없다. 이면승의 「만덕전」에는 그녀의 변이 다음과 같이 소개되어 있다.

"사해四海가 모두 내 형제다. 하물며 같은 섬사람 아닌가! 게다가 재물이란 외물外物이다. 모이고 흩어지는 때가 있다. 내가 어떻게 수전노가 되어 굶어 죽어가는 사람을 뻣뻣하게 보기만 하고 구휼하지 않으랴!"

참으로 의로운 말이다. 주변 사람들이 굶어 죽는 것을 나 몰라라 할 수 없다는 생각 이상으로 인간에 대한 연민의 감정이 잘 표현되었다. 그녀는 나이도 쉰여덟로 늙은 데다가 재산을 물려줄 자손도 없는 처지였다. 만덕의 기부는 다른 불순한 목적이 개입되지 않은 순수한 것이었다. 다른 목적이 없었다는 사실은 공식 기록에서도 입증된다.

정조는 본래 제주도 백성의 열악한 처지를 늘 연민의 마음으로 지켜본 임금이었다. 따라서 만덕의 기부 행위를 더 가상히 여길 수밖에 없었다. 정조가 제주목사에게 그녀의 소원을 들어주라고 지시했을 때 바라는 게 없다고 답했고, 억지로라도 소원을 들어주려고 재촉하자 뜻하지 않은 답변이 돌아왔다. 만덕은 목사 편에 이렇게 답변했다.

"소첩의 몸은 비록 천하나 저도 우리 임금님의 적자_{赤子}입니다. 적자로서 부모 같은 임금님의 얼굴을 보지 못해서야 되겠습니까? 중국 사람의 시에 '고려국에 태어나서 금강산을 한 번 보고 싶다' 라는 구절이 있습니다. 그렇게 금강산의 절경은 천하에 알려져 있습니다. 소첩이 요행히도 이 나라에 태어나 지금 쉰여덟로 곧 늙어 죽을 것입니다. 끝내 금강산을 보지 못한다면 중국 사람의 비웃음거리가 되지 않겠습니까? 한양 대궐의 웅장함을 구경하고 의장대의 멋진 모습을 보고서 동쪽으로 일만이천봉을 오른 뒤에 고향에 돌아와 자랑한다면 소첩의 소원은 만족입니다."

신분 상승이나 세금 면제와 같은 실질적 요구가 나올 법한데 기대 밖의 엉뚱한 소원이었다. 한마디로 보상을 바라지 않은 순수한 기부 행위였음을 확인시켜준 셈이었다.

─

임금을 알현하고 금강산 가다

원래 제주도 여자는 바다를 건너 뭍으로 오는 것이 금지되어 있었다. 게다가 평민 여성이 대궐에 들어가 임금을 알현하는 것은 불가능한 일이었다. 그녀의 소원은 그런 엄한 금법을 어기는 것이었다. 그러나 정조는 만덕의 엉뚱한 소원을 듣고서 편법을 써서라도 들어주라고 하명했다. 그래서 내의원 소속 여의_{女醫}의 우두머리라는 임시 직책을 하사하는 방편을 써서 각 고을의 역참에서 만덕을 호송케 하는 특전을 베풀었다. 그야말로 융숭한 은혜를 베풀었다.

만덕은 갑자기 닥친 추위에 다소 시일을 늦췄다가 1796년 11월에 한양에 도착했다. 선혜청에서 일체의 비용을 대주었다. 그녀는 한 양에 와서 우의정 윤시동尹蓍東 대감의 부인 처소에 한 달 남짓 머물 렀다. 이 역시 특별한 배려였을 것이다. 만덕은 그 뒤 다시 처소를 다른 곳에 마련하여 옮겼다.

이후 궁궐에 나아가 대왕대비와 혜경궁 홍씨를 두루 알현했다. 혜 경궁은 "네가 여자의 몸으로 굶주린 수많은 백성을 의롭게 구했다 니 참으로 기특하구나!"라며 후한 상을 하사했다.

만덕은 이미 한양의 고관대작들까지 만나보고 싶어하는 유명 인 사였다. 정월 대보름에 만덕이 한양의 다리밟기 행사에 참여했을 때에는 영의정까지 나와 자리를 함께했다. 채제공은 시를 지어 그 사실을 읊으며 이는 태평성대임을 보여주는 상징이라고까지 말했 다. 그녀는 그야말로 명사로 대접받았다. 같은 기생의 입장에서 만 덕을 자랑스럽게 생각한 홍도紅桃란 기생은 다음 시를 지었다.

행수 의녀는
탐라의 기생이라
만 리 길 높은 파도
전혀 겁내지 않았네.

이제 또 금강산으로
구경길 떠나며
꽃 같은 이름

교방教坊에 남기네.²

女醫行首耽羅妓 萬里層溟不畏風
又向金剛山裡去 香名留在敎坊中

홍도는 기생으로서 당연히 만덕의 행적에 뿌듯함을 느꼈을 것이
다. 만덕은 겨울부터 거의 반년을 한양에서 지내다가 따뜻한 봄철
에 드디어 금강산으로 들어가 명승지를 두루 구경하고 한양으로 돌
아왔다. 국왕의 특명에 따른 여행이었으므로 일반인들은 누리지 못
하는 화려한 등산길이었다. 만덕은 한양에 돌아와서 다시 정순왕후
와 혜경궁 홍씨를 알현하고, 채제공을 비롯한 정승과 명사 들을 두
루 만나 작별 인사를 한 후 그들에게 방문과 작별을 기념하는 시문
을 받아냈다. 이때 채제공은 그녀의 전기를 썼고, 이가환과 박제가
는 시를 써주었다. 형조판서 이가환은 이런 시를 선물했다.

만덕은 제주도의 기이한 여인!
나이는 예순이건만 얼굴은 마흔 살.
천금 같은 쌀을 내어 굶주린 백성들 구하고
배 타고 바다 건너와 임금님을 뵈었네.
소원은 금강산 구경하는 한 가지
금강산은 동북쪽 멀리 안개 속에 싸여 있네.
성상께서 고개를 끄덕이시며 역말을 내려주시니
천 리 길 빛나는 영광이 곳곳에 넘쳐흘렀네.

높은 봉에 올라 멀리 조망하여 눈과 마음 확 트이게 하더니
표연히 손을 흔들며 섬으로 돌아가네.
탐라는 아득한 옛날 고씨 부씨 양씨로부터 비롯되었는데
한양을 구경한 여자는 만덕이 처음이리라.
우레처럼 떠들썩하게 와서는 고니처럼 홀연히 떠나고
높은 기상을 길이 남겨 천하에 흩뿌렸네.
이름을 남기려면 이렇게 해야지
진秦나라 과부 청淸 따위야 비교거리나 되겠나?[3]

이처럼 이가환은 의협義俠으로서 만덕의 기상을 몹시 추켜세웠다. 그녀의 유명세가 얼마나 대단했는지 짐작하기에 어울리는 시다. 수많은 명사들에게 시와 문장을 선물받은 만덕은 이들을 묶어 시문집 한 권을 만들었다.

다산 정약용은 그녀에게 부탁을 받고서 시권에 발문을 써주었다. 그 글에서 다산은 만덕에게 세 가지 기특함과 네 가지 희귀함, 곧 삼기사희三奇四稀가 있다고 말했다. 기생이 과부로서 수절한 것, 기꺼이 많은 돈을 희사한 것, 섬에 살면서 산을 좋아한 것이 세 가지 기특함이요, 여자로서 겹눈동자를 가졌고, 천민의 신분으로 역말을 타고 왕의 부름을 받았으며, 기생으로서 승려를 시켜 가마를 메게 했고, 외진 섬사람으로 내전內殿의 사랑과 선물을 받은 것이 네 가지 희귀함이라고 했다. 위대한 학자 다산은 만덕이 누린 호사가 얼마나 파격적이었는지를 이렇게 입증했다.

다산이 밝힌 '겹눈동자' 소문의 진상

한 시대의 명사들이 써준 시문을 통해서 한양에 머물 때 만덕이 받은 환호가 얼마나 대단했는지를 짐작할 수 있다. 그뿐만 아니라 예상치 못한 일도 벌어졌는데, 이는 당시에는 밝혀지지 않았고 시일이 한참 흐른 뒤에 기록되었다. 만덕이 서울을 떠난 지 20년이 흐른 뒤에 이재채李載采는 「만덕전」을 써서 그녀가 한양에 머물 때의 일화 두 가지를 기록했다.

만덕이 서울에 올라왔을 때 한 달 남짓 머물렀던 집의 부인을 찾아가 그동안 후하게 대우한 답례로 1500문을 바쳤다. 그러나 부인이 보답을 바라지 않는다고 사양하여 만덕은 돈을 그대로 가지고 돌아갔다. 그녀가 내민 액수는 한 달 숙박비로는 대단히 많은 금액이었다. 그러자 부인의 하인들이 "우리에게 주어 잔치를 한번 열 수 있도록 해주면 좋을 것을……. 누가 만덕을 여자 의협이라고 하던가?"라고 불평했다. 주려고 가져온 돈을 그냥 가져갔다고 해서 한 말이었다. 그 말에 만덕은 이렇게 답했다. "재물을 잘 쓰는 사람은 도시락밥으로도 굶주린 자의 목숨을 구한다. 그렇지 않으면 썩은 흙덩이에 불과하다. 돈 천여 문이 그래 도시락밥에 불과하단 말인가?"

돈을 쓸 때는 과감하게 쓰지만 의미 없는 곳에는 조금도 쓰지 않겠다는 단호한 의지를 밝혔다. 만덕의 자선에 대한 강한 의지와 재산 사용의 신념을 분명하게 보여준다.

한편 서울의 몇몇 악소배들이 돈이 굉장히 많은 과부라고 생각하여 만덕에게 바짝 접근한 일이 있다. 그러자 만덕은 "내 나이 쉰이 넘었다. 저들은 내 얼굴을 곱게 봐서가 아니라 내 재물이 탐나서 저런다. 굶주린 자를 구제할 여유도 없는데 어느 겨를에 저런 탕자를 살찌우랴?"라며 그들을 거절했다. 사람 사는 곳에는 언제나 남을 등치려는 이들이 있는데 만덕에게까지 손길이 뻗쳤다. 그러나 그녀는 의연하게 대처했다. 그런 행동에서도 사람들은 의협의 풍모를 읽으려고 했다.

얼마나 파란을 일으켰는지 한양에는 만덕이 겹눈동자의 소유자란 소문까지 널리 퍼졌다. 겹눈동자는 눈 하나에 눈동자가 두 개 들어 있는 것으로, 중국 고대의 성인인 순 임금과 중국 대륙을 놓고 유방과 다툰 영웅 항우가 겹눈동자의 소유자였다. 그것은 성인이나 영웅의 상징물이었다. 박제가와 조수삼은 겹눈동자를 지녔다며 그녀의 특이한 용모를 부각시켰는데, 특히 박제가는 전생에 부처의 마음과 신선의 풍골이 있어서 만덕이 그런 용모를 지녔다고 예찬하기까지 했다.

소문이 크게 확산되자 명료하게 분석하기를 좋아하는 다산 정약용이 진위를 가리기 위해 만덕을 집으로 불렀다. 직접 살펴본 다산은 「겹눈동자의 변증〔重瞳辨〕」이란 짧은 글 한 편을 썼다. 그 글에서 다산은 만덕이 물건을 두 개로 보지 않고, 가까이서 그녀의 눈을 본 결과 흑백의 눈동자가 보통 사람과 다르지 않다고 하면서 소문의 진상을 밝혔다.

그런데 만덕 자신도 은근히 자기가 겹눈동자인 줄로 믿고 있었다. 다산은 허황한 소문이 사라지지 않고 횡행하는 세태를 개탄하며 글을 맺었다. 이런 뜬소문까지 떠돌고 다산 같은 대학사가 진위를 확인하기까지 한 배경에는 만덕의 등장이 당시 한양에서 일으킨 반향의 폭발성이 있다.

그만큼 만덕은 갑작스럽게 한양의 유명 인사가 되었다. 30여 명의 문사들이 그녀를 소재로 시와 문장을 지었다는 사실만 봐도 그렇다. 채제공을 비롯하여 김희락, 홍희준, 심노숭, 이면승, 이희발, 서준보, 유재건, 이재채 등이 전을 지었으며, 이가환, 정약용, 황상, 조수삼이 시를 지었다. 한 시대의 저명한 지식인들이 이렇게까지 만덕에게 관심을 보인 것은 그녀가 기생으로서 막대한 의연금을 냈지만 보답을 바라지 않았고 제주도 여인으로서 왕명에 따라 금강산을 등반했다는 사실 따위가 복합적으로 작용한 때문이리라.

만덕의 독특한 삶을 소재로 사대부들이 시문을 짓게 된 것은 결정적으로 정조의 독려가 컸다. 앞서 『일성록』의 1796년 11월 28일자 기록에 드러난 바와 같이 정조는 초계문신을 시험할 때 아예 「만덕전」을 지으라고 명했다. 이 문제는 만덕이 금강산 여행에서 돌아온 이후인 4월 시험에 출제되었다. 시험 결과 서준보가 삼상三上의 평가를 받아 수석을 차지했다.

정조가 만덕의 전기를 쓰라는 시험문제까지 낸 것은 예상하기 힘든 파격적인 조치였다. 만덕의 행위를 얼마나 가상하게 여겼는지를 다른 어떤 포상보다 잘 보여주는 조치였다. 「만덕전」이 다른 어떤 인물보다 다양하게 지어진 이유가 바로 여기에 있는데, 즉 정조가 출제한 문제에 대한 답안의 성격이 강하다. 장원을 했다는 서준보의 전기가 현재 전하지 않아 아쉽다. 현전하는 전기 가운데 김희락의 글은 「삼가 왕명을 받들어 만덕의 전기를 지어 바친다〔奉教製進萬德傳〕」는 제목으로 되어 있어 왕명에 따라 지은 것임을 제목에서부터 밝히고 있다. 초계문신으로 있던 이면승도 이때 명을 받들어 전을 지었다.

그런데 특이한 점은 만덕을 소재로 시와 전기를 쓴 사대부의 당파가 대체로 남인이라는 사실이다. 채제공, 이가환, 정약용, 이재채, 김희락, 이면승 등 거의 대부분이 남인이다. 이는 만덕이 높이 평가받고 한양에서 활동한 배경에 남인의 지원이 일정 정도 있었다는 것을 의미하는 것일까?

의로운 기생이었나, 볼썽사나운 거부였나

만덕은 제주도로 돌아가 살다가 1812년 10월 22일 사망했다. 그녀가 죽은 뒤 제주에는 작은 빗돌 하나가 세워졌다. 제주시 건입동의 사라봉 기슭 모충사慕忠祠 경내 김만덕기념관이 있는 남쪽이다. 빗돌은 죽은 해 11월 21일에 세웠다. 앞면에는 "행수 내의녀 김만덕지묘行首內醫女金萬德之墓"라고 적혀 있다. 뒷면에 새긴 글에는 "김만덕의 본관은 김해인데 탐라 양갓집 딸이다. 어려서 어머니를 여의고 집안이 기울어 의지할 데가 없었고, 가난하여 고생했다. 자라서는 살결이 곱고 아름다워 기방에 몸을 의탁했는데, 옷을 동여매고 식비를 줄여서 재산을 크게 불렸다"라는 내용이 적혀 있다. 신분과 용모가 앞서 살펴본 기록과는 다소 다르다. 또한 "칠순에도 얼굴과 머리가 신선, 부치와 다름없었고 눈동자 두 개가 빛나고 맑았다"라고 기록했는데 이런 서술도 약간의 과장이 섞였다. 빗돌을 세운 사람들 입장에서야 만덕의 명성에 걸맞게 그녀의 생애와 외모를 약간 윤색한 것은 그리 대단한 오류가 아닐 것이다.

문제는 한 시대를 떠들썩하게 만든 기생 만덕의 행적에 의심의 눈초리를 던진 사람이 있다는 사실이다. 그녀가 일으킨 떠들썩한 소동을 지켜보면서 만덕이라면 침을 뱉는 제주도 사람들이 있었다는 이견을 제시한 사람이 있었다. 앞서 제주목사 심낙수가 제주도의 기근을 구할 구휼미를 요청한 사실을 언급했었다. 그의 아들 심로숭沈魯崇은 노론 시파로서 당론에 철두철미했던 인물이었다. 그는 이후에 언급될 기생 계섬의 전기를 쓰고 난 뒤 만덕의 사연을 부록 격으로 썼다. 그 글에서 1794년 제주목사로 있던 아버지를 뵈러 제주에 가 있던 몇 달 동안 주민들에게 만덕에 관한 이야기를 자세하게 들었다며 전혀 다른 이야기를 꺼내놓았다.

심로숭에 따르면, 만덕이 기생 노릇을 할 때 품성이 음흉하고 인색하여 남자가 돈이 많으면 따랐다가 돈이 떨어지면 떠나되 옷가지마저 빼앗아서 그녀가 지닌 바지저고리가 수백 벌이었다고 한다. 그 바지를 늘어놓고 햇볕에 말리는 짓을 보고 동료 기생마저 침을 뱉고 욕했다. 육지에서 온 장사꾼들 가운데 만덕의 탓으로 패가망신하는 이도 많았다. 그렇게 벌어서 만덕은 제주에서 가장 큰 부자가 되었다. 음식을 구걸하는 형제도 돌보지 않던 만덕은 제주에 기근이 들자 곡식을 바쳐서 한양에 이르고 금강산을 구경하고자 했다. 여러 학사들은 만덕의 호탕한 말에 넘어가 전기를 지어 그녀를 칭송했다.

심로숭이 전하는 사실은 우리가 알고 있는 만덕의 행실과는 완전히 딴판이다. 그는 만덕의 치부 과정을 문제 삼고 있다. 거부가 치부 과정에서 자행하는 불법과 추악한 행태는 굳이 사례를 들지 않아도 되리라. 만덕이라고 예외일 수는 없다. 심로숭은 소문과 실상이 서로 어긋난 사례로 만덕의 일을 들었다. 또한 전기를 지어 만덕을 칭송한 채제공과 같은 사람들은 만덕에게 기만당했다고 말하고 있다. 그는 만덕이 한창 유명 인사로 행세할 때 제주도에서 4개월을 지내면서 소문을 들었으므로 서울에서 만덕이 떠벌리는 소리만 듣고 판단한 이들보다는 실상에 가깝게 사실을 전달했을 가능성이 높다. 그에 따르면, 어찌 됐든 만덕이 구휼미를 낸 것은 사실이지만 만덕의 행위는 그렇게 순수하지도 선량하지도 않았다는 것이다. 한 번의 선행으로 만덕은 많은 것을 얻었다. 개처럼 벌어서 정승처럼 쓴다는 평이 그에 합당하다. 심로숭의 판단에 따르면 그렇다.

심로숭이 전한 만덕의 진실은 곤혹스럽기 짝이 없다. 그녀에 얽힌 진실 공방은 세간의 영웅 만들기에 대한 심술궂은 딴지 걸기에 불과한 것일까? 아니라면 사악하고 노회한 만덕의 꾀에 국왕 정조를 비롯한 남인 측 명사와 대다수 사람들이 감쪽같이 넘어간 것일까? 어떻게 판단해야 할까? 어느 쪽 말이 진실에 가까울까? 심로숭은 대수롭지 않게 무시할 만큼 간단한 문인이 아니다. 게다가 그의 발언은 제주도민의 입장에서 직접 현장에서 보고 들은 사실에 근거를 두고 있다. 그렇다고 그의 말을 있는 그대로 믿기도 힘들다. 그는 학계에 알려진 사실과는 다르게 대단히 정치적이고 당파의 논리에 충

제주시 건입동 모충사에 있는 김만덕 묘비.
1812년에 건립된 이 묘비는 2006년 11월 제주도 유형문화재로 지정되었다.

실한 인물이기 때문이다. 국왕과 남인 정계의 여론 장악에 한번 쐐기를 박기 위해 의뭉한 선전을 했는지도 모른다. 그래서 역사의 인물을 공평한 눈으로 보기란 상당히 어렵다.

하지만 만덕의 전후 행적과 기부 행위에 석연치 않은 평가가 제기된다손 치더라도 만덕의 기부 자체가 지니는 덕목을 부정할 수는 없다. 관직을 얻기 위해 기부를 한 다른 양반 남성들과 한번 비교해보라! 만덕의 의로운 행위 자체는 그래서 시간이 지날수록 광채가 난다. 20세기 들어 만덕이 한 시대의 영웅으로 재탄생하는 이유가 여기에 있다. 물론 당시에도 만덕은 아주 후한 평가를 받았다.

이면승은 「만덕전」을 쓰고 나서 그녀의 행위가 지니는 의의를 역사가의 관점으로 평결하였다. 자기 시대에 술을 잘 마시는 기생으로 단산_{丹山}의 두향_{杜香}을 꼽았고, 시를 잘하는 기생으로 함흥의 가련可憐을 꼽으며, 검무는 밀양의 운심雲心을, 노래는 장성의 노아蘆兒를 꼽았다.[4] 그가 꼽은 여성은 실제로 명성이 드높았던 기생들이다. 하지만 그래봤자 화려한 기생 바닥의 테두리를 벗어나지 못한다. 의로운 행위를 한 점에서 만덕은 저들 기생과 같은 수준에서 말할 수 없고, 비교할 대상이라면 진주 기생 논개 정도라고 했다. 그의 입장에서는 최고의 평가를 내린 셈이다. 다른 이들도 대부분 여협이라는 평가를 내렸다.

만덕이 죽은 지 30년이 흐른 1840년, 추사 김정희 선생이 제주에 유배왔다. 추사는 만덕의 오빠인 김만석의 증손자 김종주金鍾周에게 "은광연세恩光衍世"라는 편액을 써주었다. 은혜의 빛이 온 세상에 퍼졌다는 뜻이다. 추사는 글씨를 쓰게 된 배경을 "김종주의 대모大母가 굶주린 제주 백성을 크게 돌보아서 임금님의 특별한 은혜를 입어 금강산까지 구경했고, 사대부들이 전기를 기록하고 노래로 읊었으니 고금에 드문 일이다. 이 편액을 써주어 그 가문을 표창한다"라고 글씨 옆에 쓴 주석에서 밝혔다.[5] 글씨는 추사 서체의 진면목이 잘 표현된 명품의 하나이다. 편액은 후손이 오래 보관해오다 최근 기념사업회에 기증되었다.

추사가 지어준 "은광연세"란 글씨는 어떻게 해석할 수 있을까? 원뜻이야 정조가 만덕에게 베푼 은혜의 영광이 세상에 널리 퍼졌다는 것이다. 그러나 그보다는 만덕이 제주도민에게 베푼 은혜의 빛이 세상에 널리 퍼졌다는 뜻으로 읽고 싶어지는 것이 누구나의 심경일 것이다. 만덕의 나눔의 정신이 보여준 감염력이다.

세상 남자 모두 배필이라던 당찬 노처녀
노처녀 삼월이

현대사회에서는 노처녀·노총각으로 살아가는 사람들을 특별한 시선으로 보지 않는다. 적당한 배우자를 찾지 못해 홀로 사는 사람도 적지 않지만 갈수록 자발적 선택에 따라 독신으로 살아가는 사람들이 늘어가는 추세다. 한국만이 아니라 경제가 발달한 나라일수록 비슷한 추세를 보인다. 그렇기에 독신 문제는 점차 심각한 사회문제로 대두할 태세다. 아니 벌써 심각한 사회문제이다.

과거의 한국에서는 그런 문제가 전혀 없었던 것으로 알기 쉽다. 그렇다면 100여 년 전의 사회에서는 어떠했을까? 당시에도 독신으로 살아가는 노총각·노처녀 문제는 독특한 차원에서 사회문제의 하나였고, 다양한 사료와 문학작품에 이 문제가 투영되었다. 그 시대에도 나름대로 그들을 바라보는 독특한 시선이 존재했었다.

과거에는 과년한 독신으로 사는 것이 꽤나 특별한 일이었다. 보통 열다섯 살을 전후하여 결혼하는 조혼 풍습이 일반화되어 스무 살을 넘으면 노처녀로 간주했다. 당시에는 부모가 혼사를 좌우했고, 또 누구나 시집·장가를 가서 노처녀·노총각이 별로 없을 것만 같은 인상에 우리는 쉽게 사로잡힌다. 공교롭게도 옛 문헌에는 노총각· 노처녀가 눈에 잘 뜨이지 않는다. 간혹 눈에 뜨여도 천덕꾸러기로 묘사되기 일쑤다. 그러나 실상은 그렇지 않았다. 사회적 이슈로 부각되지 않기도 했고, 가정에서 쉬쉬하는 문제였기에 수면 위로 떠오르지 않았을 뿐이지 실제로는 적지 않은 남녀가 가정을 꾸리지 못한 채 늙어갔다. 또 보기 좋은 주제가 아니었기에 이 문제가 문학적 이슈로도 자주 등장하지도 않았다.

혼수가 없어 혼인 못하네

하지만 조선 후기에는 자발적 독신주의자의 존재를 비롯해 독신자의 실상을 보여주는 작품들이 제법 창작되었다. 야담에는 결혼 적령기를 넘긴 남녀의 상이한 태도를 보여주는 사연이 등장하기도 한다. 먼저 노총각의 경우로 두 가지 사연이 있다. 충청도 홍성에 사는 서른이 넘은 박도령이라는 평민은 일찍 부모를 잃은 데다 너무 가난하여 머슴살이를 하기에도 바빠 혼인을 염두에 두지 못했다. 마침 적당한 혼처가 나타났으나 한 푼도 없는 빈털터리 주제라 고을 사또에게 혼수를 애걸하는 호소문을 냈다. 사또는 처지가 불쌍하기도 하고 글도 너무 좋아 후하게 혼수를 대주었다. 혼수를 구걸하는 글이 아주 재미있어 『청구야담』에 전문이 실려 있다.

안 약정(安約正)과 김 풍헌(金風憲)!
이놈들은 저 여자를 데려가려 하지 않고
허 좌수와 권 별감!
저자들은 나를 사위 삼을 생각이 없네.

머리에 갓을 쓸 나이 훨씬 지나고 보니
남들은 상처(喪妻)했나 의심하고
다리 사이에 동갑(同甲), 불알이 잘 익었으니
누군들 자식 없음이 원통하지 않겠나?

과붓집 무남독녀를
평생토록 원했으나 허사가 됐고
대신(大臣) 댁 어린 비부(婢夫)는
촌구석에 사는 신세라 어렵네.
그래서 상하사불급(上下寺不及, 위로도 아래로도 미치지 못한다는 속담)이라
금년도 내년도 그냥 보내겠네.

사람들 모인 큰 자리만 가면
술도 안 먹었는데 낯짝이 벌게지고
빈 방에 혼자 누우면
구들장은 따뜻하나 속은 썰렁하네.

포대기의 갓난아이 한번 겪지 못했으니
송신종宋神宗의 천연이 어디 있고
옷 아래 진미를 알지 못하니
양 처사의 인생이 가련하도다.

기분이 안 좋을 때
마누라를 패는 재미가 어찌 없으랴?
아이들을 만나면
노 도령이라 부르는 소리 견디기 어렵다.[6]

　결혼하지 못한 늙은 총각의 설움과 처지를 해학적으로 잘 묘사했다. 또 동네 부잣집 좌수의 딸에게 청혼했다가 가난뱅이가 청혼했다 하여 좌수로부터 갖은 욕을 먹는 양반 총각 박 도령이 등장하는데, 박 도령을 도와 혼사를 맺게 한 사람이 바로 어사 박문수이다. 이 글에는 가난하면 혼인도 제대로 치르지 못한 냉혹한 현실이 과장되게 반영되어 있다.

　다음으로 『청구야담』에는 노처녀 다섯을 단번에 혼인시키는 암행어사 설화가 실려 있다. 암행어사가 우연히 산골을 암행하다가 어떤 집에서 장성한 처자 다섯 명이 원님놀이를 하는 장면을 목도했다. 처녀들은 원님, 형방, 급창, 사령, 박 좌수, 이렇게 다섯 인물의 역할을 제각기 맡아 박 좌수란 죄인을 문초하는 연극을 했다. 원님이 동헌에 박 좌수를 불러놓고 "당신은 과년한 딸이 다섯이나 되는데 시집보낼 생각을 하지 않으니 이유가 무엇인가?"라고 물었다.

문초에 박 좌수는 이렇게 답했다.

"저도 가장인데 시집보내고 싶은 생각이 왜 없겠습니까? 가세가 빈한하니 누가 가난한 집 딸을 데려가겠습니까? 게다가 적합한 혼처도 없습니다."

원님은 이 마을 이 좌수 집에 스무 살 난 수재가 있고, 저 마을 김 좌수 집에 열아홉 살 난 수재가 있으니 그리로 시집보내라고 일일이 분부했다. 그러자 박 좌수는 잘 알겠다고 하며 문초를 모면했다. 처녀들은 역할극을 마치고 박장대소하며 웃었다.

역할극의 내용이 심상치 않다고 생각한 암행어사가 동네 사람들에게 탐문해본 결과 그 처녀들은 박 좌수댁 딸들로 나이가 열일곱에서 스물셋 사이인데 하나같이 시집을 못 갔다는 것이었다. 어사는 관아에 출두하여 처녀들이 역할극에서 말한 이웃 동네의 다섯 수재를 배우자로 정해 한꺼번에 혼사를 치르도록 주선했다.

이들 사연은 야담집에 실린 허구이다. 그러나 허구라고만 치부할 수 없을 만큼 사회 현실을 충실하게 재현했다. 당시에 이런저런 사유로 결혼하지 못하거나 안 하는 남녀가 제법 존재했다는 사실은 많은 자료와 정황으로 밝혀진다. 결혼할 의사를 강하게 가지고 있음에도 불구하고 나이만 먹어가는 가장 큰 이유는 바로 혼수 때문이었다. 혼사를 하면서 재물의 유무를 말하는 것은 오랑캐 짓이라고 양반들은 입버릇처럼 말했으나 현실은 달랐다. 혼수를 마련하지 못하면 남자도 여자도 결혼하기가 쉽지 않은 것은 조선 사회도 결코 예외가 아니었다. 극심한 가난은 본인들의 의사와는 반대로 젊은 남녀의 혼사를 방해했다. 위에서 본 사연은 혼수를 마련하지 못해 결혼하지 못하는 청춘 남녀의 현실을 폭로하는 아주 그럴듯한 상황을 묘사한 사례일 뿐이다.

———

노총각·노처녀 문제는 국가 중대사

그렇다면 결혼하지 못한 이들의 사연은 과연 얼마나 실상을 제대로 반영한 것일까? 앞서 본 야담에 등장하는 암행어사 박문수도 영조에게 2~30세를 넘긴 노처녀를 시집보내야 한다고 진언했고, 1749년 우의정 조현명은 36~7세가 되도록 결혼하지 못하는 사대부 집안의 처녀와 총각이 있다고 보고했으며, 1750년 이종성은 "나이가 많아도 시집가지 못한 처녀는 대개 양반의 딸"이라고 말할 만큼 노처녀의 존재는 거듭 조정에서 사회문제로 제기되었다. 영조와 정조는 전국 각지의 노총각·노처녀 문제를 해결하기 위해 간헐적으로 조정 차원에서 노력을 기울였고, 지방관들 역시 자체적으로 결혼을 권장하고 가난한 자를 위해 혼사 비용을 마련해주는 시책을 펼쳤다.

결혼 적령기에 혼인하지 못하는 것은 자연의 화기和氣를 해치고 사회안전망을 훼손한다는 문제의식에서 나온 대책이었다. 이는 직접적으로 인구 감소로 이어지기 때문에 조정에서도 대책을 강구하지 않을 수 없었다. 다시 말해 단순히 한 집안, 한 개인의 사적 문제를 넘어선 국가와 사회의 중대한 문제로 파악했다. 그래서 지방관이 할 일을 규정한 법령에서는 대책을 규정해 놓았고, 다산 정약용도 『경세유표』에서 남자는 30세, 여자는 25세까지 결혼하지 못하면 관

혼례 후 신방에서 신랑을 기다리는 신부의 모습.
결혼을 바라는 노처녀들에게 이는 일종의 로망이었을 것이다.
김준근, 「신부잔쌍바든모양」, 19세기 후반, 숭실대 한국기독교박물관 소장.

에서 주선하여 결혼시켜야 한다고 규정하기도 했다.

노총각·노처녀를 결혼시키기 위한 조정의 정책을 문학으로 승화시킨 작품이 바로 이덕무의 산문 「김신부부전金申夫婦傳」이요, 이옥의 희곡 「동상기東床記」이다. 두 작품은 1791년 왕명에 따라 결혼 적령기를 넘긴 한양의 가난한 남녀를 결혼시키는 과정을 묘사했다. 주로 노총각의 입장에서 장가를 가게 된 즐거움을 묘사했다.

이들 작품은 일종의 정부 주도형 혼사 시키기를 다루었는데, 노총각·노처녀 문제를 공개적이면서도 지나치게 외면적으로 다룬 당시의 사대부 의식을 반영했다. 여기에서 노총각·노처녀는 비록 가난으로, 또는 신체적 결함으로 결혼하지 못했지만 결혼하고 싶어한다는 전제를 바탕에 깔고 있다. 노처녀·노총각의 내밀하고도 인간적인 감정에 대한 배려는 부족한 셈이다.

이와는 달리 조선 후기에서 일제시기까지 이른바 노처녀 담론을 주도한 가사 작품 「노처녀가」는 노처녀의 처지와 심리를 묘사하면서 당시 대중들이 노처녀를 바라보는 시선을 잘 드러냈다.[7] 사실 노처녀를 바라보는 시선은 연민이 주를 이루었다. 다음 사설시조에 그런 대중들의 시선이 잘 드러난다.

달바자는 쨍쨍 울고 잔디 잔디 속잎 난다.
3년 묵은 말가죽은 오용지용 우짖는데 노처녀의 거동 보소. 함박 쪽박 드던지며 역정 내어 이른 말이 바다에도 섬이 있고 콩밭에도 눈이 있지 봄 꿈자리 사오나와 동뢰연同牢宴을 보기를 밤마다 하여 뵈니,

두어라 월노승月老繩 인연인지 일락배락하여라.

　여기서 동뢰연은 혼례에서 신랑과 신부가 교배交拜를 마치고 마주
앉아 술잔을 나누는 잔치이다. 결혼식의 하이라이트인 셈인데 그
장면을 꿈꾸며 히스테리를 부리는 노처녀의 모습이 잘 묘사되어 있
다. 이런 시선에 바탕을 둔 「노처녀가」는 2종이 있다. 하나는 양반
인 체하지만 생활에는 반편인 아버지와 처사가 불민하여 숙맥불변
인 어머니가 양반 딸을 시집보내는 데 무관심하여 마흔이 넘도록
시집가지 못한 자신의 답답함을 토로한 노래이다. 또 하나는 갖가
지 불구자인 데다 못생겼기 때문에 시집가지 못한 평민 처녀의 설
움을 묘사한 노래이다. 두 노래는 아주 인기 있었는데 그 이유는 노
처녀의 형상을 과장되게 묘사했기 때문이다. 과장되었다고 한 것은
두 편 모두 가난이라는 현실적 장애보다는 판서를 지낸 아버지의
지나친 무관심, 천하박색으로 마흔을 넘겼다는 설정 때문이다. 시
집을 가고 싶은데 어찌 해볼 도리가 없는 소극적이고 히스테리컬한
노처녀의 모습을 우스꽝스럽게 묘사했다. 대중들이 노처녀를 바라
보는 비딱한 시선은 대체로 이러했을 것이다.

———

매 같은 성미 노처녀의 인간 승리

한편 『추재기이』에는 히스테리컬하기는 하지만 당당한 노처녀 삼월
이가 등장한다. 삼월이는 가공의 인물이 아니라 시장에서 장사를

소박한 필치로 당대 풍속을 묘사한 화가 김준근의 「시장」.
상인들이 나무틀에 햇볕 가리개를 씌워 임시 점포를 열어놓고 물건을 팔고 있다
19세기 후반, 함부르크 민족학박물관 소장.

◉

하던 실제 인물이다. 조수삼이 작품을 썼을 당시에 삼월이는 쉰을
넘긴 노처녀였다. 그럼에도 불구하고 언제나 처녀 복장을 하고서
골목과 시장을 돌아다니며 떡과 엿을 팔았다. 앞서 본 노처녀들은
하나같이 집에 들어앉아 부모 탓, 팔자 탓만 늘어놓고 있으나 삼월
이는 본인 스스로 생계를 꾸려 나가는 당찬 노처녀였다.

쉰 살 할머니의 그 같은 차림새는 사람들 눈에 확 띄지 않을 수 없
다. 삼월이는 장사해서 번 돈으로 화장품을 사서 아침저녁으로 화
장을 했다. 남편도 없는데 늘 화장을 하는 이유는 온 세상 남자들이

다 그녀의 남편이었기 때문이다. 그녀의 차림새와 행동은 사람들 눈에 아주 특이해 보였을 테고, 그렇기 때문에 많은 사람들이 잘 아는 특이한 떡 장사로 유명했을 것이다. 그래서 조수삼의 눈과 귀까지 사로잡았을 가능성이 크다. 쉰 살이면 당시에는 벌써 할머니 소리를 듣고도 남을 나이였다. 그런 삼월이의 독특한 인간됨은 너무도 특이하여 민요로까지 불렸다.

처녀인데 남편이 많다는
동구 밖 삼월이.

이는 당시 한양에서 불린 민요로서 바로 노처녀 삼월이를 노래한 것이다. 대중들은 그만큼 삼월이를 특별하게 보았다.

다른 노처녀들과 다르게 삼월이가 이렇게 당당할 수 있었던 이유는 무엇일까? 앞서 본 대부분의 노처녀들은 경제적으로 자립할 능력이 없어 모든 결정권이 부모에게 달려 있었다. 당연히 자신의 운명을 스스로 결정할 수 없었다. 반면에 삼월이는 스스로 떡과 엿을 팔아 생계를 유지했기 때문에 온 세상 남자를 남편 삼아 할머니임에도 불구하고 나름 멋을 내고 다녔다.

노처녀 삼월이의 당당한 행동을 결정적으로 보여주는 일화도 세상에 널리 알려져 있다. 언젠가 삼월이가 술에 취해 걷다가 죄수를 참수형에 처해 목을 매달아놓은 곳을 지나갔다. 술기운 때문인지 그 흉측한 모습을 피하기는커녕 다가가서 손바닥으로 목만 달린 사형수의 뺨을 올려치면서 이렇게 말했다.

"삼간초옥일지라도 침탈을 금하는 법이 있거늘 구중궁궐이야 말해 무엇하겠느냐? 네놈은 도적이라기보다는 진짜 바보다."

좀 괴기한 장면 묘사이기는 하나 삼월이의 성격을 또렷하게 보여준다. 이런 행동을 노처녀의 히스테리로 돌리기는 힘들다. 조수삼은 삼월이를 이렇게 시로 묘사했다.

매 같은 성미로
눈썹을 그리고
매달아놓은 목을
앞에 두고 뺨을 후려친다.

"부서진 삼간초옥도
침탈을 금하거늘
감히 구중궁궐을
엿보려 하다니!"

조수삼은 삼월이의 매서운 성격을 포착했다. 그는 삼월이를 할머니가 돼서도 노처녀로 살면서 당당하고 다부지게 거리를 활보하는 여성으로 파악했다. 수동적이고 소극적으로 규방에 앉아 구시렁대는 여성들과는 달리, 시장과 거리를 목 뻣뻣하게 세우고 다니며 "세상 남자가 다 내 배필이야!"라고 서슴없이 말하는 노처녀 삼월이의 인간 승리를 표현했다. 수많은 현대 노처녀들의 선구자로서 그녀 인생의 의의를 말하면 좀 지나친 것일까?

여승과 주고받은 연애편지

파계한 비구니

일반 독자에게는 그다지 알려지지 않았으나 조선시대 가사 가운데 「승가僧歌」란 작품이 있다. 네 편의 연작 가사로, 스님의 노래란 제목만 놓고 보면 승려가 지은 불교가사로 보기에 딱 안성맞춤이다. 실제로 국문학계에서는 이 작품을 꽤 오랫동안 특이한 불교가사로 간주해왔다. 굳이 특이하다고 말한 이유는 불교를 찬양하는 내용이 아니라 반대로 세속의 양반 남자가 불도를 잘 닦고 있는 여승을 유혹하여 환속시키는 내용의 작품이기 때문이다.

성聖의 세계에 머물던 사람이 속俗의 사람과 사랑하는 관계로 발전하여 파계한다는 소재는 동서양 문학 어디에나 드물지 않다. 남자가 여자를 파계시키기도, 여자가 남자를 파계시키기도 하여 남녀를 불문하고 성과 속의 세계를 오간다. 금기의 사랑이라는 요소는 분명 사람들에게 호기심과 스릴을 느끼게 만드는 소재일 것이다.

다시 「승가」로 돌아오면, 이 작품은 당시에도 규모가 크고 경관이 아름다워 관광 명소였고, 지금까지도 잘 유지되고 있는 유명 사찰인 도봉산 망월사에 살던 비구니를 한 남자가 파계시키는 내용이다. 흔히 일어나기 어려운 사건인 데다가 더욱이 아름다운 가사로 퍼졌기에 노래와 사연이 많은 사람들의 입에 오르내렸다. 실제로 일어난 특이한 연애라는 흥미성과 직설적인 구애를 담은 가사 때문에 인구에 회자되었던 이 연애사건은 학계에서는 오랫동안 베일에 가려져 있었다. 이제 그 사건의 실상과 노래의 내용을 추적해보자.

한강변에서 마주친 그대를 못 잊어

1690년대 말 망월사에서 한강변을 따라 길을 나선 여승을 한 남자가 우연히 보게 되었다. 남자는 동대문 근처까지 동행한 뒤 여승을 잊지 못하고 구애하는 가사를 지어 망월사에 보냈다. 여승은 불도를 닦는 처지임을 들어 거절했으나 남자는 함께 살자는 가사를 다시 지어 보냈다. 두 번의 구애를 받고 여승은 마침내 승낙하는 가사를 보냈다. 성의 세계에 머물 것인가 아니면 속의 세계로 나갈 것인가를 번민하던 비구니는 마침내 속으로 나아가기로 방향을 틀었다.

사연만도 흥미로운 데다 구애하는 형식이 가사이자 편지였다. 이들 가사가 어떤 연유에선지 세상에 널리 알려져 누구나 부르는 노래가 되었다. 가사의 첫머리는 다음과 같다.

어와 보고 싶네. 저 선사 보고 싶네.

반갑기도 그지없고 기쁘기도 측량없네.

네 여인의 고운 모습으로 남자 복색 무슨 일인가.

저렇듯이 고운 얼굴 은누비에 싸인 모양

삼오야三五夜 밝은 달이 떼구름에 싸인 듯

납설臘雪 중에 한매화寒梅花가 노송에 걸린 듯.

처음 본 여승의 미모에 반해 들뜬 심경이 작품에 직설적으로 드러난다. 남자는 가사를 통해 구애의 심경을 숨김없이 그대로 표현하였다.

그런데 이 작품의 남녀 주인공은 최근까지도 밝혀지지 않았다. 필사본이 다수 남아 있어 꽤 흔하게 불린 가사임에도 불구하고 작자에 대한 정보는 거의 없었다. 그 가운데 남 도사南都事 또는 남철로 작자명이 쓰인 필사본이 있어서 남씨 성을 가진 양반 사대부일 것이라는 정도만 추정되었을 뿐이다.

한편 『추재기이』에는 가사가 창작된 배경과 동기를 보여주는 「삼첩승가三疊僧歌」란 기사가 실려 있다. 「삼첩승가」는 세 편의 스님 노래란 뜻이다. 그 내용인즉 이렇다. 남 참판이 소년 시절에 길을 가다가 한 여승을 만났다. 집에 돌아와서도 잊지 못해 긴 노래를 지어서 사랑하는 마음을 호소했다. 여자도 답하는 노래를 지어 세 편의 가사를 주고받았다. 이후 여자가 머리를 기르고 남씨 집안의 첩이 되었다. 지금도 「승가」 세 편이 세상에 전해진다.

현재 각종 노래집에 실린 「승가」와 견주어보면 이 설명은 정확하게 맞아떨어진다. 조수삼은 분명히 「승가」를 들어본 적이 있어 내용과 배경을 잘 알았을 것이다. 그가 살던 시대에도 많이 불리는 인기 있는 레퍼토리의 하나였으리라. 노래에 얽힌 사연까지 잘 알려졌으므로 그 시대의 소시민 명사를 기록한 『추재기이』에까지 실었다. 여기까지는 학계에 이미 밝혀져 있었다. 필자는 이 기사에 흥미를 가져 옛 문헌을 조사하는 과정에서 노래의 주인공과 관련한 몇 가지 흥미로운 자료를 찾아냈고, 입수한 자료를 바탕으로 두세 편의 논문을 쓸 수 있었다.[8]

우선 임천상任天常, 1754~1822이란 학자가 편찬한 『시필試筆』이란 책에는 「승가」의 작자와 그의 특이한 행적을 기록한 대목이 보인다. 그중 하나를 보면 이렇다.

도사都事 남휘南徽는 용맹하고 지략이 있었으며 의기意氣를 좋아했다. 소싯적에는 방탕하게 놀기를 즐겨서 행동을 자제하지 않았다. 언젠가 여승을 만났는데 몹시 아름다웠다. 「승가」를 지어 그녀를 유혹했고 마침내 집에 데리고 와 첩을 삼았다. 지금 세상에 전해지는 「승가」가 바로 그 작품이다.[9]

이 기록에서는 의금부 도사를 지낸 남휘가 「승가」를 지은 작자라고 명료하게 밝혀놓았다. 다른 내용은 『추재기이』와 대동소이하다. 『시필』은 아주 믿을 만한 사료이기에 이를 바탕으로 남휘를 추적해보았다. 뜻밖에도 오래된 남씨 집안 족보를 비롯하여 『숙종실록』과 『승정원일기』 등에 그의 행적이 제법 많이 실려 있었다. 그는 1671년에 태어나 1732년에 죽은 양반 사대부로 당시에는 꽤나 유명세를 탄 인물이었다. 병자호란 때 나라를 위해 싸우다 전사한 남이흥南以興 장군의 증손자로서 유명한 무인 집안 출신이었다. 그래서 친척 가운데는 무인이 많았다. 그도 병법을 잘 알고 무인의 자질이 있다 하여 여러 사람에게 추천을 받아 권무청勸武廳 부장部將에 임명되기도 했다.

그러나 남휘 본인은 무인으로 출세할 마음이 없었고 도리어 문학에 힘써 1708년 진사시에 2등으로 급제했다. 뒤에는 부장에서 의금부 도사로 직책을 바꿔 근무했다. 그보다 높은 직책에는 오르지 못했다. 따라서 『추재기이』에서 그가 참판을 지냈다고 밝힌 것은 오류이다. 세월이 한참 흐른 뒤라서 조수삼이 착각했을 것이다.

남휘는 무인의 호방한 풍모에 문장 솜씨를 겸비한 인물이었다. 여승에게 "세상에 갓 쓴 사람 나뿐이라 하랴마는, 문무겸전文武兼全 호걸사豪傑士야 우리 밖에 또 있느냐"라고 자랑삼아 말한 것도 생판 거짓말은 아니다. 물론 번듯한 문집을 남길 만큼 문학에 집중한 사람은 아니었지만, 구애 편지를 가사로 쓸 만큼의 문장력은 가지고 있었고 창작을 향한 욕구도 제법 많았던 인물임에 틀림없다.

———

당신의 발걸음만 봐도 내 가슴에 불이 나오

그렇다면 남휘가 일반 여성이 아닌, 여승을 유혹하여 첩으로 삼은 동기는 어디에 있을까? 그는 열다섯에 아버지를 여의고 편모슬하에

있었다. 임천상이 지적한 것처럼, 소싯적에 방탕하게 놀기를 즐겼
고 행동을 자제하지 않았다. 그런 배경에는 재력의 뒷받침도 있었
던 듯하다. 만년에 유명한 거부가 된 그는 젊어서도 가난하게 살지
않았다. 이미 결혼하여 부인이 있던 처지였으나 20대 젊은 나이에
여승을 보고 미모에 반해버렸다. 현재의 시각으로 보면 난봉꾼이라
고 손가락질 당하기 딱 좋으나 당시에는 용인하지 못할 일도 아니
었다. 다만 그 상대가 여승이란 것이 특별했다.

　남휘는 여러 사람에게 추천받아 숙종대왕까지 알현했으나 부장部
將직을 수행할 마음이 없어 출근도 하지 않을 만큼 거침없는 성격이
었다. 출근을 마다한 그를 유배 보내자는 주장이 조정에서 여러 차
례 제기되기도 했다. 한마디로 집안 좋고 인물 좋고 부유하고 성정
이 호방했던 그는 마음에 드는 여성을 보자 망설이지 않고 첩으로
삼으려 했으리라. 그렇다면 어떻게 상대방을 유혹하고 설득했을까?
「승가」에는 그가 여승에게 빠져드는 과정이 이렇게 묘사되어 있다.

　　　두미斗尾 월계月溪 좁은 길에
　　　남 없이 둘이 만나
　　　추파를 보낼 적에
　　　눈엣가시 되었단 말인가.

　　　광나루 함께 건너
　　　마장문馬場門 돌아들 때
　　　그이 가는 길이

남북으로 나뉘있소.

단순호치丹脣皓齒 반개半開하고
삼절죽장三節竹杖 잠깐 들어
"평안이 행차하시오.
후일 다시 보사이다."

말가죽 잡고 바라보니
한없는 정이로다.
아장아장 걷는 걸음
가슴에 불이 난다.

한 걸음 두 걸음에
길이 점점 멀어가니
이전에 걷던 말이
어이 그리 빨라졌나.

　여승을 보고 얼마나 반했는지를 고백한 대목이다. 그러더니 마지막 대목에서는 "왼손 편 못 울기는 옛말도 들었더니 짝사랑 외기러기 나 혼자뿐이로다. 선사님 생각해보소. 내 아니 가련한가. 우연히 만나보고 무죄하게 죽게 되니 이것이 뉘 탓인가. 불쌍치도 않은가. 저근듯 생각하여 다시금 생각해보소. 대장부 한 목숨을 살려주면 어떠할꼬"라며 아예 강짜를 놓는다. 너 때문에 나 죽게 됐으니 내

목숨 좀 살려달라고 하소연한 것이다. 이는 작업을 거는 바람둥이의 허튼 수작으로 보이기도 한다. 그렇다면 이런 수작에 여승은 어떻게 대응했을까?

> 어와 뉘시던가
> 경화京華 호걸 아니신가.
> 내 이름 언제 듣고
> 내 얼굴 언제 봤는가.
>
> 무심히 가는 중을
> 반기기는 무슨 일인가.
> 머리 깎은 중의 얼굴
> 덜 미운 데 어디인데
> 저렇듯이 눈에 들어
> 병이 차마 난단 말인가.

여승은 남휘가 구애를 표현한 방법을 그대로 되받아서 가사로 답장을 대신했다. 당혹스럽다는 듯이 서두를 꺼낸 후 구애의 편지를 받고 보니 마음이 산란하다고 말하고는 결연히 거절하는 답서를 가사로 써서 보냈다.

> 날 같은 인생을
> 생각도 마르시고

의술을 모르거든
남의 병을 어이 알꼬.

인명이 재천이거늘
내 어이 살려내리.
천금 같은 귀한 몸을
부질없이 상치 말고

공명에 뜻을 두어
속절없이 잊으시고
무관한 중의 몸을
더럽게 아옵시고

영화로 지내다가
홍안분면紅顔粉面 고운 님을
다시 얻어 구하셔서
천세나 누리소서.

   나는 의술도 모르고 당신 병을 살려낼 능력도 없다. 나 같은 중에
게는 관심 끊고 부귀공명 얻기에나 힘쓰고 다른 미인을 찾아 잘살
기 바란다고 애정 어린 충고를 더했다. 남자를 위해 많은 염려를 해
주었으나 실제로는 에누리 없는 거절이다.
   거절하는 가사를 받은 남휘는 단념하기는커녕 오히려 "아마도 선

사님 만나 운우정雲雨情을 맺게 되면 약 아니라도 나으려니 선사님 덕이 될까 하노라"라며 더 구구절절한 애정 공세와 현실적인 행복을 제공하겠다고 구애했다. 여승은 마침내 "장부 일언은 천년불괴千年不壞라. 여러 말 쓰르치고 일언에 결決하나니 믿나니 낭군이요 바라나니 후사後事로다. 한 몸 바치나니 하실 대로 하소서"라는 답장을 보냈다. 미지근한 승낙이 아니라 모든 것을 맡기겠다는 화끈한 승낙이었다.

이때 여승의 나이 스물두 살이었고, 남휘도 비슷한 나이로 보인다. 그렇다면 이들의 연애사건은 1690년대 초반에 일어난 일로, 이때 남휘는 부장으로 재직하고 있었다. 유치한 사랑 타령 같기도 하나 300년 전 젊은 연인이 연애하는 구체적인 모습을 이렇게 생생하게 표현한 경우는 흔치 않다. 물론 신분제 사회였던 조선에서 비슷한 신분의 젊은 남녀가 나눈 사랑의 일반적인 모습이라고 보기는 어렵다. 이들의 연애는 양반집 남성과 당시로서는 신분이 낮았던 여승의 처지였으므로 가능했다.

아무튼 이 노래는 둘만이 비밀로 간직한 사랑 타령이 되지 않고 공개가 되었다. 기걸하고 호방한 남휘는 자신과 첩 사이에 오간 가사를 혼자서만 간직하지 않고 남들에게 보였고, 이것이 널리 세상에 퍼졌다. 지금 들어도 흥미로운 그들의 사연은 당시에 큰 반향을 일으켰다. 공개된 가사는 대단한 인기를 누려서 이후 거의 200년 동안이나 널리 불렸다. 그렇다면 남녀 사이에 오간 비밀스런 구애의 가사가 인기를 얻은 이유는 무엇일까?

「승가」가 출현하기 이전에는 이렇게 사랑을 직접적으로 고백한 가사가 없었다. 남녀 간 사랑을 다룬 가사라고 해봐야 정철의『사미인곡』과『속미인곡』처럼 남성이 여성 화자가 되어 군주를 향한 사랑을 고백하는 연군가사가 있었다. 그러나 이는 가짜 연애에 불과하다.「승가」는 남녀 사이의 사랑의 감정을 표현한 거의 최초의 가사로서, 구체적인 상대를 향해 구애하는 호소력 강한 작품이다. 도덕과 충성, 자연 애호와 은둔을 주제로 하는 사대부의 점잖은 가사에 비교하면 이 노래는 그야말로 미풍양속을 해치는 도발적인 가사였으리라. 그러나 그 점이 당시 사람들의 호기심과 흥미를 자극하지 않았을까? 이는 대중들의 심리를 파고든 새로운 주제이자 감동적인 내용으로 다가갔을 것이다.

인생은 짧으나 사랑 노래는 유구하니

노래가 널리 불리며 일종의 스캔들을 일으킨 남휘와 여승은 이후 어떻게 살았을까? 족보에는 남휘가 슬하에 서녀庶女 셋을 두었다고 나와 있다. 여승이 첩이 된 이후의 사연은 따로 전하지 않으나, 여승과의 사이에서 낳은 소생이 그 가운데 들어 있을 것이다. 남휘는 의금부 도사를 지낸 뒤로 재산 증식에 힘써 거부가 되었다. 그가 죽던 해『승정원일기』에는 부평부사가 그에게 600석의 쌀을 빌려 문제가 된 사건이 등장한다. 그만큼 그는 거부로 유명했다.『시필』에도 거부로서 남 도사의 성격을 보여주는 특이한 행적이 두 건이나 등장한다.

남 도사는 만년에 재산을 잘 돌봐서 직접 만금의 재물을 장만했다. 언젠가 마포의 뱃사람에게 수천 꿰미의 돈을 대부해주었는데 약속한 기일이 되자 노비를 보내어 독촉했다. 노비가 돌아와 결과를 보고하면서 저도 모르는 새 실소를 터뜨렸다. 이상하게 여긴 남 도사가 이유를 물었더니 노비는 이렇게 말했다.

"새벽에 아무개 집에 갔을 때 아직 이른 시간이라 동정을 엿들었지요. 그 부부가 한창 방사房事를 치르는 중이었는데 아내가 '좋지요?'라고 묻자 남편이 '몰라!'라고 대꾸했습니다. 아내가 '어째서 좋지 않아요?'라고 묻자 남편이 '오늘 아침 남 도사 댁에서 필시 빚 독촉을 할 거라서 좋은 줄 모르겠다'고 답했답니다."

이야기를 듣고 난 남 도사는 바로 채권을 가져다가 불에 던져버렸다.

"남녀의 정욕은 인간의 지극한 즐거움인데 내가 독촉해서 저토록 즐겁지 못하게 만들었구나. 내 어찌 돈 수천 꿰미를 아껴 사람의 화기和氣를 손상시키랴!"[10]

남 도사는 거부가 되었다. 누군가 부자 되는 방법을 묻자 남 도사는 뜰에 서 있는 나무로 올라가라 하고 양손으로 가지를 잡은 채 허공에 매달리라고 했다. 곧이어 한 주먹을 놓게 하고, 또 한 주먹을 놓으라고 했다. 그 사람이 깜짝 놀라 말했다.

"그러면 낙상합니다!"

남 도사는 천천히 말했다.

"내려오게! 그게 부자가 되는 방법이야. 돈 한 푼 쓸 때도 그 주먹을 놓듯이 하게나!"[11]

앞의 일화는 남휘의 호방하고 독특한 성품을 보여주는 이야기이고, 뒤의 일화는 재물을 모으는 방법으로 널리 알려진 이야기이다. 이 너무나도 유명한 이야기가 바로 남휘와 관련되어 있다.

남휘의 이름 자체는 18세기 후반으로 넘어가면서 점차 잊혀졌지만 그의 노래와 행적은 여전히 대중들의 사랑을 받았다. 그는 박규문朴奎文, 이장李樟과 함께 경기도 부천시의 옛 이름인 계양桂陽을 대표하는 호걸로 불렸다.

한편 최근에 필자는 서울 약현성당 부근에 살았던 시인 서명인徐命寅, 1725~1802의 시집 『취사당연화록取斯堂煙華錄』에서 「남도사십해南都事十解」와 「낙행樂行」, 「원게怨偈」라는 작품을 발굴했다. 3종 30수의 이

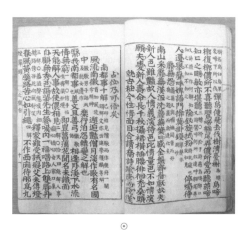

사대부가 비구니를 유혹하는 내용을 담은 「남도사십해」.
내용도 이채롭지만 한시의 정형을 파괴한 실험정신 역시 가득 담겨 있는 기록이다.
『취사당연화록』, 서울대 도서관 소장 필사본.

들 작품은 남휘의 「승가」를 바탕으로 각색한 것이다. 「남도사십해」
는 남휘의 애정 공세를 받은 비구니의 설레는 마음을 묘사했고, 「낙
행」은 둘의 관계가 행복한 사랑으로 발전한 상황을, 「원게」는 여자
가 버림받아 애태우는 상황을 가상하여 만든 작품이다. 1759년에
창작한 작품으로 「승가」라는 가사와 남휘의 행적이 당시에 얼마나
널리 퍼져 있었는지를 추측케 한다. 「남도사십해」 가운데 두 편의
시를 보자

이렇게 만났다가
헤어진다면
못난 저는 앞으로
목이 쉬도록 울겠지요.

기어드는 목소리로
조심해서 가시라고
두 손 모아 허리 굽혀
절하옵니다.

明知此聚散 小尼他日嗄
囁嚅平愼行 叉手折腰拜(六解)

두미골은
갈수록 멀어가고

눈앞에는
망우리가 가로 뻗었네.

그리움을 짊어지고
한 치 한 치 돌아올 때
석양볕은
옷깃에 쏟아지네요.

斗美何漸遙 忘憂眼識橫
擔思寸寸歸 夕陽衣袂明(八解)

　서정성이 넘치는 작품이다. 남휘의 연애는 당시 시인들의 창작욕
까지 부채질하여 이렇게 아름다운 한시 작품을 낳게 했다.
　한때 문무겸전한 쾌남아로 인생을 구가했고, 나이 들어서는 거부
라는 명성을 누린 남휘! 세월이 흐르면서 그의 이름은 사라지고 그
저 남 도사란 범칭으로 불렸다. 다른 모든 명성은 사라졌지만 젊은
시절 호기롭게 구애하고 구애의 도구로 썼던 가사만은 세상에 오래
전해져 큰 인기를 누렸다. 문학의 힘은 이런 데 살아 있다.

한양 유흥가의 정사사건
기생 금성월

낭만적인 사랑은 현실의 벽에 부딪쳐 일그러진 모습으로 표출되기
도 하는데 애인과의 동반자살, 곧 정사情死도 그런 병리현상의 하나
이다. 인간 사회가 존재하는 한 정사가 없을 수는 없으나 조선시대
에는 정사를 긍정적인 시선으로 바라볼 여지가 없었다. 그래서 설
령 정사사건이 발생한다 해도 쉬쉬하며 숨겨버리기 때문에 사건 자
체가 표면에 드러나지 않았다.

정사는 근대에 들어와서야 대중들의 비상한 관심거리가 되었다.
1926년 8월 4일 일본 시모노세키에서 부산으로 가는 연락선에서
성악가 윤심덕과 극작가 김우진의 정사사건이 발생하여 엄청난 사
회적 파장을 불러일으키며 대중들의 시선을 끌었다. 이보다 앞서
1923년에는 부호인 장병천과 평양 기생 강명화의 정사사건이 발생
하여 신문 지상에 오르내리고 나중에는 그들의 사연이 소설의 소재

로 인기를 얻기까지 했다.[12] 정사는 이처럼 근대적인 사랑의 모습으로 탄생하여 치명적인 사랑이 없는 조선시대를 비웃듯이 유행하였다.

그러나 과연 조선시대에 근대와 같은 치명적 사랑이 존재하지 않았을까? 사랑에 목숨을 거는 행위는 온갖 사회적 윤리로 무장한 조선 사회에 위험하고 낯선 것이기는 해도 실제로 존재했고, 또 기록에도 나타났다. 『추재기이』의 가장 마지막 이야기는 특이한 자살사건으로 끝을 맺는데 바로 정사사건을 다루었다. 빼어난 미모의 기생이 있었는데 그녀의 애인이 처형당해 죽게 되자 애인이 베푼 한없는 사랑에 보답하기 위해 기생이 자살했다는 이야기이다. 당시로서는 인간 사회 이야기 가운데 끝에 끼워 넣을 수밖에 없는 것이 정사였다. 기생의 특이한 사연은 이렇게 전개된다.

천하절색 금성월의 자살사건

18세기 조선의 한양 땅에서 재능도 출중하고 미모도 겨룰 상대가 없는 기생 금성월錦城月이 자살했다. 한 시대 최고의 기생으로 그녀를 첫손가락으로 꼽는 데 아무도 이의를 달지 않았다. 누구나 이 기생과 사랑을 나누고 싶어했다. 그러나 그녀는 몹시 도도하여 평범한 남자는 접근조차 할 수 없었다. 그런 금성월을 어떤 명문가 출신의 젊은이가 독점했다. 수많은 사람들이 한번 만나기만 해도 소원이 없겠다던 기생을 독차지하게 된 젊은 양반은 이름에 걸맞게 여인을 위해 온갖 정성을 다 기울였다.

그런데 호사다마라, 남자가 중대한 범죄를 저질러 사형을 당할 처지에 몰렸다. 갑작스런 변고를 앞두고 기생은 가야 할 길을 선택해야 했다. 그녀가 이렇게 말했다.

"낭군이 죽게 되었으니 저도 따라 죽겠어요. 아니 제가 먼저 죽어서 낭군께 제 죽음을 알리럽니다. 왜냐고요? 천하의 그 누구도 흉내 내지 못할 만큼 낭군께서 저를 사랑해주었지요. 그런 낭군의 사랑에 저도 천하의 그 누구도 흉내 내지 못할 행동으로 보답하럽니다."

그 말을 남기고 금성월은 남자가 처형되기 전에 먼저 검으로 찔러 자살하고 말았다.

이것이 금성월이란 기생의 흔히 보기 어려운 자살사건의 개요다. 이것만 놓고 보면, 돈 많은 남자와 미모의 기생이 벌인 비극적 종말의 사랑으로 넘겨버릴 이야기이다. 그런 사연만으로도 당시의 사람들에게는 쉽게 접할 수 없는 흥미로운 사건이 될 법하다. 하지만 나는 그렇게 간단하게 이해하고 넘어갈 성질의 사건이 아니라고 생각한다.

여러 가지 정황을 볼 때, 이 정사사건은 헛된 소문으로 말미암아 만들어진 가공의 이야기가 아니라 실제로 벌어진 사건에 바탕을 둔 실화이다. 아주 비슷한 내용의 사건이 18세기 중엽부터 19세기 초엽에 쓰인 시문에서 다뤄진 것으로 미뤄보건대 이 사건은 영조 임금 치세에 발생했다고 추정된다. 그 가운데 하나가 『범곡기문凡谷記聞』이란 책에 실려 있다.[13]

먼저 말해야 할 것은 『범곡기문』에는 금성월 대신 면성월綿城月이란 인물이 등장하는데, 금錦 자가 모양이 비슷한 면綿 자로 잘못 쓰인 데 불과하다. 금성월은 전라도 무안 기생으로 밝혀져 있는데 선상기選上妓로 뽑혀 서울에 올라와 내의원에 소속되었고 명성이 자자했다고 하며, 뒤에는 기적妓籍에서 빠져나와 누군가에게 시집갔다고 기록되어 있다. 나머지 사연은 조수삼이 기록한 것과 대동소이하다.

지방의 기생이 이렇게 서울로 올라와 내의원 침선비針線婢로 이름을 걸고, 명성을 얻은 뒤에 돈 많고 지체 높은 귀족의 소실로 들어앉는 것은 선상기가 흔히 밟아가는 코스였다. 금성월도 그런 주어진 코스를 따라갔다.

그처럼 주목의 대상인 천하절색 기생의 자살이었기에 이 사건은 충격적으로 받아들여져 널리 유포되었다. 그래서 이 이야기를 기록한 사대부가 여럿이었다. 이야기가 서로 다른 것은 동일한 사건을 두고 서로 다른 시각에서 기록한 때문일 것이다. 그렇다면 왜 이 사건이 시선을 끌었을까?

화류계 여자가 사랑하는 남자에게 의리를 지켰다는 점이 무엇보다 아름다운 사연으로 받아들여졌으리라. 수많은 야담에서 거듭 이야기되듯이, 기생들에게 한 남자에게만 사랑을 바치는 순정을 기대하기란 어려운 일이다. 미모의 기생을 사랑하는 것은 바로 금전의 문제와 직결된다. 바꿔 말하면, 돈으로 사랑을 사는 것이었다. 금성월의 남자도 천금으로 여자의 환심을 사지 않았던가?

단칼에 피를 뿜어 은혜 갚고 죽었다네

조수삼은 기생의 사랑을 돈으로 사는 남성을, 나뭇가지와 돌로 동해 바다를 메우려 드는 정위조精衞鳥에 비유했다. 금성월의 애인도 밑 빠진 독에 물을 붓듯이 기생에게 모든 것을 바치는 정위조였다. 그 바닥에서는 금전 관계가 끝나면 사랑도 식어가는 것이 욕먹을 일이라기보다는 오히려 자연스럽다. 기생이 인간적 의리를 지킨다는 것은 사치스럽기까지 하다. 적어도 당시에는 그러했다.

하지만 금성월은 남들이 손가락질하지도 않을 일이건만 남자의 사랑에 보답하기 위해 자살을 택했다. "나를 향한 낭군의 애정은 천하에 비교할 자가 없다. 그러니 낭군에 대한 이 몸의 보답도 마땅히 천하에 비교할 이가 없도록 해야 할 것이야!"라면서 죽음을 택했다. 더욱이 남자가 죽은 뒤에 죽지 않고 먼저 죽음으로써 자신의 마음을 남자가 확인하도록 했다.

사랑 때문에 죽고 사는 일이 시대를 막론하고 비일비재하지만 기생의 세계에서 그녀의 행동은 돌출적인 것이라고 할 수밖에 없다. 그렇기 때문에 당시의 사람들은 금성월을 사랑을 물질로 계산하지 않은, 의리를 지킨 여인이라고 생각했고, 그 때문에 그녀의 행동을 예찬했다. 『범곡기문』에는 서화방書畵舫 노윤적盧允迪, 1772~1821이 그녀를 애도한 시가 실려 있다. 노윤적은 조수삼의 절친한 친구이자 시인이다. 그 시에서는 당시 사람들의 시선을 읽을 수 있다.

조선시대에 정사사건은 낯설긴 하지만 실제로 일어나기도 하고 기록에도 간간이 남아 있는 일이었다. 김홍도가 그린 것으로 추정되는 『운우도첩雲雨圖帖』에 수록된 그림.

◉

기방의 어린 기생
둘도 없는 미모였네.
부호가 가산 기울여
미인을 차지했네.

천금 쏟아 즐기면서
머리 희기를 바랐건만
단칼에 피를 뿜어
은혜 갚고 죽었다네.

"몸을 바쳐 지킨 것은

소첩의 의기일 뿐

님이 처형되든 말든

상관할 게 무언가요?"

가을 하늘 밝은 달과

높은 명성 함께 빛나

음란한 남녀의 꿈

깨워놓게 하려네.

曲院無雙擅妙齡 豪家傾産貯娉婷

千金行樂頭霜白 一劍酬恩頸血靑

只顧妾身存大義 何關夫婿被常刑

芳名竝掛秋天月 留照桑間喚夢醒

　시를 보면, 작자는 남녀 사이에서 사랑은 인간적 의리를 지켜야
한다는 덕목을 금성월의 자살로부터 찾아냈다. 그래서 금성월의 행
동은 가볍게 사랑을 나누고 헤어지는 청춘남녀의 경망한 행동을 각
성시키는 의미가 있다고 평가했다. "당시 사람들이 모두들 열녀라
고 칭찬했다"는 조수삼의 평가도 노윤적의 의도와 다르지 않다.

소주와 섹스로 자살한 협창

지금까지 서술한 내용은 금성월 사건의 전개와 그 사건을 접하고서 당시 사람들이 내린 평가이다. 그러나 사건의 큰 줄거리만 밝혀줄 뿐 자세한 내용은 빠져 있다. 그리고 보는 시각도 의리라는 점에 맞춰져 있으므로 전체를 다 파악했다는 느낌이 들지 않는다. 금성월의 자살사건은 다른 각도에서 살펴볼 여지가 충분히 있다. 하나의 증거로 이옥李鈺이 지은 「의협심 있는 기생〔俠娼紀聞〕」이란 글을 살펴보자.[14] 이옥이 묘사한 사건은 내용은 다소 다르지만 실제로는 금성월 사건과 동일하다는 것이 내 판단이다. 이옥이 묘사한 사건은 1755년에 노론이 소론을 정권에서 몰아낸 을해옥사乙亥獄事를 정치적 배경으로 삼고 있다. 먼저 큰 줄거리를 간추려본다.

한양에는 도도하기 짝이 없는 기생이 있었다. 그녀는 존귀하고 부유할 뿐만 아니라 풍채가 좋고 명성을 떨치며 풍류를 즐길 줄 아는 이만을 고객으로 삼았다. 최고의 남자들만을 상대한 고급 기생이었던 셈이다. 당연히 손님이 많지 않았다. 사건은 1755년에 발생했다. 이해에 을해옥사가 일어났는데 옥사의 파장은 노론 세력이 소론 명문가를 대거 몰락시키는 것으로 귀결되었다. 기생의 손님 하나가 바로 소론 명문가의 젊은이로서 사건에 연루되어 집안이 풍비박산 났고, 그 자신은 좋은 벼슬자리에서 쫓겨나 제주도 관아 노비로 전락하여 서울을 떠나게 되었다. 소식을 들은 기생은 가까운 벗들에게 이렇게 말했다.

"저를 위해 속히 행장을 꾸려주세요. 저는 그 사람과는 하룻밤을 같이 지낸 평범한 벗에 불과합니다. 마침 제가 이 일을 한 지 10년째인데, 그사이에 친밀하게 지낸 자가 100명에 가깝습니다. 가만히 들여다보니 모두가 육식을 하고 비단옷을 입으며 살아가는 사람들이라 한 번도 궁핍을 겪지 않았더군요. 지금 아무개는 제주도에서 곧 굶어죽게 되겠지요. 소첩의 남자가 굶어죽는다는 것은 제 수치입니다. 제가 그를 따라가겠어요."

기생은 말로만 떠벌인 채 그만두지 않고 바로 행동에 옮겨서 가진 재물을 털어 바다를 건넜다. 제주도에 이르러 최상으로 화려하고 융숭하게 그를 대접했다. 기생은 남자에게 이렇게 말했다.

"나으리가 다시는 북쪽으로 돌아가지 못할 것은 정해진 이치예요. 굴욕적으로 사느니 차라리 즐기다 죽는 것이 낫지요. 그렇게 하지 않으렵니까?"

둘은 의기투합했다. 기생과 남자는 날마다 소주를 잔뜩 마셔 취하고, 취하면 곧 동침했다. 소주를 많이 마시고 섹스를 과다하게 하는 행위는 오래전부터 행복하게 자살하는 방법의 하나로 이용되었다. 이른바 색황色荒의 자살법이었다. 전국시대에 신릉군信陵君이 즐겁게 죽기 위해 독한 술을 마시고 자제 없이 섹스하는 것을 선택했는데,[15] 두 사람은 그 방법을 택해 밤이고 낮이고 쉬지 않았다. 아니나 다를까, 얼마 지나지 않아 남자는 병들어 죽었다. 기생은 남자를 후하게 장사지낸 후 자신도 통음痛飮하고 한바탕 통곡한 뒤에 절명했다. 두 사람이 함께 죽은 해괴한 사연이 서울에 전해지자 기생의 옛 남자들이 금전을 각출하여 시신을 운구해 장례를 치러주었다.

기생과 악공을 집으로 불러들여 즐기는 풍경을 묘사한 「후원유원도」.
서생들 또한 악기를 연주하며 기생들과 함께 노닐고 있다. 프랑스 기메 국립동양미술박물관 소장.

세부적인 사연은 다른 구석이 없지 않지만 사연의 구조는 비슷하므로 동일한 사건이 전한 사람에 따라 바뀌었다고밖에 볼 수 없다. 이옥이 전한 사건이 구체적이면서도 자세한 것으로 보아 조수삼이 18세기 중반에 발생한 사건을 19세기 중반에 추억하면서 그 내용도 단순해지고 사건의 성격도 달라진 것으로 보인다.

이옥이 전한 사연은 최고의 기생이 곤경에 처한 옛 고객과 생사를 같이한다는 이야기이다. 기생의 행위가 상식적으로 납득하기 어려운 면이 있기는 하지만, 금전적 가치로 우정을 계산하는 세인들의 가식적 행태에 경종을 울리는 의미를 이끌어내려고 했다. 타락한 세상에서 정말 기대하지 않았던 존재가 보여준 의리와 협객의 정신을 찾아내려고 한 것이다. 그러므로 이옥은 "오로지 금전과 재물만을 뒤쫓는 세상의 기생들과 어떻게 비교할 수 있으리오?"라며 개탄했고, "어떻게 하면 그녀가 남긴 분단장과 향기를 얻어다 시교市交를 일삼는 세상 사람들에게 그 맛을 선보게 할 수 있을까? 안타까운 노릇이다. 아!"라며 탄식했다. 그래서 이옥은 기생을 협창俠娼이라고 했다. 창기娼妓로서 의협심을 지닌 협객俠客의 면모를 지녔다는 말이다.

기생의 정사사건, 장안에 널리 퍼져

이 사연이 한양의 사대부 사이에서 꽤 널리 회자되었던 듯하다. 기생방에서 일어나기 힘든 일인 데다가 윤리 위주의 조선 사회에서는 보기 힘든 치명적인 사랑이 사람들의 숨겨진 사랑 본능을 일깨웠다고 본다면 틀린 생각일까? 온갖 자료 더미를 뒤지다가 홍낙순洪樂純이란 사대부의 문집 『대릉유고大陵遺稿』에서 그런 증거를 찾았다. 「의로운 기생의 전기〔義娼傳〕」란 작품이다. 아주 흥미로운 내용에 길이도 짧으므로 전문을 함께 읽어보자.

의로운 창기 취섬翠纖은 본래 경상도 안음현 출신이다. 한양으로 올라와 기생이 되었는데, 노래와 춤을 잘하고 말솜씨와 교태가 뛰어나 남자들 마음에 쏙 들게 행동했다. 한양의 종실 귀인과 호걸 및 귀족 자제들과 젊은 협객들이 그녀를 사모했다. 잔치가 열릴 때마다 취섬이 없으면 즐겁지 않았다. 술이 거나해질 때 취섬이 목청을 가다듬고 「죽지사竹枝辭」를 부르면 소리가 나지막하게 애끓는 듯하여 옥을 두드리고 퉁소를 부는 듯했다. 좌중 손님들이 모두들 빠져들어 이름난 기생들도 취섬에게는 못 당한다고 인정했다. 비록 기생이라고는 하나 취섬은 호방하고 의협심 넘치는 성품에 의기를 좋아하여 마음에 드는 남자는 제 아무리 빈천해도 꼭 어울렸고, 마음에 들지 않는 남자는 제 아무리 드높은 귀족에 금전을 쌓아놓은 자라 해도 쳐다보지 않았다. 그래서 미워하는 남자도 많아 다시 안음현으로 돌아가 기생 노릇을 했다.
그때 안음 현령으로 있던 심약沈鑰이 그녀를 마음으로부터 좋아하여 소실로 삼고 몹시 사랑했다. 취섬은 심약의 어린 아들을 온정을 베풀어 보살폈다. 을해년 나라에서 역적을 토벌했을 때 심약의 형인 심악沈鐸이 대역 죄인으로 처형되었다. 형에게 연좌된 심약은 북쪽 변방으로 유배되어 노비가 되었다. 심약이 떠날 때 취섬에게 "너는 기생이니 나를 따르지 말고 다른 남자를 좋아하여라"라고 말했다. 심약이 떠난 뒤 취섬은 심약이 남긴 재물을 거두어 남장을 하고서 말 한 필에 올라탔다. 혼자 몸으로 북쪽 변방까지 가서 심약을 보았다. 심약이 크게 놀라자 취섬은 울면서 "당신은 벌써 오래전에 죽었어야 해요. 차마 칼로 죽기 어려우시다면 저하고 여러 달 함께 지내시며 색황으로 죽을 수 있을 겝니다"라고 말했다.

그로부터 여러 달이 지나 심약이 정말로 죽었다. 취섬은 구슬프게 곡을 하고 직접 초상을 치렀다. 이후 장례를 마치고서 그녀는 무덤 옆에서 스스로 칼로 목을 찔러 죽었다. 변방 사람들은 몹시 의로운 여인이라 생각하여 취섬을 심약과 함께 묻어주었다. 한양의 협객들이 소문을 듣고서 "일찍부터 의기를 좋아하더니 과연 협객으로 죽는구나!"라고 칭찬했다.[16]

여기에 등장하는 인물은 모두 실존하는 인물로 그들의 행적은 역사적 사실과 부합한다. 심약은 실제로 을해옥사와 관련하여 대역죄로 처형당했다. 이 이야기가 위에서 살펴본 이옥의 사연과 거의 비슷하다는 것은 의심하기 어렵다. 사연이 전해지는 과정에서 디테일이 조금씩 바뀌어 서로 다른 부분이 생겼을 뿐이다. 홍낙순은 을해옥사를 직접 목도한 인물인 데다 안음현에서 직접 들었기에 사연을 더 자세하게 묘사했다. 이옥의 사연보다 훨씬 더 핍진한 이야기로 보이는 이유도 여기에 있다.

이 사건이 당시에 매우 유명했다는 정황은 위에 소개한 사료 외에 비슷한 시기의 저명한 학자인 성대중成大中의 저술『청성잡기靑城雜記』[17]를 비롯해 심로숭의『문견잡기聞見雜記』에 이야기가 등장하는 데서도 알 수 있다. 특히『청성잡기』에서는 함양 기생 취섬의 사연으로 묘사되었는데, 협기俠妓로서의 모습은 비슷하지만 과다한 섹스로 죽는 것과 본인이 자살하는 이야기는 나오지 않는다. 아마도 두 가지 소재 모두 당시 사대부로서는 그대로 쓰기가 정서상 받아들여지기 어려웠을 것이다. 그런 점만 뺀다면 같은 사연이다.

정사를 바라보는 시대의 상이한 시선

불행에 처한 귀족 남성과 당대 최고 기생의 동반자살을 다룬 정사 사건은 이렇게 전하는 사람에 따라 서로 다르게 기록되었다. 홍낙순과 이옥, 성대중과 조수삼이 서로 상이한 계열이다. 성대중과 조수삼은 이 동반자살을 의리를 지킨다는 전통적 유가의 논리 속에서 해석하려 했다. 반면에 홍낙순과 이옥은 정사사건의 본질을 그대로 보고자 했다. 18세기 서울이란 대도회지의 기방에서 벌어지는 퇴폐적 성문화와 세기말적 풍조를 그대로 묘사했다. 미모를 무기로 기생이 가문의 명예와 부귀를 손아귀에 쥔 남자를 쥐락펴락하고, 의리라는 이름으로 "소첩의 남자가 굶어죽는다는 것은 제 수치"라며 술과 섹스로 인생을 파괴하는 행동이 그런 모습의 일면일 것이다. 조수삼이 "님이 줏값을 치르기에 앞서 사랑에 보답하려/ 향기 피어

나는 뜨거운 피를 원앙금침에 뿌리네"라고 표현한 부분에서는 이옥이 묘사한 기생의 격정이 엿보인다. 이들의 사랑과 의리에서는 전에 보지 못했던 기괴함과 파격성이 드러난다.

18세기에는 조선을 비롯하여 일본이나 중국의 기생방에서 기생과 남자의 사랑을 가로막는 장애를 넘어서기 위한 돌파구로 동반자살이 가끔씩 벌어졌다. 그런 행동이 기록자에 의해 봉건적인 열녀烈女라는 관념으로 윤색되기도 하고, 협객이란 이름으로 부풀려지기도 했다. 봉건적 사회에서는 이들의 단말마적 사랑을 이해하는 것이 쉽지 않았다. 금성월 또는 취섬의 사연은 일반적인 정사와는 다르기는 하지만 엽기적 동반자살로서 전위적인 요소가 있다. 소박하고 낭만적인 사랑과는 다른 도회지 시정인의 사랑의 한 단면을 보여준다는 점에서 이는 20세기에 들어와 큰 사회적 문제가 되는 정사사건에 선행하는 흥미로운 사건이었다.

남자다운 남자는 진정 어디에
기생 한섬

18세기에는 뛰어난 미모와 가무로 명성이 자자했던 기생들이 많았다. 하지만 당대를 벗어나 멀리 후대까지 명성을 전한 자는 극히 드물다. 미모를 넘어서는 특별한 무엇이 있는 이만이 역사에 존재를 남겼다.

　이 책에서 다루는 기생은 모두 세 명으로 하나같이 특별한 인생역정을 보여주었다. 빈민을 구제한 제주도 기생 만덕과 정인을 따라 죽은 기생 금성월, 그리고 한섬寒蟾이다. 만덕과 금성월은 앞서 살펴보았다. 한섬 역시 이들 기생에 비해 결코 뒤지지 않는 명성을 누렸다. 과연 어떤 행적을 보인 인물이기에 한 시대의 명사로 대접받았을까? 먼저 『추재기이』에 실린 내용부터 살펴보자.

　한섬은 전주 기생으로 황교黃橋 이 판서가 집으로 데려다가 가무를 가르쳐 온 나라에 명성이 자자했다. 한섬이 나이가 들어 집으로 돌아간 지 한 해 남짓 지나 판서가 세상을 떴다. 한섬이 즉시 말을 타고 달려 판서의 묘에 이르러 한 번 곡하고 술 한 잔 따르고 술 한 잔 마시고 노래 한 곡 불렀다. 다시 두 번째 곡하고 두 번째 잔을 따르고 두 번째 잔을 마시고 두 번째 노래를 불렀다. 이렇듯이 하루 종일 돌려가며 애도한 뒤 자리를 떴다.

아주 간단한 기록이다. 나이가 든 전주 기생 한섬이 자신을 뛰어난 예인으로 길러준 후원자가 죽자 극진한 예를 다해 추모했다는 내용이다. 아무리 큰 은혜를 입었어도 배반하는 자가 많은 것이 세상 형편이고, 더욱이 사망한 뒤에는 못 들은 척하면 그만인 것을 한섬은 지극 정성으로 고인의 죽음을 애도했다. 기생에게 그와 같은 의리를 기대하지 않았던 사람들을 감동시키기에 충분했다.

사람들의 호기심을 자아낸 것은 망자를 애도한 가기歌妓의 독특한 애도 방법이었는데, 절제된 유교적 예법의 눈으로 보면 이는 해괴하기 짝이 없다. 하지만 그 정도의 사연만으로는 한 시대 명사의 틈에 끼일 수 없을 것이다. 의문은 조수삼의 이야기에 디테일이 생략되어 있기 때문인 듯한데, 이 사연 가운데에는 모종의 비밀이 숨어 있다.

통곡 한 번에 술 한 잔, 그리고 노래 한 잔

한섬은 당시에 이름이 꽤 널리 알려진 기생이었다. 그 가운데서도 후원자와 그녀의 사연은 큰 관심거리였다. 『시필試筆』이란 책에 실린 비슷한 사연을 보면 왜 그런지 다소 의문이 풀린다. 그 전문을 보자.

전주 기생 한섬은 침선비로 뽑혀 서울에서 노닐었다. 뒷날 용모도 추레해지고 의지할 데가 없어지자 이정보 판서께서 불쌍히 여겨 자기 집에 살게 했다. 그러나 한 번도 관계를 맺지 않고 잘 대우했다가 만년에 재물을 많이 딸려서 고향으로 보내주었다. 이 판서가 죽은 뒤 소식을 들은 기생이 술을 싣고 판서의 무덤을 찾아갔다. 무덤에 이르러 술을 따라 무덤에 뿌리고 다시 큰 술잔에 술을 따라 혼자 마시고는 "대감께서 평생 술과 노래를 즐기셨지요!"라고 말한 뒤 마침내 노래를 길게 뽑았다. 노래를 마치고 통곡하며 곡을 마치고서 다시 술을 따라 무덤에 뿌렸다. 술이 다 떨어지자 애통해하다가 기절하여 묘 앞에 거꾸러졌다. 정신을 차린 그녀는 바로 떠나갔다.[18]

이 사연은 『추재기이』에 실린 내용과 거의 동일하다. 전하는 이에 따라 디테일이 약간 달라졌을 뿐이다. 조수삼의 건조한 기록보다는 인과관계가 훨씬 설득력 있게 묘사되어 이 사연이 왜 사람들에게 호기심과 감동을 불러일으켰는지를 수긍케 한다.

여기서는 나이가 든 한섬을 소실로 데려다가 대가 없이 인정을 베푼 측면과 한섬이 애통해하다가 기절하는 장면까지 등장하여 사연에 훨씬 더 감성적인 색채를 가미했다. 아무튼 서로 다른 곳에 수록된 두 기록에 등장할 만큼 유명세를 탄 에피소드였다. 그렇다면 이 에피소드가 특이하기 때문에 그녀의 명성이 후세에 전해졌을까? 그렇지는 않다. 그 이상으로 화제의 장본인 한섬은 명성이 자자한 대중적 인기인이었고, 그 상대역인 이 판서 역시 아주 유명했기에 그들의 시시콜콜한 일상조차 대중의 관심을 끌 수 있었다.

그렇다면 저 한섬을 키웠다는 황교 이 판서는 대체 누구일까? 그는 영조 때 대제학과 예조판서를 지낸 이정보李鼎輔, 1693~1766이다. 황교는 현재 서울 종묘 동쪽에 위치한 보령제약 서남쪽에 있던 옛 다리로 지금은 복개되어 위치를 파악할 수 없다. 이정보가 황교 부근에 살았기에 조수삼은 그를 황교 이 판서라고 불렀다. 별장이 마포 부근 학탄鶴灘에 있어 그는 호를 삼주三洲라고 했다. 이분은 이정구李廷龜, 이명한李明漢 집안의 후손으로 대표적인 경화세족 출신이었다. 특히 음악 실력이 뛰어나 스스로 곡을 만들어 지금도 시조집에 그가 지은 시조가 80수 가까이 전한다.

더욱이 특이한 점은 그가 빼어난 음악 실력의 소유자로서 고관을 지내는 중에도 가객과 가기歌妓 들에게 노래를 가르쳤다는 데 있다. 시조를 유행시킨 장본인으로 유명한 이세춘李世春과 거문고의 명인 김철석金哲石, 그리고 추월秋月 · 계섬桂蟾 · 매월梅月 등의 가기가 그 문하에 출입한, 당대 최고의 음악인들이었다. 이들의 활동상은 『청구야담』에 실린 「기생 추월이 늘그막에 옛 일을 말하다」와 이옥의 「가

예조판서, 이조판서 등 주요 요직을 거쳤으며 한시와 시조 짓기에도 능했던
이정보의 초상화. 의연하고 강직한 성품이 초상에도 고스란히 담겨 있다.
일본 덴리대학 소장.

⊙

객 송귀뚜라미 전기」에 인상 깊게 묘사되어 있다. 그 가운데 『청구
야담』 첫머리에 묘사된 한 장면을 보자.

　추월은 공주 기생이다. 가무를 잘하고 미모가 뛰어나 침선비로
뽑혀 들어왔는데 명성과 평가가 최고였다. 풍류를 즐기는 이들이
앞다투어 그녀를 사모하여 번화한 화류계에서 명성을 드날린 지
수십 년이었다. 그녀가 늘그막에 늘 평생에 가소로운 일 세 가지
가 있다고 말하곤 했다.
　"한때 이 판서 댁에 머물 때 피리와 노래 소리가 시끄럽게 울렸
고 잡가를 부르고 현악기가 자지러져 음악 소리가 한창 요란했지.
때마침 정승 한 사람이 들어오는데 풍채가 단아하고 곁눈질을 하

지 않아서 올바른 군자임을 바로 알 수 있었어. 주인 대감과 더불어 인사를 나눈 뒤에 가무를 마음껏 즐기고 자리를 파했어. 그 무렵 거문고의 김철석, 가객 이세춘, 기생 계섬과 매월 등이 자리를 함께했었지."[19]

추월이라면 18세기 중반에 한양에서 명성을 떨치던 공주 출신 기생으로 그녀를 묘사한 기록도 상당히 많다. 위 인용문은 그런 추월을 비롯하여 음악과 노래에 뛰어난 악공들이 이정보의 집안을 기반으로 활동한 장면을 눈에 선하게 보여준다.

이 야담을 볼 때, 이정보는 당대 일급의 음악가들이 모여드는 살롱을 주관한 리더였고, 한섬은 그에 의해 한 시대를 대표하는 가기로 양성된 셈이다. 한섬은 그런 이정보에게 끝까지 제자로서 신의와 도리를 다했기에 여성의 의리와 예인의 의리를 한꺼번에 보여준 '기특한' 존재였다.

———

기생 한섬의 파란만장한 인생역정

전주 출신 기생 한섬의 사연은 『추재기이』와 『시필』, 2종의 기록 외에는 잘 보이지 않는다. 그런데 앞에서 소개한 『청구야담』에 이정보의 대표적인 제자의 하나로 나오는 계섬桂蟾이 바로 한섬寒蟾과 동일인이다. 계섬桂蟾을 심로숭은 한자로는 달리 표기하여 계섬桂織으로 썼다. 계섬과 한섬이 동일인이라면 사람들은 왜 이름을 혼동했을까? 이정보가 키운 대표적인 제자로서 동일한 행동을 한 유명한 제자가 둘이기는 어렵다. 더욱이 계섬과 한섬으로 이름까지 매우 유사하다. 그녀에 관한 사연이 기록으로 전해지기보다는 입에서 입으로 전해졌기에 이름과 행적이 기록자에 따라 달라졌을 것이다. 혹시라도 장수한 계섬이 소싯적 이름을 개명했을지도 모른다. 당시에는 이름을 바꾸는 것이 지금처럼 어렵지도 낯설지도 않았다.

이에 대한 증거는 이정보의 여제자 한섬의 유명한 행적을 계섬의 이름으로 기록한 데서 찾을 수 있다. 다름 아닌 심낙수와 심로숭 부자가 각각 쓴, 계섬에게 준 일곱 편의 시와 「계섬전桂纖傳」이다. 정조와 순조 시대의 저명한 문인인 심로숭은 늙은 계섬을 직접 만나 사연을 듣고 상세하게 전기를 썼다. 여기에도 한섬의 존재를 부각시킨 처신이 그대로 나온다. 그 내용을 대략 정리하면 이렇다.

이정보가 죽자 계섬은 아버지를 잃은 듯 날마다 곡을 했다. 마침 나라 잔치를 준비하느라 날마다 관아에 모여 연습을 해야 했지만 그녀는 아침저녁으로 상가에 가서 상식上食을 올렸다. 담당자가 곡을 하다가 목이 쉴까 염려했기에 계섬은 곡도 못하고 눈물만 흘렸다. 드디어 장례를 마쳤을 때 계섬은 이렇게 행동했다.

공의 장례가 끝난 뒤 계섬은 제수와 술을 장만해서 공의 묘로 달려갔다. 한 잔 올리고 한 번 노래하고 한 번 곡하기를 하루 종일 하고 돌아갔다. 그런 사연을 들은 공의 자제들이 묘지기를 책망하자 계섬은 몹시 한스럽게 여기고 다시는 가지 않았다. 그러나 한량들과 노닐다가 술이 거나해져 노래를 하고 나면 왕왕 눈물을 주

체하지 못했다.[20]

앞서 보인 기록과는 다소 차이가 나지만 줄거리는 대체로 비슷하
다. 이정보의 묘는 지금 경기도 이천시 율면 신추리에 잘 보전되어
있다. 계섬이 찾아가 곡했다는 무덤이 이곳이라고 바로 확정하기는
어렵다. 이장했을 가능성도 있기 때문이다. 그런데 중요한 사실은
이렇게 특이한 행동에 집안 자제들이 화를 내고 그렇게 하지 못하
게 했다는 점이다. 심낙수도 이정보의 사후에 계섬이 보인 동일한
행동을 시의 서문에서 언급했다.

그렇다면 심로숭은 계섬의 인생을 어떻게 묘사했을까? 그에 의하
면 계섬은 전주 출신이 아니라 황해도 송화松禾의 노비로 대대로 고
을 아전 구실을 한 집안 출신이었다. 심로숭이 글을 쓴 1797년에 나
이가 예순둘이라고 했으므로 1736년생이다. 계섬은 사람됨이 뛰어
났고 눈망울은 초롱초롱 빛이 났다. 일곱 살 때 아버지가 죽고 열두
살 때 어머니마저 죽은 뒤로 열여섯에는 주인집 종이 되었다. 노래
를 잘해서 양반들의 잔치 자리와 한량패의 술판에 계섬이 없으면
부끄러워할 만큼 명성이 높아졌다. 참판 원의손元義孫이 그 명성을
흠모하여 계섬을 데리고 10년을 살았으나 말 한마디 어긋나자 바로
그 곁을 떠나버렸다. 이후 당대의 이름난 가객이 모여든 이정보 문
하에 들어가 노래를 읽혔다. 이정보는 계섬을 가장 아꼈는데, 사적
호감에서가 아니라 재능을 아꼈기 때문이었다. 악보에 맞춰 몇 년
을 배운 뒤로 계섬은 온 나라에 명성이 자자하여 지방에서 올라온
기생들이 그녀에게 노래를 배웠다.

1766년 이정보가 죽었을 때 계섬의 나이는 서른하나였다. 기생의 나이로는 늙었다고 할 때이다. 그 뒤로 한양의 큰 부자 상인 한상찬韓尙贊과 살았으나 그도 마음에 차지 않아 버리고 떠났다. 마흔 무렵 불도에 귀의하여 강원도 정선군 산중에 전답과 집을 마련하였다. 산에 들어간 뒤로는 짧은 베치마를 걸어붙이고 광주리를 끼고 나물과 버섯을 따러 산과 강을 오갔다. 그런 생활을 하며 밤낮으로 불경을 외우며 살았다.

권력자 홍국영과의 악연

계섬은 그 뒤 다시 세상에 나왔다가 유명한 풍류남아 심용沈鏞, 1711~1788과 만난다. 그녀는 파주군 시곡촌에 있는 심용의 시골집 뒤에 거처를 정해 살았다. 거처가 심낙수와 심로숭 부자가 사는 미륵산과 5리밖에 떨어지지 않아 어울려 지냈다. 심용은 심낙수 부자와 일가였다. 산중에 나무를 엮어 울타리를 삼고, 바위를 깎아 섬돌을 만들었다. 대여섯 칸 되는 초가에 둥근 창을 냈고, 병풍·서안·술동이·그릇 따위를 가지런히 놓아 화사하면서도 깔끔했다. 집 앞에 작은 밭을 가꿔 채소를 심었고, 논 몇 마지기를 소작을 맡겨 먹고살았다. 날마다 불경을 송독하며 보살로 살아갔다. 계섬이 영위하는 노년 생활을 심로숭은 제법 상세하게 묘사했다.

그래서 계섬과 알게 된 심로숭은 은퇴했던 계섬이 다시 세상으로 나오게 된 사유를 밝혀놓았다. 정조가 등극한 뒤 홍국영은 정계의 권력을 잡았다. 그러나 그의 권력이 지나치게 극성하자 정조는 대신들의 도움을 받아 그를 일선에서 물러나게 했다. 이때 정조는 그에게 많은 노비를 하사했는데 그녀도 그중에 끼여 있었다. 그녀가 미처 기생 명부에서 빠져나오지 못했기 때문이었다. 홍국영이 그녀를 부르자 할 수 없이 산중에서 나온 계섬은 고관들의 잔치에 나가 다시 노래를 불렀다. 그러나 얼마 지나지 않아 홍국영은 완전히 실각했고, 이에 계섬은 기생 명부에서 빠져나와 자유의 몸이 되었다. 이것이 심로숭이 밝혀놓은 계섬과 홍국영의 그리 유쾌하지 못한 인연이다.

그런데 계섬과 홍국영 사이에는 심로숭이 제대로 설명하지 못한 제법 복잡한 인연이 있었던 것으로 보인다. 친아들이 일찍 죽은 이정보는 이건원李建源을 양자로 들였는데, 정조 등극 무렵에 양자의 친동생 이관원李觀源이 역모사건에 연루되었다. 1777년 홍상범洪相範이 강용휘姜龍輝 등을 사주하여 막 등극한 정조를 시해하려고 궁궐 담을 넘은 역모사건이 발생했는데, 이관원의 장인 홍계능洪啓能이 그 주모자로 체포되어 처형되었다. 자연스럽게 이관원도 연루되어 처형되어야 했으나 "아비가 왕가의 충신이었으니 살려주셔서 후사가 끊어지지 않도록 해달라"고 애걸하여 겨우 살아나 섬에 유배되었다가 그곳에서 죽었다. 이 역모사건의 처리를 주도한 자가 바로 홍국영이다. 그는 이정보와도 가까운 인척 관계로 맺어져 어릴 적부터 그 집을 왕래했다. 홍국영에게 계섬이 노비로 하사되었다는 기록을 진정으로 신뢰할 수는 없으나, 그 정보가 사실이라면 이정보 집안이 역적으로 재산을 몰수당해 그 재산이 공신에게 하사된 것과 관련이 있을 수 있다.

『계서야담(溪西野談)』에도 역모사건과 관련해서 흥미를 끄는 내용이 나온다. 이정보의 첩은 전주 기생으로 홍국영이 어렸을 때 그녀가 머리를 빗기고 세수를 시켜주었다. 이관원 집안이 풍비박산되었을 때 그의 집에 머물던 기생이 홍국영을 찾아가 이관원을 살려달라고 빌고자 했으나 문전박대 당했다. 기생은 새벽까지 기다려 입궐하는 수레를 막고서 "우리 대감 집안을 왜 멸망시키느냐?"고 하소연했으나 그대로 쫓겨났다. 기생은 통곡하며 "하늘이 아시리라. 홍국영은 귀신도 모르게 죽을 것이다"라고 외쳤다.

이관원이라면 앞서 무덤에서 통곡하는 계섬을 쫓아낸 자제의 한 사람일 것이다. 그런 그를 도우려 한 의기를 보인 전주 기생이라면 아무래도 한섬 또는 계섬일 것이다. 심로숭의 전기와 『계서야담』이 약간 차이가 나지만 홍국영과 계섬의 이야기라는 점을 놓고 보면 동일한 인물임이 틀림없다. 이렇게 이정보 사후에도 계섬은 그 집안과 사연을 이어갔다. 그리고 이는 모두 계섬의 의리와 관련된다.

―――

나의 진정한 벗은 어디에

언젠가 계섬은 심로숭에게 지나온 인생 이야기를 풀어놓은 적이 있다. 소싯적부터 명성이 나서 당대의 영웅호걸을 수도 없이 만났다. 그들은 호화스런 저택과 휘황찬란한 비단으로 자신의 비위를 맞추려고 했다. 그런 사람이 많아지고, 화려한 생활이 이어질수록 이상하게도 마음속은 채워지지 않았다. 세상이 우러러보는 영웅호걸 가운데서도 자신의 마음을 채워줄 진정한 남자는 찾을 수가 없었다. 계섬의 속마음을 읽었는지 언젠가 이정보가 이런 말을 했다.

"지금 세상에는 너만한 남자가 없으므로 너는 끝내 그런 남자를 만나지 못하고 죽을 것이다."

계섬의 노년기를 살펴보다 보면 진정한 지기를 만나지 못한 쓸쓸한 회한이 느껴진다. 그런 그녀에게 심로숭은 "당신의 전기를 내가 써주었으니 내가 당신의 진정한 남자 아니냐"라고 농담을 던졌다. 대중적 인기를 한 몸에 받고 살아온 여인에게 진정한 지기를 만난다는 것은 결코 이루어질 수 없는 소망일 듯하다. 그렇다면 그녀는 진정한 남자까지는 아니라도 자신의 재능을 인정하고 키워준 이정보를 그런 남자에 가깝다고 생각한 것은 아닐까?

계섬은 이런 속내를 심낙수에게도 드러낸 적이 있다. 아마도 부자를 앞에 놓고 드러냈는지도 모른다. 어느 날 나귀를 타고 심낙수를 찾아와 살아온 내력을 이야기한 그녀에게 심낙수는 긴 서문이 딸린 시 일곱 편을 지어주었다. 그 가운데 두 번째 작품은 이렇다.

젊을 때는 귀족 사이에서
명성과 몸값이 드높았고
중년에는 거부의 저택에서
호화롭게 살았었지.

황금 저택과 구슬 휘장도

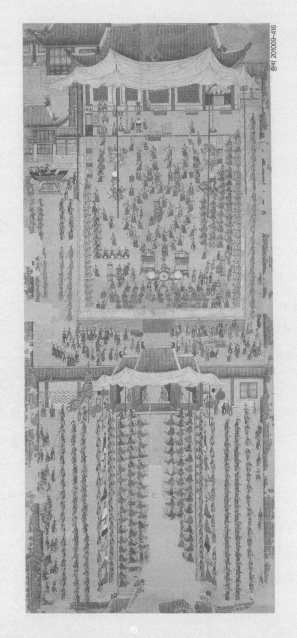

혜경궁 홍씨의 회갑연을 묘사한 「봉수당진찬도」로 『원행을묘정리의궤』에 수록되어 있다.
무대 가운데에서는 여령들이 음악에 맞춰 공연을 벌이고 있는데, 이 공연의 핵심 인물이 계섬이다.
김득신 외, 1795년, 국립중앙박물관 소장.

나는 즐겁지 않아
하루아침에 새장 벗어나듯
세상을 버렸네.[21]

少時聲價五侯門 中歲豪華石氏園
金屋珠帷猶不樂 一朝辭謝脫籠樊

　대중적 인기를 누리며 호화롭게 살던 젊은 날의 생활을 새장에 갇
힌 새의 신세라고 표현하고, 새장을 벗어나 자유롭게 훨훨 나는 노
년의 생활을 찬미했다. 젊은 날과는 대조적으로 불도를 닦으면서
살아가는 삶을 그녀는 오히려 편안해했다.

　그녀는 그렇게 쓸쓸하게 늙어갔으나 그렇다고 세상이 계섬을 완
전히 잊었던 것은 아니다. 1795년 화성에서 혜경궁 홍씨의 회갑연
이 화려하게 거행되었을 때, 계섬은 예순의 나이에 이 잔치에 참가
했다. 이때 벌어진 잔치의 전모를 기록한 『원행을묘정리의궤園行乙卯
整理儀軌』에 향기鄕妓를 대표하여 선창여령先唱女伶으로 노래를 부른 계
섬이 올라 있다. 그 공로로 윤2월 16일에 상급을 받은 기록도 『일성
록』에 나타난다. 나이가 들었음에도 그녀는 노래하는 기생의 우두
머리 역할을 했고, 나라에서도 그 능력을 인정했다.

　한 시대의 이름난 가기 계섬은 시조 한 수를 남겼는데 그녀의 쓸
쓸한 마음자리를 보여주는 듯하다. 그 시조는 이렇다.

　청춘은 언제 가며 백발은 언제 온고.

오고 가는 길을 알았다면 막을 것을
알고도 못 막는 길이니 그를 슬퍼하노라.

나는 물고기로소이다
물고기로 변신한 여인

이번에는 좀 허황한 이야기를 해야 할 듯하다. 조선 후기에는 사람이 물고기로 변한 허무맹랑한 사연이 한양에 떠돌았는데 사람들은 마치 실제로 벌어진 희한한 일인 듯 이야기를 전파했다. 『추재기이』 끝 부분에 실려 있는 「물고기로 변한 노파」가 그 황당한 이야기이다.

　한양에 한 노파가 살고 있었는데, 병석에 앓아누운 지 여러 해가 되었다. 다소 차도가 생겼을 때 노파가 목욕을 하고 싶어했다. 그래서 문을 걸어 닫고 목욕통을 가져다가 물을 채워 넣었다. 노파는 목욕통 속에 들어가 헤엄치며 목욕을 했다. 시간이 한참 흘렀는데도 나올 기미가 없어 문을 열고 들어가 보니 노파는 간 데 없고 물고기 한 마리만 목욕통 안에서 헤엄치고 있었다.

　노파가 물고기로 변했다는, 간단하면서도 황당한 내용이 이야기의 전부이다. 상식적으로 판단해서 사실일 리가 없는 이 이야기는 다른 실화와 함께 실제로 발생한 사건으로 간주되어 입에서 입으로 전해졌다. 평범하지 않은 사람들의 실제 사연 위주로 기록되어 있는 『추재기이』에 이런 환상적인 사건이 실렸다고 해서 책 전체의 진실성을 의심할 수는 없다. 하지만 문제는 그리 단순하지 않다. 『추재기이』에 실린 것은 결코 자의적이거나 우연이 아니기 때문이다.

사람이 물고기로, 기이한 변신

우리는 동서고금의 신화에서 사람이 물고기로 변한 이야기를 자주 볼 수 있다. 그리스 신화에서는 신들이 물고기로 변신하고, 한국의 동명성왕 신화에서는 하백이 잉어로 변신하는 따위의 이야기가 전해온다. 신화나 설화에서 이러한 변신變身 모티브는 아주 중요하다. 19세기의 박물학자 이규경은 『오주연문장전산고』에서 "만물이 다른 사물로 변화하는 일은 많지만 사람만은 그런 일이 없다. 그러나 이무기로, 범으로, 나비로, 물고기로, 돌로 변신하는 경우가 간혹 나타난다"고 하면서 패승稗乘이나 유설類說에 사례들이 보인다고 했다. 그가 지적한 것처럼, 사람이 동물 따위로 변신한 기괴한 이야기가 소설이나 야사에 적지 않게 등장한다.

　그 가운데 인간이 물고기로 변신한 전형적인 이야기는 중국 송나라 때 편찬된 방대한 설화집 『태평광기太平廣記』에 등장한다. 당나라 때 사람 설위薛偉는 청성현 주부主簿로 임명되어 부임했다. 병이 든 그는 발열이 심해 견딜 수 없었다. 어느 날 그는 집을 뛰쳐나가 숲을 지나 강가에 가서 목욕을 하자 갑자기 몸에 열이 나면서 잉어로 변했다. 앞서 본 노파의 사연을 설위의 이야기와 견주어 보면, 세부적으로는 약간 차이가 나지만 기본적인 스토리는 비슷하다.

　그렇다면 노파의 사연은 설위의 이야기를 각색한 것일까? 그렇지는 않다. 『추재기이』에 실린 이야기는 대체로 당시에 실제로 존재했던 인물과 실화를 기록했다. 따라서 조수삼은 적어도 노파의 사연이 완전한 허구가 아니라 사실일 수도 있다고 믿었을 가능성이 있다. 조수삼이 젊은 시절에 편찬한 『연상소해聯床小諧』란 책에 나온 이야기를 통해서 이런 사실을 짐작할 수 있다. 그 책의 두 번째 이야기

⊙

물고기는 사실적인 동물로뿐만 아니라 상징적인 동물로도 그림의 소재가 되었다.
위 그림은 물고기가 자라 용으로 변하는 장면을 묘사한 것인데, 출세를 바라는 마음을
담은 것이다. 작자 미상, 「어변성룡도魚變成龍圖」, 영남대 박물관 소장.

는 다름 아닌 미꾸라지로 변신한 노파의 사연이다. 역시 간단하므로 전체를 옮겨본다.

해염海鹽 사람 왕숭王崧의 어머니는 나이가 여든으로 건강하기가 젊은 시절과 똑같았다. 하루는 욕실로 들어가더니 큰 미꾸라지가 되어 비늘과 지느러미를 휘저으며 헤엄을 쳤다. 그러자 아들이 바닷가에 놓아주었는데 꼬리를 흔들고 뒤를 돌아보며 한참을 있다가 물속으로 들어가버렸다. 의당潩塘 강 사인江舍人이 내게 이 사실을 말해주었는데 강사인 역시 해염 사람이다.[22]

같은 줄거리이지만 사건의 배경이 중국으로 바뀌었다. 조수삼은 여러 번 중국에 다녀왔는데 거기에서 사권 사인舍人 벼슬을 하는 친구에게 직접 이 이야기를 들었다고 한다. 구체적인 지명과 인명이 제시되어 신빙성이 있음을 과시했다. 다른 물고기가 아니라 미꾸라지로 변신한 것도 흥미롭다. 이야기 자체로만 판단하면, 중국에도 이렇게 물고기로 변신한 노파 이야기가 실화로 전승돼왔고, 우연히 북경에서 지인에게 이 이야기를 듣고서 아주 흥미롭게 여겨 책에 기록해놓았다. 또한 공교롭게도 먼 훗날 한양에서 비슷한 이야기를 또 듣게 되어 기록에 옮겨놓았다. 사실로 믿기는 어렵지만 넓은 세상에 그런 기괴한 일 하나쯤 없을까 하는 심정으로 기록해놓은 듯하다.

조선과 중국의 물고기 변신녀들

그렇다면 조수삼 당대에 중국에서 그 이야기가 실제로 전승되었던 것일까? 청나라 시대에 기괴한 이야기를 집성한 책으로는 포송령의 『요재지이聊齋志異』와 원매의 『신제해新齊諧』, 기윤의 『열미초당필기閱微艸堂筆記』 3종을 꼽는데, 대체로 18세기 후반의 저작들이다. 그런데 우연히 『신제해』를 읽다가 물고기로 변신한 여인의 사연이 기록된 내용을 보았다.

저자인 원매의 조카 원치화袁致華가 사천성의 군량미 문제를 해결하기 위해 기주성夔州城을 지날 때 직접 겪은 이야기이다. 그가 성을 지날 때 거리가 소란스러워 이유를 묻자 사람들이 말해준 사연인즉 이랬다.

아무개 마을의 서씨徐氏가 남편과 질펀하게 방사를 치른 뒤 아침에 일어나보니 여자의 얼굴과 피부는 전과 다름없는데 하반신이 물고기로 바뀌었고, 유방 밑으로 비늘이 자라 비린내가 났다. 부인은 울부짖으면서 변신의 과정을 이렇게 말했다.

"잠잘 때 통증은 없었고, 다만 하체가 가려워 긁었더니 점차 두드러기가 생겼습니다. 어느새 두 다리가 합쳐지더니 굴신屈伸을 하지 못하겠고, 문지르자 물고기 꼬리가 돼버렸습니다. 이를 어쩌지요?"

그러면서 부부가 껴안고 통곡하더라고 했다. 조카가 집안사람을 보내 살펴보았는데 실제로 그런 일이 있었다. 자신도 가서 확인할 생각이었으나 공무가 바빠 그냥 돌아왔다.[23]

간단한 줄거리만으로도 실제로 사건이 일어난 듯 장면을 자세하게 묘사했다. 여성이 물고기로 변신한 점은 동일한데, 다만 변신의 동기가 몸이 아프거나 늙어서가 아니라 격렬한 부부관계였다. 그 때문에 이야기의 환상성을 배가한다. 물고기로 변화하는 과정이 자세하여 아주 그럴 듯하다. 원매는 이 사건을 자신의 조카가 직접 들었고, 그 집안사람이 직접 확인했다고 함으로써 사실로 믿는 듯한 뉘앙스를 표현했다.

원매가 조수삼보다는 수십 년 전 사람이므로 물고기가 변신한 이야기가 비슷한 시대에 조선과 중국에서 서로 다른 경로를 통해 전파되었다고 판단할 수 있다. 지금까지의 정황을 놓고 보면, 『추재기이』에 실린 변신 이야기는 중국 쪽에서 건너온 이야기를 조선의 상황에 맞게 각색하여 유포한 것처럼 보인다.

그러나 정말 그럴까? 내 판단으로는 그렇지 않다. 물고기로 변신한 노파의 사연은 이미 오래전부터 조선 사회에 전승되었다. 유독 물고기 종류가 홍어로 고정되어 있었고, 또 한 씨족의 조상과 관련한 설화로 유포되었다. 대표적인 것이 바로 유몽인이 지은 『어우야담』에 등장한다.

광해군 때 진사 유극신柳克新은 홍어의 자손이라는 소문이 돌았다. 정작 유극신은 소문을 허황되다고 하기는커녕 실제로 집안 내력으로 그런 이야기가 전해온다고 말해주었다.

외갓집 고조부 윗대에 나이가 여든을 넘긴 할머니가 계셨는데 병환이 깊어 한 달이 넘도록 자리보전을 했다. 하루는 자손과 시비들에게 "내가 오래 병을 앓아 너무 답답하다. 몸을 씻고 싶으니 조용한 방에 목욕물을 준비하되 누구도 엿보지 마라! 엿보면 식구들에게 불길하리라!"라고 신신당부했다. 별실에 목욕통과 향탕香湯을 마련하고 문을 단단히 닫은 다음 다른 방에서 지키고 있자니 물을 뿌리고 파도 치는 소리가 시간을 넘겨서도 그치지 않았다. 온 집안사람들이 몸이 상할까 걱정하여 별실 안으로 들어가려 하자 들어오지 말라고 꾸짖는 소리가 들렸다. 그러나 너무 시간이 오래되어 문을 열고 들어가 보니 할머니는 온몸이 거의 홍어로 바뀌어 있었다.[24]

인간이 아닌 이물異物로 바뀐 할머니? 자식들로서는 두 가지가 큰 문제였다. 하나는 홍어를 할머니로 인정할 것인가? 또 하나는 홍어를 어떻게 처리할 것인가? 당황한 집안사람들이 모여 회의를 벌인 뒤에 합의에 도달했다. 비록 홍어로 변했지만 할머니의 분신이다. 물고기가 살아 있으므로 할머니가 죽지 않았고, 따라서 장례를 치르는 것은 불가하다. 하지만 인간 세상에 살 수 없으므로 홍어로 완전한 변신을 끝낸 다음에 바다에 풀어준다. 그들의 합의를 보면 자손들로서는 변괴에 잘 대처했다고 할 만하다.

이것이 한국인이 즐겨 먹는 홍어로 변신한 한 대갓집 할머니의 기괴한 사연이다. 사건이 벌어진 장소와 인물, 과정이 구체적이고도 그럴 듯해서 실제로 사건이 일어난 것 같아 사람들의 상상력을 자극하는 재미를 지녔다. 더욱이 조상의 내력과 가문의 비밀이라는 요소와 결합하여 더 큰 흥미를 불러일으킨다. 이 사연에서 뼈대만 남기면 『추재기이』와 흡사한 이야기로 바뀐다.

조상을 생각하면 홍어 먹을 수 없지요

조선 후기에는 워낙 『어우야담』이 널리 읽혔기 때문에 홍어로 변신한 괴기담은 많은 사람들이 알고 있었으리라. 아니나 다를까? 17세기 후반에서 18세기 전반의 귀신담이나 기괴한 사연을 모아놓은 야담집인 『천예록天倪錄』에도 비슷한 내용이 보인다. 「고성군의 시골 늙은이가 병이 들어 물고기로 변신했다」라는 이야기다. 그 내용은 다음과 같다.[25]

당시에 꽤 이름 있는 재상이 고성군수로 재직하고 있었는데, 어느 날 고을의 좌수가 찾아왔다. 마침 식사 중이라서 군수가 밥상에 놓인 홍어탕 한 그릇을 먹으라고 주었더니 이상하게도 좌수는 이맛살을 찌푸리면서 소식素食을 해야 하는 제삿날이라 먹지 못한다며 사양했다. 그러고는 슬픈 표정을 짓다가 그만 눈물을 뚝뚝 흘렸다. 깜짝 놀란 군수가 이유를 묻자 좌수가 말을 꺼냈다.

그에게는 세상에 없는 망극한 사연이 있지만 아무에게도 말한 적이 없었다. 이제야 군수에게 말한다면서 꺼낸 사연은 다름 아닌 그의 아버지 이야기였다. 거의 100살 가까이 연로한 아버지가 언젠가 열병을 얻어서 불덩이같이 몸이 뜨거워지자 자손들은 곧 돌아가실 모양이라고 생각했다. 그러던 아버지가 집 앞에 있는 큰 냇물을 보면 병이 나을 것만 같다고 고집했다. 아무리 말려도 "내 말을 듣지 않으면 너희들이 아버지를 죽이는 셈"이라고 화를 내며 요구하는지라 결국 냇가로 모셔갔다. 혼자만 있고 싶다고 또 고집하여 하는 수 없이 혼자 있게 한 뒤에 다시 와 보니 아버지가 옷을 벗고 물에 들어가 홍어로 거의 다 변신을 했다. 아버지는 물에서 헤엄치다 사라졌고, 자식들은 아버지가 남겨놓은 모발과 이, 손톱을 모아 장사를 지냈다. 그 후로 자손들은 홍어를 먹지 않는다고 했다. 특히 아들들은 남들이 홍어를 삶아 먹는 것을 보면 두렵고 떨리다가 저도 모르게 눈물이 난다고 고백했다.

홍어로 변신한 아버지 이야기는 부모를 향한 애틋한 감정까지 첨가됨으로써 기괴함과 눈물이 묻어난다. 『천예록』의 저자는 이야기를 평하며 변신이 불가능한 것은 아니나 떳떳한 이치가 아니므로 변괴로 돌려야 한다고 말했다. 한편 나로서는 고령의 노인들이 물고기로 변신하는 사연이 왜 자주 이야기되는지 특별히 궁금하다. 혹시 죽음이란 생명의 이화異化에 대한 두려움과 신비가 만들어낸 환상이 아닐까? 그게 아니라면 죽음에 직면하여 차라리 모든 존재의 근원인 물이나 바다로 회귀하고픈 욕망의 또 다른 표현이 아닐까?

사람이 물고기로 변신한 많은 이야기들은 『태평광기』에 뿌리를 두고 있지만 다양하게 변형되면서 세상에 존재할 수 있는 기괴하고 환상적인 사건으로 재생되었다. 정조 시대에는 한강의 광나루에서 잉어 낚시를 많이 한 이인묵李仁默이 한강 아래에 있는 물고기 나라에 끌려가 잉어로 변신했고, 한양의 확교確橋에서 지방 원님을 지낸 황씨는 구렁이로 변신했으며, 노파가 천천히 뱀으로 변신하여 충청도 청풍 쪽으로 기어갔다는 이야기도 전해진다. 진실 여부를 떠나서 참 재미있다. 판타지가 유행하는 현대의 문화공간에는 그런 이야기를 마음껏 즐길 여유가 있다.

3부

윗것 아랫것 뒤섞인 반상班常의 풍경

돈 없는데 양반이라고 별 수 있나

몰락한 양반들

물건과 화폐가 유통되는 시장은 신분과 계층 같은 권위나 인격과 도덕 같은 인간의 내재적 가치가 대우를 받는 장소가 아니다. 화폐와 물건이 그런 가치보다 우위를 점하는 곳이다. 신분제가 강고하게 지켜지던 조선 후기라 해도 화폐와 금전이 다른 덕목에 앞서는 것이 시장의 현실이었다. 이 시기 지식인들은 시장의 이런 생리를 잘 파악하고 있었는데, 조수삼은 그 점을 누구보다 잘 알고 실상을 드러냈다. 그러면서도 시장 논리를 뒤쫓아가기보다는 오히려 그 논리와는 다른 방식으로 인생을 꾸려가는 인간들의 모습을 포착하려고 노력했다. 물질과 금전에 목매는 이들과는 다른 길을 추구하며 개성 있게 살아가는 인간의 모습을 찾아내고자 한 것이다. 그의 시선에 포착된 독특한 한 부류의 인간군이 바로 비참하게 몰락한 양반들이었다. 어찌 보면 그들도 시장의 한 귀퉁이를 빌려 쓴 셈이다.

본래 조선왕조의 양반 사대부들은 시장을 멀리했다. 사농공상士農工商이란 말에서 사선비와 상상인의 거리가 가장 멀리 떨어져 있듯이, 사대부는 장사하는 사람과 시장을 멀리했다. 예의염치를 중시하는 양반 사대부가 싸게 물건을 산 후 비싸게 팔아 이윤을 추구한다는 것은 스스로 양반임을 포기하는 짓이었다.

조선 후기 들어 더 이상 생계를 이어가기 어려운 극한상황에 도달한 양반들이 적지 않게 등장했다. 그들이 현실을 타개하는 길은 갖가지 있었으나 시장에 나가 생계를 이어가는 길을 택한 부류도 있었다. 극한에 몰린 이들은 아예 구걸하는 거지로 떠돌기까지 했다. 그래도 그런 부류는 자기 인생에 책임지는 편에 속했다. 그보다 더 무기력한 이들도 적지 않았다. 19세기에 편찬된 야담집『어수록禦睡錄』에는 몰락한 양반 일가족의 죽음을 묘사한 짧은 일화가 실려 있는데, 양반이 생계를 꾸려가는 데 얼마나 무기력한 존재였는지를 잘 보여준다.

한양의 소의문昭義門 밖에는 딸 둘을 둔 홀아비 홍 생원이 살고 있었다. 너무나 가난했음에도 불구하고 생계를 꾸려갈 방법이 없자 훈조막熏造幕 일꾼들에게 구걸을 했는데, 일꾼들이 십시일반으로 밥을 모아주었다. 그렇게 얻은 음식을 잎사귀에 싸서 집으로 가져가 딸들에게 먹였다. 여러 날 그렇게 하자 어느 날 술에 취한 일꾼 하나가 그에게 "생원이 훈조막 부군당府君堂이나 되고 우리 상전의 자식새끼나 되느냐?"며 욕설을 퍼부었다. 엉겁결에 욕을 본 홍 생원은 눈물을 떨구며 집으로 돌아갔다. 그런 일이 있는 뒤 대엿새가 지났는데도 인기척이 없자 일꾼 하나가 집 안으로 들어가 보았더니 아

도성 안 시장 풍경을 세밀하게 묘사한 「태평성시도太平城市圖」중 일부.
북적이는 시장의 느낌이 활기차게 묘사되어 있다.
작자 미상, 18세기 후반, 국립중앙박물관 소장.

버지와 딸들이 누운 채로 눈물만 흘리고 있었다. 일꾼이 불쌍히 여겨 급히 나와 죽을 끓여 가져다주었다. 홍 생원이 열세 살 난 큰딸에게 이렇게 말했다. "너희들은 죽을 먹고 싶지? 우리 셋이 간신히 굶주림을 참은 지 이제 엿새째라, 곧 죽을 테니 그동안 굶느라 애쓴 것이 아깝다. 죽 한 그릇이라도 저 사람이 계속 주면 좋겠지만 이 뒤에 당할 욕됨을 어찌 견디겠느냐?" 그때 다섯 살 난 딸이 죽 냄새를 맡고 힘겹게 머리를 치켜들자 큰딸이 손으로 머리를 눌러 "자자! 자자!" 하며 달래서 다시 재웠다. 다음 날 일꾼들이 가보았더니 이들은 모두 죽어 있었다.[1]

'홍 생원이 굶어 죽었다'라는 이 비참한 사연은 조선 후기 기아선상에 헤매는 사람들의 처지, 특히 생계를 꾸려 나가는 데 극도로 무기력했던 몰락한 양반들의 처지를 인상 깊게 보여준다. 부인이라도 살아 있었다면 홍 생원 가족이 이렇게까지 비참하게 죽지는 않았으리라. 홍 생원은 구걸로 겨우 연명하다가 한 번 욕을 당하고서는 차라리 죽어 욕을 당하지 않겠다는, 가장 무기력한 길을 택했다.

———

나무 팔며 경서 읽던 나무꾼 양반

홍 생원처럼 생존의 위기에 봉착한 양반은 한둘이 아니었을 것이다. 『추재기이』에는 이런 위기에 봉착하여 할 수 없이 시장으로 내몰린 양반들이 여럿 등장한다. 그 가운데 두세 부류의 인간을 주목해볼 필요가 있다.

먼저 장사에 나선 양반의 모습을 상징적으로 보여주는 '내 나무'라는 인물이다. 다음은 그 전문이다.

내 나무는 땔나무를 파는 사람이다. "나무 사려!"라고 외치지 않고 "내 나무!"라고만 외친다. 심하게 눈보라가 치는 추운 날에는 골목골목을 다니면서 외치고 나머지 시간에는 거리에 앉아 있다. 나무를 사러 오는 사람이 없을 때에는 품 안에 든 책을 꺼내 읽는데 고본古本 경서經書였다.

어떤 특이한 땔감장사의 사연인데 장사꾼의 이름을 밝히지 않고 '내 나무(吾柴)'라는 별명을 썼다. 별명이라고 할 수도 없는 이름을 별명처럼 불렀다. 실제로 이름이 밝혀지기를 기대하기는 불가능하다. 당시에는 장사 밑천이 없는 서민이 입에 풀칠할 수 있는 대표적인 일거리가 나무장사였다. 그들은 산에 올라가 나무를 해다가 팔아 근근이 먹고살았다. 동대문 안팎에는 큰 땔감 시장이 섰는데, 그곳에 나가거나 동네를 다니면서 나무를 팔기도 했다. 그러므로 나무꾼이 이름으로 불린다거나 주목을 받을 이유는 많지 않다. 하고많은 장사꾼의 하나에 불과했다. 그렇다면 도대체 '내 나무'가 사람들의 시선을 끈 이유는 무엇일까?

'내 나무'는 일반 땔감장사와는 여러 가지가 달랐다. 그중 하나가 "나무 판다!"나 "나무 사려!"라는 말을 하지 않았다는 점이다. 아니 하지 않는 것이 아니라 못하는 것이었다. 매매하고 흥정을 붙이는 것은 상인의 행위로서 양반 사대부가 가장 부끄럽게 생각하는 행위중 하나였다. 이 나무장사는 신분이 양반이라 팔기는 하되 판다는 말을 입 밖에 내지 못했다. 그의 행동은 '나는 무식하고 천박한 너희 나무꾼들과는 근본이 다르다!' 라며 자신이 양반 신분임을 일부러 드러내려는 것이 아니었다. 오히려 신분을 숨기고 싶었음에도 불구하고 부지불식간에 드러났다고 보아야 한다. 나무를 파는 그의 입에서 나올 수 있는 말은 "내 나무!" 밖에는 없었다. 그 의미는 "내

바랑을 멘 채 목탁을 두드리며 동냥에 나선 처사의 모습.
김준근, 「처사격탁포處士擊鐸包」, 19세기 후반, 함부르크 민족학박물관 소장.

게 나무가 있으니 사가라!"는 것이었다. 양반으로서 자의식과 자존심이 묻어나는 호객 행위였다. 그러니 수많은 나무장사들 틈에서 얼마나 도드라져 보였을까? 그 불편함과 우스꽝스러움은 보지 않아도 알 만하다. 그 때문에 그는 시장에서 유명해졌다.

그는 여러 가지 유별난 행동을 했는데 그중 하나가 손님이 아무도 없을 때 품 안에서 책을 꺼내 읽는 것이었다. 그는 품 안에서 경서, 그것도 구하기 힘든, 아주 오래전에 간행된 고본 경서를 꺼내 읽었다. 현재는 나무꾼 신세이지만 그의 집안이 과거에는 명문가였음을 암시한다. 조수삼은 이 인물을 놓고 이런 시를 지었다.

> 눈보라 거세게 치는
> 한양의 번화한 거리마다
> 골목 위아래를 다니며
> "내 나무!"라고 외친다.
>
> 바보 같은 회계會稽 태수 마누라는
> 틀림없이 비웃겠지만
> "송나라 판본 경서는 품 안에 가득하다!"

시에서 언급한 바보 같은 회계 마누라는 곧 한漢나라 무제 때의 명사 주매신朱買臣의 본처를 가리킨다. 그녀는 집안이 가난하여 땔나무를 하며 구김살 없이 공부에만 열중하는 남편을 부끄럽게 여겨 이혼했다. 뒷날 주매신이 회계군 태수가 되어 부임하자 전처는 이를 부끄럽게 여겨 자살했다. 『한서열전』 「주매신전」에 자세한 일화가 나온다. 시의 뒷부분에서는 나무꾼이 주매신처럼 언젠가 성공할지도 모른다는 막연한 기대 심리를 표현했다. 그러나 그런 기대가 현실에서 일어나기 힘들다는 것을 세상 사람들은 잘 알고 있었다.

또 시에서 말한 송나라 판본 경서는 일반 사람은 소장하기 어려운 귀하고도 값비싼 책이다. 생계가 어려운 처지에 귀한 재산을 팔지 않고 품 안에 끼고 읽는 것은 명문가 양반 후예의 마지막 남은 자존심일 것이다. 남들이 보기에는 우스꽝스러운 존재일지 모르지만 그는 나무라도 해서 생계를 유지하며 뒷날을 기약한 양반이었다. 그 때문에 조수삼은 그런 기대를 걸었을 것이다.

———

입에 풀칠 못해도 책은 못 파네

『추재기이』에는 이렇게 몰락한 양반임에도 책만은 팔지 않는 명문가 후손의 이야기가 또 나온다. 경호警湖에 살던 박 생원은 책 수천 권을 소장했는데 가난에 찌들어 있음에도 책을 내다 팔지 않았다. 낮이면 집을 나서 한강 일대를 비롯하여 경성 안의 친지와 친구들을 찾아보고 밤이면 집에 돌아와 정성껏 두 아들에게 책을 읽혔다. 두 아들은 뒷날 약간의 성취를 거두었다고 한다. 아마도 초시에 합격하여 양반 신분은 유지했다는 말일 것이다. 행간을 보면 알 수 있다시피 양반가에서는 먹고살기 힘들면 결국에는 책을 팔지 않을 수 없었다. 책은 당시에는 꽤 비싼 물건이었고, 집안에서 재산 가치가 있는 물건 가운데 하나였기 때문이다.

　이렇게 조상으로부터 전래된 귀중한 장서라도 지키며 훗날의 재기를 노리는 부류는 그래도 형편이 나은 축이다. 『추재기이』에는 아예 그런 기반조차 사라진 불쌍한 양반 여럿이 시장에 모습을 드러낸 사실이 기록되어 있다. 그 가운데 하나가 복홍福洪이란 거지이다.

　복홍은 내력을 알 수 없다. 그에게 성이 무어냐고 물으면 "몰라!"라고 대꾸하고, 이름이 무어냐고 물으면 "복홍이야!"라고 대꾸했다. 나이는 쉰여나믄쯤 되어 보였다. 그렇지만 그 나이에도 총각이었다. 그는 날마다 성안을 다니며 밥을 구걸했는데, 날을 가려서 문을 선택하되 순서를 어기는 법이 없었다. 밤이 되면 사용하지 않는 관아에 들어가 잠을 잤는데, 볏짚으로 만든 멍석을 깔고 덮은 채 밤새도록 『맹자』를 암송하는 소리가 그치지 않았다.

　복홍은 한양의 유난스런 거지였는데, 아무 집이나 찾아가지 않고 꼭 일정한 룰에 따라 구걸할 집을 찾아갔다. 이름만 있고 성이 없으며 장가도 들지 않은 총각이었다. 성이 없거나 붙이지 않았다는 것은 양반 신분을 피하기 위한 방법의 하나였다. 자신의 내력을 철저하게 숨긴 행위였다. 그것은 자신은 망가져도 가문과 집안을 먹칠하지는 않겠다는 의지의 표현이기도 했다.

　복홍이 왜 사람들의 시선을 끌었을까? 여러 이유가 있겠지만 아무도 없는 괴기한 빈 관아 건물에 멍석을 깔고 덮은 채 밤새도록 『맹자』를 암송하는 것이 이유의 하나였다. 『맹자』를 암송하는 것이 숨겨진 그의 이력을 표현한다. 비록 시장과 골목을 돌아다니며 구걸하고 노숙하는 부랑자일망정 그에게는 양반 사대부 혈통과 공부하던 사람이라는 지성이 있었다. 물론 『맹자』를 암송할 줄 안다고 해서 꼭 양반이라고 볼 수는 없으나 그의 구걸 행태와 뉘앙스를 보아서는 그를 양반 출신으로 볼 소지가 크다. 그에게 사람들은 연민의 감정을 드러내지 않을 수 없었다.

시 지어주고 돈 받는 '낭만 거지'도

복흥처럼 드러내놓고 구걸하는 거지는 아니라 해도 생계를 해결하지 못하고 남에게 빌붙어 살거나 간헐적으로 구걸하는 부랑자가 제법 있었는데, 한양의 저잣거리에도 그런 인물이 등장했다. 바로 송생원이다. 한양의 저잣거리에 모습을 드러낸 송 생원은 신분은 양반으로 보이나 가난뱅이일 뿐만 아니라 돌아갈 가정도 없었다. 일부러 미친 척하면서 장난도 치는 떠돌이 부랑자인 그를 철부지 동네 아이들은 졸졸 쫓아다녔다. 아마도 "송 생원, 송 생원!" 놀리면서 따라다녔을 것이다. 거지인 주제에 특이하게도 시를 잘 지은 것이 아이들을 몰고 다닌 이유였다. 시를 잘 지을 줄 안다는 것은 그의 신분이 높다는 징표이기도 하다.

　사람들이 그에게 시를 지어보라고 운자韻字를 불러주면 그는 즉시 시를 지어냈다. 시 한 구절을 지어주고 그 대가로 돈 한 푼을 달라고 했다. 동전 한 푼을 손바닥에 얹어주면 받았으나 땅에 던져주면 쳐다

보지도 않았다. 그런 자존심을 보면 그는 평범하고 시시한 거지가 아니라 근본이 다른 인간이었다! 그런데 송 생원은 시를 짓기는 하지만 절대로 한 구절만을 지을 뿐 시 전체를 말해주는 법이 없었다. 그가 지은 시에는 아름다운 구절도 제법 있어 세상에 구전되었다.

> 천리 타향에서 만난 벗을
> 만 리 멀리 보내자니
> 강으로 이어진 성곽에
> 꽃은 지고 비는 부슬부슬

떠돌이 부랑인이 지었다고 하기에는 고적하면서도 고운 구절이다. 고향의 역말 사람을 배웅하는 시로 알려져 있는데 꽤 운치가 있다. 그 역말 사람이 중국 북경에 가서 보니 그곳 사람들이 이 시구를 즐겨 애송했다고도 한다. 이런 멋진 시 한 구절 지어주고 돈 한 푼 받는 부랑인 송 생원은 너무나도 낭만적인 거지이다. 그러나 그는 양반 신분을 지탱하지 못하고 시장 바닥을 떠도는 몰락한 꼬락서니의 걸인일 뿐이었다. 사람들은 그가 명문가인 은진 송씨라고 수군거렸다. 어느 날 갑자기 그가 시장에서 사라졌는데, 집안에서 부끄럽게 여겨 그에게 가정을 꾸려주고 시장 출입을 막았다는 소문이 돌았다.

내 나무나 복홍, 송 생원은 모두 서울의 소시민 사회에서 꽤나 이름이 알려진 존재였다. 시장 사람들에게 그들은 호기심과 함께 연민의 감정을 불러일으키기에 충분하다. 의외로 이런 부류의 사람들이 많아서 사료를 뒤지면 제법 많은 이들을 확인할 수 있다. 조선왕조를 지탱하던 양반 사회가 자체 분열하여 더 이상 그 무게를 감당하지 못하고 무너지는 양반 사대부들은 이렇게 하나둘씩 시장과 골목에서 그 추레한 모습을 드러내었다.

천민 나무꾼, 시단의 명사 되다
노비 시인 정 초부

경제와 권력, 문화와 인권을 비롯하여 모든 제도와 문화가 양반 사대부 중심으로 짜인 나라 조선에서 천민들도 문학을 해보겠다고 나선 시기가 18세기였다. 그들이 하나둘씩 나타나 양반이 독점하는 한시라는 고상한 문학을 넘보기 시작한 것이다. 한시는 태생적으로 귀족 계층의 폐쇄적 문학인데 그 성역에 천민들이 "우리도 못할 게 없다!"라며 덤벼들었다.

그와 같이 불손하면서도 재주 있는 천민을 대표하는 존재가 바로 홍세태洪世泰였다. 한시를 잘 써서 사대부들에게 확실하게 인정받은 그는 그들의 도움으로 노비에서 벗어나 벼슬까지 지냈다. 이러한 출세와 문학적 업적으로 그는 거의 전설적 인물이 되었다. 홍세태의 뒤를 이어 정조 무렵에는 이단전李亶佃과 정 초부鄭樵夫가 등장하여 일세를 풍미했다. 두 사람 다 노비였다. 그 가운데 이단전의 드라마틱한 삶은 필자가 『조선의 프로페셔널』에서 자세하게 소개한 적이 있다. 그렇다면 정 초부는 어떠한 삶을 영위했고, 그의 문학은 어떠했기에 명성을 누린 것일까?

———

노비가 대리시험 봐 주인 급제하기도

정 초부란 시인은 영조 때 주로 활동하였고 정조 시대에 생애 후반기를 보냈으며, 사는 곳은 경기도 양평이었다. 이단전이 한양에서 활동한 것과는 달리 그는 경기 사람이었다. 성이 정鄭씨이고 나무를 해서 한양의 시장에다 파는 일을 해서 정 초부라고 불렸다. 초부樵夫는 나무꾼의 한자어이므로 정 초부는 정씨 나무꾼이라는 말이다. 그의 성은 정丁씨로도 알려졌다. 그에 관한 사연이 글로 전해지지 않고 주로 소문으로 전해졌기에 듣는 사람에 따라 성도 이름도 조금씩 다르게 기억되었다. 게다가 천민 신분에 정鄭씨면 어떻고 정丁씨면 어떻겠는가?

사람들이 성명을 물어도 그는 대답하지 않았다. 그저 초부로 불리면 그만이라는 투였다. 이름은 봉鳳이었는데 어떤 사람은 내봉來鳳이라고도 했다. 또 이재彛載라고도 했다. 하지만 그의 이름을 아는 사람은 별로 없었다. 정 초부란 이름으로 워낙 유명하여 유식하고 무식하고를 가릴 것 없이 그가 시인임을 모르는 사람이 없었다고 한다. 굳이 이름이 필요 없이 나무꾼으로 불린 한 시대의 명사였다.

정 초부는 실제로 본 사람은 많지 않고 소문으로만 전해졌다. 그래서 사실과 다른 정보도 꽤 많았다. 생김새에 대한 묘사만 해도 그렇다. 대체로 정 초부의 생김새는 몹시 고괴古怪했다고 기록되어 있다. 이는 굉장히 이상하게 생겼다는 표현이다. 반면에 유연노인悠然老人 김윤명金胤明이란 사람은 "예스런 선비의 멋진 용모를 가졌고 수염이 아름답고 흉금이 툭 터져 구김살이 없다"는 완전히 상반된 인상 평을 남겼다. 어느 표현이 옳은지를 가늠하기란 정말 어렵다.[2]

정 초부를 스물두 번째 인물로 『추재기이』에 올린 조수삼은 그의 신분을 밝히지 않았다. 아마도 일부러 그런 듯하다. 그러나 정 초부가 천민이라는 사실은 부정하기 어렵다. 그는 18세기 후반의 대표적 명문가의 하나인 여씨呂氏 집안의 가노家奴였다. 주인이 누구인지는 기록하는 문헌마다 조금씩 다르다. 정승을 지낸 여성제呂聖齊의 가노라고 밝힌 데도 있고, 참판을 지낸 여춘영呂春永의 종이라고 한 데도 있다. 또 승지 여만영呂萬永의 가노라고도, 여춘영의 아들인 여동식呂東植의 종이라고도 했다. 기록한 시기에 따라 집안의 대표자가 달라졌을 뿐, 명문가 여씨 집의 종 신분이었다는 사실에는 변함이 없다.

한 가문의 노비 신분으로 정 초부는 어떻게 시인이 될 수 있었을까? 그는 어렸을 때 주인을 위하여 날마다 낮에는 나뭇짐을 해오고 밤에는 모시고 잤는데, 곁에서 주인이 독서하는 소리를 듣고는 바로 외워버렸다. 그런 그를 주인이 기특하게 여겨 자제들과 함께 글을 읽도록 했다. 정 초부는 학업 성취가 매우 빨랐다. 특히 과거 시험에 필요한 과시科詩를 잘 지어 주인집 자제들이 그에게 많은 도움을 받았다.

이상은 『삼명시화三溟詩話』에 나오는 사연이다.[3] 시인으로 명성이 높아서 그의 생애와 일화를 기록한 시화와 야사가 이처럼 제법 많다. 당시에 이런 소문이 상당히 많이 떠돌았는데 황윤석黃胤錫도 변재민邊載岷이란 아이에게 비슷한 소문을 듣고서 기록을 남겼다. 양근 땅 나무꾼이 본래는 종인데 어려서부터 시를 잘 지었고, 그 주인을 위해 과거 시험장에 두 번이나 들어가 대신 글을 써줘서 급제를 시켰으며, 그 대가로 주인이 노비 신분을 벗겨주어 양인良人이 되었다는 사연이다.

이런 기록을 곧이곧대로 다 믿을 수는 없지만 대체로 충분한 개연성을 가지고 있긴 하다. 한편으로 정 초부가 위에서 언급한 기여를 하지 않았다고 할지라도 주인집에서는 그를 일반 노비처럼 집안의 종으로 부리지 않았을 것이라는 게 내 생각이다. 왜냐하면 여씨 집안은 조정에서 큰 벼슬을 하는 명문가일 뿐만 아니라 문학에 뛰어난 인물을 지속적으로 배출한 양식 있는 가문이었으므로 시를 잘 짓는 나무꾼으로 한양과 경기 일대에 명성이 자자했던 사람을 종으로 부리는 만행을 부리지는 못했을 것이기 때문이다. 앞서 말했던 이단전도 시인으로 명성이 높자 주인집에서 그를 양인으로 자유롭게 살도록 배려한 사례가 있지 않은가?

_____

세상사 인내하며, 나무하며 시 쓰며

그가 종의 신분에서 벗어나 양인이 되었든, 아니면 종의 신분을 벗지는 못했지만 주인집에서 벗어나 외거노비로 비교적 자유롭게 살았든 간에, 자유롭게 된 시점은 정확히 알 수 없다. 아무튼 그는 비교적 자유로워진 후에도 전처럼 나무를 해다가 배와 지게를 이용하여 한양의 동대문으로 들어온 후 그것을 팔았다. 어떤 기록에는 그가 남에게 고용되어 나무를 해다 팔았다고도 하나 그것은 사실과 다르다. 정조 당시에는 한강의 뚝섬에서 동대문 주변까지 나무를 실어와 한양 도회민에게 땔감을 공급했다. 수운을 이용해 경기도 일대에서 한양으로 땔감을 공급했기 때문에 이 일대에는 큰 시장이 형성되어 있었다. 정 초부도 땔나무 시장의 수많은 나무꾼의 일원이었다. 그에게 나무꾼이란 호칭이 붙은 것도 이 때문이었다. 동대문에서 나무를 팔아 생계를 유지하는 정 초부의 생애는 그의 시에 잘 반영되어 나타났다.

> 시인의 남은 생애는
> 늙은 나무꾼 신세
> 지게 위에 쏟아지는
> 가을 빛 쓸쓸하여라.
>
> 동풍이 장안 대로로
> 이 몸을 떠다밀어
> 새벽 길 걸어가네.
> 동대문 제이교第二橋를!

翰墨餘生老採樵 滿肩秋色動蕭蕭
東風吹送長安路 曉踏靑門第二橋

새벽에 지게를 지고 나무 팔러 동대문으로 들어오는 나무꾼의 고단한 삶이 서정적으로 그려진 작품이다. 쓸쓸하고 맑고 고고한 정취가 소품의 그림처럼 담겨 있다. 격조 높은 시라고 평가하지 않을 수 없다. 나무꾼의 생활은 다음 시에서 더 멋지게 묘사되었다.

동호의 봄 물결은
쪽빛보다 푸르러
또렷하게 보이는 건
두세 마리 해오라기!

노 젓는 소리에
새들은 날아가고
노을 아래 산 빛만이
강물 아래 가득하다.

東湖春水碧於藍 白鳥分明見兩三
柔櫓一聲飛去盡 夕陽山色滿空潭

동호는 지금 옥수동 주변의 한강이다. 위의 시는 나무를 해서 한 배 가득 싣고 오가다 바라다본 옥수동 주변의 한강 풍경을 표현한

정 초부의 시를 화제 삼아 그린 김홍도의 「도강도渡江圖」.
사공이 사람들을 싣고 노 젓는 모습이 여유로우면서도 유려하게 표현되어 있다.

⊙

것이다. 여주의 청심루淸心樓 앞의 강을 묘사한 시라고 한 데도 있는
데, 그렇게 봐도 안 될 것 없다. 번역으로는 시의 맛을 온전하게 살
려낼 수 없을 만큼 원작의 소리와 이미지가 강렬하다. 그만큼 이 시
는 아름다운 한 폭의 그림 같은 명작이다. 18세기 후반을 대표하는
서정시의 하나로 꼽을 만큼 유명한 시이고, 정 초부라는 이름을 유
명하게 만든 작품이기도 하다.

이 한 편의 시가 당시 사람들의 미감에 얼마나 잘 맞아떨어졌는지
를 짐작하게 만드는 증거도 남아 있다. 김홍도는 넓은 강을 배로 건
너는 장면을 「도강도渡江圖」란 그림에 담았다. 한강 어디쯤을 묘사한
듯한 이 그림에 붙어 있는 화제畵題가 다름 아닌 위 시이다. 물론 그
림에는 시의 작자를 정 초부로 밝혀놓지 않아서 김홍도의 시로 알
고 있는 사람이 많지만, 당연히 정 초부의 작품이다. 한 시대의 위대
한 화가가 노비의 작품을 화제로 썼다는 것은 정 초부가 이 시대의

아이콘이었다는 점을 보여준다.

두 편의 시만 봐도 정 초부의 시 짓는 솜씨는 녹록치 않다. 그는 지식을 뽐내는 시를 짓는 대신 정감이 넘치는 시를 지었다. 사대부처럼 전문적으로 깊이 있게 공부하지 못했기 때문에 지식을 뽐내는 시는 지을 수도 없었을 것이다. 그렇기에 평이하게 보이기는 하지만 대신에 자연스럽고도 생생하다. 신분이 종이라고 해서 독설과 비판이 담겨 있다고 예상하는 것은 무리다. 오히려 신분과 처지를 속으로 참고 견디는 자세가 나타난다.

그의 명성을 세상에 알린 또 다른 시는 정 초부의 삶의 자세를 잘 보여준다. 그가 언젠가 굶주림을 해결하고자 관아에 가서 쌀을 꾸려고 했다. 그러나 관아의 호적대장에 그의 이름이 없었다. 노비라서 그 대장에서 누락된 것일까? 쌀을 꾸지 못하고 서글피 주변에 있는 다락에 올라가 시를 읊었다.

산새는 옛날부터
산 사람 얼굴을 알고 있건만
관아의 호적에는 아예
들 늙은이 이름이 빠졌구나.

큰 창고에 쌓인 쌀을
한 톨도 나눠 갖기 어려워
강가 다락에 홀로 올라보니
저녁밥 짓는 연기 피어오르네.

山禽舊識山人面 郡籍今無野老名
一粒難分太倉粟 江樓獨倚暮烟生

　소식을 들은 군수가 설마 천한 노비가 그와 같은 시를 지었으랴 판단하고 불러다가 다른 제목을 주며 시를 지어보라고 했다. 하명을 받고서 정 초부가 바로 시를 지어내자 군수는 깜짝 놀라 크게 칭찬하고서 쌀을 하사했다. 군수는 그 사실을 주변 사람들에게 널리 알렸다. 그로부터 정 초부의 이름이 세상에 두루 퍼졌고, 사대부들이 다투어 정 초부와 시를 주고받고 싶어했다. 이런 일화에서 보듯이 정 초부는 울분을 드러내기보다는 인내하고 삭이는 자세를 지닌 노비였고, 그런 태도가 작품에 반영되어 오히려 사람들을 끌어당겼다.

———

양평의 나무꾼, 양반 모임에 초대돼

　이 사건을 통해 그는 세상에 명성을 떨치게 된다. 하지만 하나의 사건으로 해서 그의 명성이 높아졌다고 보기는 어렵고, 앞서 본 바와 같은 여러 작품들이 높은 평가를 받음으로써 명불허전의 명사가 되었다. 아무튼 어느 시기부터 정 초부는 양평에 사는 명사로 세상에 이름을 날리게 되었다. 그가 주로 머문 월계협月溪峽은 현재의 팔당대교 부근 협곡으로 교통의 요지였을 뿐만 아니라 풍경이 아름다운 곳이었다. 정 초부는 월계의 명사로 동시대 사람들에게 각인되었다. 이곳을 지나는 사대부들은 정 초부를 떠올리고 그를 만나보고 싶어했다. 『병세집幷世集』에서는 그를 아예 월계 초부月溪樵夫라고 불렀다. 또 다른 기록에는 수청탄水靑灘에 사는 나무꾼이라 하여 수청 초부水靑樵夫로 부르기도 했다. 수청이라면 우리말 물푸레의 음역일 것이다. 이 물푸레여울 역시 팔당대교 부근에 있다. 이처럼 정 초부는 18세기 후반에서 19세기 초반에 이 지역의 상징적 인물로 세인의 입에 오르내렸다.

그 시절에 명성이 자자했던 시인 신광수申光洙는, 1761년 영릉참봉으로 재직하면서 최인우崔仁祐와 함께 배를 타고 노닐 적에 그에게 정 초부를 초청하는 시를 써주었다. 그 가운데 한 편은 이러하다.

나무꾼 정봉丁峰이
월계에 산다 하고
강호에 명성이 높아
한번 만나보고 싶네.

어느 시대인들 정녕코
홍세태洪世泰 같은 이 없을까마는
동시대를 살면서
이반룡李攀龍이 못 돼서 부끄럽네.

아침에는 나무 팔아
배 위에서 쌀을 얻고
가을에는 나무에 기대

산속의 종소리를 읊네.

그대에게 말 전하노니
적적한 영릉의
계수나무 바람 불고 담쟁이넝쿨에 뜬 달빛 아래로
찾아오시게.

月溪樵者有丁峰 湖海聞名願一逢
何代正無洪世泰 同時自愧李攀龍
賣柴朝得江船米 倚樹秋吟峽寺鍾
爲語寧陵寥落處 桂風蘿月好相從

　신광수는 자신의 시를 최인우 편에 정 초부에게 전했는데, 이 시
를 통해 정 초부가 시인·묵객 들 사이에 큰 명성이 있었음을 알 수
있다. 그의 신분은 천민이었음에도 불구하고 월계를 지나는 사람들
은 정 초부와 만나고 싶어했다. 신광수처럼 그를 초청하기까지 했
다. 유달리 시인들이 그를 적극적으로 찾았음은 말할 나위 없다.
　정 초부에게 관심을 기울인 사람이 시인만은 아니었다. 조정의 명
사들도 그를 중요하고 운치 있는 모임에 초청했다. 당시의 명사들
이 고을 지방관들과 함께 시를 주고받는 시회詩會를 열었을 때 그를
불러 함께 시 지었던 사연이 신택권申宅權을 비롯한 지식인의 문집에
나와 있다. 필자는 특히 그가 동원東園 13학사의 아회雅會에 참가한
데 주목하고 싶다. 동원 13학사란 영조 말엽에 활약했던 이유수李惟

秀를 비롯한 윤급尹汲, 남유용南有容, 윤시동尹蓍東, 유언호兪彦鎬 등 열세 명의 고위 관료들을 말한다. 이들은 현재의 동숭동에 있던 이유수의 정원에서 때때로 고아한 사대부의 모임을 열었다. 이덕무는 이 모임을 묘사하여 "그의 백씨 완이공莞爾公, 이유수은 근세의 명재상이다. 풍류와 문채가 우뚝하고 찬란하여 당세의 훌륭한 분들과 함께 문장을 지으며 한가롭게 노닐기를 좋아했다. 성동城東에 있는 그의 누대는 한양에서 제일 아름다웠는데 술자리를 베풀어 친구들과 즐겁게 모이고 때때로 성대한 잔치를 마련하여 거문고와 비파를 뜯으며 마음껏 즐기고 놀다가 파하곤 했다"고 썼다. 이를 이름하여 동원아집東園雅集이라 했는데 1768년에서 1771년 사이에 모임이 가장 빈번했다.[4]

　동원아집은 단순히 유흥이나 즐기고 시나 짓는 모임이 아니라 주로 노론 명사들 가운데 깨끗하고 강경한 논리를 주장하는 인물들이 주축이 된 정치 모임이기도 했다. 이 성대한 모임을 기념하기 위해 저명한 화가가 「동원아집도東園雅集圖」란 그림까지 그렸다. 순조 때 영의정을 지낸 남공철南公轍이 아버지 남유용南有容이 들어 있는 이 그림에 기문을 써서 한 사람 한 사람의 태도와 표정을 잘 묘사했다. 유언호를 마지막으로 열세 명의 인물을 묘사한 끝에 "패랭이를 쓰고 도롱이를 입은 채 구부정하게 대청 아래에 서서 시를 바치는 사람은 다름 아닌 수청 초부 정일鄭逸"이라고 밝혔다. 다른 고관들의 묘사와는 너무도 동떨어진 인물 묘사이다. 그렇다면 정일이란 사람은 누구일까? 바로 정 초부이다. 정일鄭逸의 일逸은 일사逸士로서 노비 신분인 정 초부를 세상을 등지고 숨어 사는 인물로 대우하여 표

중국 동진의 왕희지가 삼짓날 문인들과 함께 시를 지었던 고사의 시회 장면을 그린 「수계도권(修稧圖卷)」(위).
아래의 부분 도판을 보면 시회의 분위기가 잘 묘사되어 있다. 유숙, 1853년, 개인 소장.

현한 것에 불과하다. 그림이 현존하지 않아 생생한 장면을 확인할 수는 없으나 그가 한양 명사들의 모임에까지 초빙될 정도로 인정을 받았다는 점은 부정할 수 없다. 이 모임 출신들은 나중에 노론 벽파 쪽 지도자 그룹으로 성장하게 된다. 이와 같은 정계의 막강한 결사에 정 초부가 참석하게 된 이유는 참으로 궁금하다.

———

노비 출신 문사, 당대 문화의 아이콘 되다

위에서 살펴보았듯이 노비라는 신분임에도 불구하고 그는 당대의 명사로 대우를 받았다. 어찌 보면 오히려 노비이기 때문에 더 크게 주목받았다. 노비임에도 불구하고 세상에 이름난 작품을 남긴 뛰어난 시인이라는 점 때문에 일반 사대부 같으면 끼일 수도 없는 자리에 발 들일 자격을 얻었다.

그렇다면 정 초부는 얼마나 많은 작품을 남겼고, 남긴 작품집은 현재까지 전할까? 우선 그가 남긴 작품은 많은 시선집을 비롯하여 시화와 필기에 실려 전한다. 18세기 대표적인 시인들의 작품을 뽑은 『병세집』에는 이름난 사대부 시인들의 시와 어깨를 나란히 하며 그의 시가 열한 수 실려 있다. 이 작품 수는 결코 적은 것이 아니다. 그리고 『풍요속선風謠續選』에도 그의 시가 실려 있다. 조수삼은 정 초부의 시를 인용하면서 "이 정도 작품이 매우 많지만 안타깝게도 전집이 전해오지 않는다"며 아쉬워했다. 그러나 작긴 하지만 그의 시를 편집한 시집이 만들어지기는 했다. 물론 널리 퍼지거나 간행된 것은 아니다. 많은 이들이 그의 시집을 보지 못한 것을 안타깝게 생각했다. 남종현南鍾鉉이란 순조 연간의 시인은 어린 시절부터 그의 시를 몇 수 외우고 있었기에 그의 시집을 보고 싶어했다. 그러다가 겨우 80여 수의 시가 수록된 『초부시권樵夫詩卷』을 얻어 보았다. 그가 보기에는 명성보다 작품이 좋지 않아 실망스러웠다고 했다. 안목이 높은 그의 눈에는 몇 편을 제외하고는 작품성이 떨어진다고 보였을 것이다.[5]

  정 초부의 시가 뛰어난 안목을 지닌 평자들에게 최고 수준의 시로 보이지 않는다 해도 무리가 아니다. 하지만 제대로 공부하지도 못한 노비 신분으로 그만한 성취도 대단하다. 조수삼은 "동호의 봄 물결은 지금도 푸르건만/ 그 누가 기억하랴? 시인 정 초부를"이라며 전설로 남은 그의 명성을 회고했다. 조수삼은 1844년경 여든둘에 정약용의 아들이자 저명한 시인인 정학연丁學淵과 함께 시를 지어 현재의 마재 주변 남한강변의 풍경과 생활을 묘사한 일이 있다. 그때 지은 시 가운데 다음 시가 있다.

  서울 동쪽 산수는
  맑은 자태가 점잖고
  우리나라는 인륜이
  가장 잘 지켜지는 시절이네.

  500년 문명이
  영 · 정조 때에 꽃피웠으니

나무꾼과 농사짓는 여인네까지
시를 잘 지었네.

迤東山水肅淸姿 箕國人倫最聖時
五百文明英正際 樵夫農婦摠能詩

정학연은 살고 있는 지역이 산수만 아름다운 것이 아니라 문화도 볼 만하여 서민들까지도 문학에 뛰어난 자가 있다고 말했다. 특히 조선왕조 500년 가운데 문화로는 영·정조 시대가 가장 으뜸이라고 했다. 현대가 되기 이전에 조수삼이 벌써 그와 같은 인식을 했다는 것은 상당히 흥미롭다. 그는 이 시의 주석에서 나무꾼은 바로 정초부이고, 여인네는 여주에 사는 농사꾼 아낙네 김씨임을 밝혔다. 조수삼의 견해로는 나무꾼과 농사짓는 여인네까지도 한시를 지을 줄 아는 것, 그것이 영·정조 시대의 융성한 문화의 징표라고 보았다. 그처럼 정 초부는 18세기 후반 융성한 문화의 아이콘으로 자리 잡은 노비 출신 문사였다.

노비, 한양의 스타 강사 되다
서당 선생 정학수

조선시대의 교육 1번지는 어디였을까? 두말할 나위 없이 현재의 서울 종로구 명륜동 일대였다. 이곳은 당시에는 반촌泮村이라는 이름으로 불렸다. 반泮이란 글자는 국학國學을 뜻하므로 성균관이 있는 지역이라는 의미에서 현재의 대학가라는 말과 통한다.

이곳에는 조선에서 유일한 최고 교육기관인 성균관이 있었고, 공자를 제사하는 문묘文廟가 있었기 때문에 각종 경제적 혜택이 주어졌다. "반촌은 문묘의 행랑"이라는 말이 나올 만큼 문묘에 적용되는 치외법권적 권위가 확대되어 이 일대는 형리가 마음대로 출입하며 범인을 색출하지도 못했다.

조선왕조 500년 동안 사대부들은 성균관을 거쳐서 과거에 급제하는 것이 거의 유일한 성공의 길이었다. 특별한 예외가 아니라면, 공인받은 정규 코스를 거치지 않고 다른 길을 밟아 고관이 되기는 매

조선시대는 과거를 통해야만 공직에 오를 수 있었기에, 이는 모든 선비들에게
출세를 위한 등용문이었다. 과거장에서 시험을 치르는 유생들을 묘사한 그림.
작자 미상, 「유생시과儒生試科」, 개인 소장.

우 어려웠다. 그런 만큼 성균관과 과거 급제는 개인과 집안의 성공
을 보장하는 거의 유일한 제도였고, 자연스럽게 온갖 부패의 온상
이었다. 구구한 실태를 보여주는 것은 이 글의 목적에서 벗어나므
로 그냥 넘어가자. 아무튼 성균관 일대는 조선시대 유일의 고등교
육기관이 위치한 지역적 특성 때문에 교육특구로서 지위와 명성을
누렸다.

　당연히 이곳은 훗날 천하에 이름을 떨친 수많은 인재들이 거쳐 갔

다. 그런데 18세기 후반에 인재들의 전당인 반촌에 성균관과는 전혀 다른 성격의 사설 교육기관이 들어섰다. 송동宋洞이란 곳에 정학수鄭學洙란 사람이 서당을 차린 것이다.

송동은 당시 행정구역으로 숭교방崇敎坊에 속해 있었고, 현재의 명륜동과 혜화동에 걸쳐 있었다. 송동이 어떠한 곳인가? 이곳은 효종 때의 정승 우암尤庵 송시열宋時烈이 산 곳이라고 해서 송동이란 이름을 얻었다. 송동의 서쪽, 즉 현재의 명륜1동에는 우암의 정적이었던 윤휴尹鑴가 산 포동浦洞, 곧 갯골이 있었다. 그렇지만 우암 본인과 당시 사람들이 송동이란 지명을 사용한 것으로 보아 우암이 살기 전부터 이곳은 송동으로 불렸을 가능성이 높다. 우암이 살았기에 송동이라 부른다는 말은 후대에 덧붙여진 설에 불과하다고 할 수 있으나 진실 여부와는 무관하게 18세기 이후에 송동은 우암을 상징하는 지역으로 완전히 굳어졌다.

또한 송동은 봄철에 복숭아꽃이 아주 아름답게 피어 꽃을 감상하는 한양의 대표적인 유원지로 명성이 자자했다. 조선 후기부터 구한말까지 친구들과 어울려서 이곳에 찾아와 노닐고 시를 남긴 상춘객이 부지기수다.

———

성균관 근방에 서당 차린 노비

우암의 전설이 여전히 강하게 살아 있는 송동에 정학수란 인물이 개인 서당을 차렸다. 도대체 정학수란 사람은 누구일까? 그에 관한 기록은 『추재기이』를 제외하면 온전하게 남아 있는 것이 거의 없기에 자세한 사실을 파악하기는 어렵다. 겨우 심로숭과 윤기의 기록, 그리고 『승정원일기』 등을 참고하여 대략만 짐작할 수 있다. 심로숭이 『산해필희山海筆戲』에 남긴 기록에는 그를 반촌 사람이라고도 했고, 또 수복守僕이었다고도 했다. 성균관 수복은 문묘를 지키는 노비로서 제사와 청소 따위의 일을 맡은 사람이다. 신분은 노비이지만 가장 낮은 직급의 관원으로서 세습직이었다.

그가 성균관 수복이었다는 심로숭의 언급은 『승정원일기』를 통해서도 확인할 수 있다. 정조 원년인 1776년에 정조의 등극을 반대한 역적을 토벌하라고 상소한 성균관 전복典僕 100여 명의 이름 가운데에는 정학수의 이름이 포함되어 있다. 또한 이해 겨울에 다시 반례泮隸인 정학수를 감옥에서 방송放送한다고 나와 있다. 전복과 반례는 수복과 같은 의미이다. 그로부터 25년이 흐른 순조 원년 1월 21일에 성균관 대사성은 수복 정학수를 태거汰去해달라고 국왕에게 요청하고 있다. 이 역시 동일 인물로 보인다.

성균관 수복 중 저명한 인물로는, 병자호란 때 문묘에 있던 공자의 신주를 잘 지킨 정신국鄭信國이 있다. 그가 죽은 뒤 문묘를 지키는 종에 결원이 생길 때면 대사성이 그의 후손을 찾아 대대로 종을 삼았다. 정학수가 그의 후손일 가능성도 없지 않아 있다. 이런 정황으로 볼 때 정학수는 성균관의 수복이 틀림없다.

그 정학수가 반촌에 사는 사람을 위해 서당을 열었다. 문제는 그 규모가 일반 서당과는 달랐다는 데 있다. 『추재기이』에는 이렇게 나와 있다.

성균관 동쪽은 바로 송동이다. 이 동네에는 꽃과 나무가 매우
많은데 그 가운데 강당이 드높게 서 있다. 바로 정 선생이 제자들
을 가르치는 곳이다. 아침저녁으로 경쇠를 울려서 공부하는 학생
들을 불러 모으고 흩어지게 했다.

정학수는 경치가 아름다운 혜화동 골짜기에 학생들을 가르치기
위한 목적으로 큰 규모의 강당을 세웠고, 수많은 학생들이 몰려들
어 그는 아예 경쇠를 울려가며 수업의 시작과 끝을 알렸다. 마치 지
금의 학교에서 종이나 벨을 울리는 것과 비슷하다. 학생 수가 많지
않으면 그렇게 할 필요가 없었을 것이다. 이 기록을 보면, 정학수의
서당은 꽤 큰 규모로 학교나 학원의 체제를 갖춘 번듯한 교육기관
이었을 것으로 짐작된다.

보통 서당은 개인집 사랑방에 여는 소규모 학교인 반면, 정학수는
번듯한 집을 크게 짓고서 많은 학생들을 받았다. 강당이라고 한 것
을 보면 그 규모를 짐작할 수 있다. 18세기에 소규모 서당은 서울
같은 대도회뿐만 아니라 전국 각 지방에서도 번창했다. 조선 후기
에는 사설 교육기관으로서 서당이 초급교육의 기능을 흡수했다. 현
재로 치면 사설 학원의 역할과 성격을 지닌 교육기관이었다.

그렇다면 정학수가 세운 강당 건물은 구체적으로 어디에 있었을
까? 종로구에 있는 서울과학고등학교 서쪽 명륜동 1가 2-24번지 일
대에는 거대한 암벽이 있다. 그 바위 위에 '증주벽립曾朱壁立'이란 우
암 친필 글씨가 새겨져 있다. 증자曾子와 주자朱子처럼 우뚝 서겠다
는 의미의 글씨로 서울시 유형문화재 제57호이다. 이 글씨는 그 아

래에 우암의 집이 있었음을 증명한다. 그리고 우암의 글씨가 있는
바위 아래가 바로 정학수가 강당을 세운 곳이다.

　그러한 추정을 어떻게 확인할 수 있을까? 20여 년 넘게 성균관에
서 공부했고, 나중에 그 체험을 220수의 『반중잡영泮中雜詠』이란 연
작시로 남긴 윤기尹愭, 1741~1826는 다음과 같이 말한 바 있다.

　　반수泮水의 동북쪽에는 이른바 송동이란 곳이 있다. 조용하고도
　　경치가 빼어나다. 흰 바위가 깎아지른 듯이 솟아 있고 여기에 증
　　주벽립이란 큰 네 글자가 새겨져 있다. 반촌 사람인 정조윤鄭祚胤
　　이 그 아래에 집을 짓고 또 서당을 만들어서 학도들을 교육했다.
　　소문을 들은 사람들이 앞다투어 가서 노닐었다.[6]

　이 글에서 정조윤의 활동상은 정학수의 활동과 거의 그대로 일치
한다. 묘사에 부합하는 사람으로는 정학수를 제외하곤 생각하기 어

우암 송시열의 집터 바위에는 지금도 우암의 글씨를 새긴
'증주벽립曾朱壁立' 네 글자가 남아 있다. 서울시 유형문화재 제57호.

렵다. 정조윤의 이름만 정학수로 바꾸면 된다. 그렇게 볼 때 정조윤은 정학수의 자이거나 이름을 잘못 들어 오기한 것이리라. 윤기가 성균관에 재학할 때의 일이고, 정학수를 찾아간 또 다른 시인 신광하申光河, 1729~1796의 생존 연대와 비교해볼 때, 바위 아래 서당을 짓고 교육 활동을 벌인 사람은 동일인이다. 이들 두 시인이 정학수를 만난 연대 또한 1770~1800년 사이로 거의 정확하게 정조 치세에 해당한다.

시대의 교육자로 우뚝 서다

정학수는 신분이 노비였다. 수복이 일반 노비와는 처지가 다르다고 하지만, 아무리 우대한다 해도 양반 사대부와 같을 순 없다. 양반 사대부가 아니었지만 정학수는 당시에 교육자로 아주 큰 명성을 얻었다. 조수삼은 그를 두고 "그의 문하에서 학업을 성취한 자가 많아 반촌 사람들이 그를 정 선생이라고 칭송했다"고 말했다.

당시 서울을 비롯하여 전국에서는 사설 서당이 일반 백성 교육을 담당하며 급속도로 확산되었다. 대부분의 서당은 훈장이 개인 자격으로 설립했다. 서울에서는 중인들이 교육에 열정을 보여 이들 가운데 유명한 훈장들이 많이 나왔다. 정조 시대에는 이몽리李夢鯉나 신의칙申矣則 같은 중인들이 훈장으로 유명했다. 이들은 학도들이 예법을 잘 지키고 스승을 잘 따르도록 유도한 훌륭한 스승으로 인정받았다. 사설 서당은 교육의 기회가 미치지 않는 일반 백성들에게까지 교육을 제공했다. 그리고 정학수는 서울의 수많은 서당 가운데서도 규모가 가장 큰 서당을 운영하는 훈장이었다.

정학수는 신분이 낮고 서당 훈장에 불과했으나, 많은 학생을 가르쳤고 규모가 큰 서당을 운영했기 때문에 동시대 사대부들과 긴밀하게 교유했을 가능성이 높다. 교유 관계를 밝힌 증거도 꽤 남아 있다. 그 가운데 앞서 언급한 윤기가 있고, 또 신광하申光河란 시인이 있다. 또한 정학수의 위상을 잘 이해한 사람으로는 심로숭과 서명인이 있다.

윤기가 성균관에서 지내다가 한가한 틈을 타서 친구들과 정학수 서당에 찾아가 서재의 분위기를 묘사한 시를 지은 것처럼, 신광하도 성균관에 재학하던 중에 정학수의 서당을 찾았다. 저명한 시인인 신광수의 아우이자 그 자신도 유명한 시인인 신광하는 여가를 이용하여 그의 서재를 찾아가 이런 시를 읊었다.

　　잔설 남은 솔숲 길에
　　오솔길 나뉘고
　　서재의 경전 읽는 소리
　　멀리서도 크게 들리네.

　　주인은 서둘러 뛰어나와
　　계곡으로 내려오고
　　제자들은 문을 열고
　　흰 구름 쓸고 있네.

이제부터 송동일랑
정곡鄭谷이라 불러야지.
곽태郭泰 같은 은사라야
모군茅君 같은 신선 만나지.

산집이라 봄빛이
먼저 찾아들지 않으련만
복사꽃 살구꽃 천 그루는
벌써 피려 하네.

氷雪松間細徑分　書齋絃誦遠多聞
主人倒屣臨靑澗　弟子開門掃白雲
宋洞不妨呼鄭谷　林宗方識有茅君
未應春色山家早　桃杏千株已向欣

　멀리서도 서당방 글 읽는 소리가 들려오고 정학수가 자신을 반갑
게 맞이하며 제자들이 숲에 낀 흰 구름 속에서 빗질하는 장면이 묘
사되어 있다. 산비탈에 있는 옛날의 서당방 모습을 선명하게 상상
할 수 있는 시이다. 그다음에는 과거에 송시열이 살았기에 이곳을
송동이라 불렀으나, 이제는 정학수가 서당을 지어 교육하므로 정곡
으로 불러도 좋겠다고 했다. 골짜기의 상징이 우암에서 정학수로
바뀌었다고 한 것이다. 또한 자신과 정학수를 중국의 유명한 은사
와 신선으로 견주어보는 호기도 부렸다. 과장된 측면이 있다고 쳐

도, 교육자로서 정학수의 위상을 크게 평가하지 않았다면 이런 시가 나오기 어렵다.

그의 위상은 점차 커져 당대 저명 학자들과 국왕인 정조의 귀에까지 알려졌다. 최근에 필자가 발굴한 서명인徐命寅이란 시인의 『취사당정화록取斯堂精華錄』에는 참판 이의봉李義鳳에게 벗을 사귀는 도리를 설명한 편지가 문집 끝에 실려 있다. 그 편지에서 신분이 낮아 재야에 묻혀 지내는 인재를 찾기에 애쓴 자신의 경험을 설명하면서 "정학수란 인물도 내가 송동을 찾아가서 한번 학문과 문장을 토론하고 돌아온 일이 있다"고 밝혔다. 그가 재야에 묻힌 빼어난 인물을 대표한다고 생각했기에 그를 언급한 것이다.

심지어는 국왕 정조까지도 그의 존재를 잘 알고 있었다. 최근 세상에 모습을 드러낸, 정조가 심환지沈煥之에게 보낸 1797년 4월 6일자 어찰에서는 "지난 편지는 선정先正, 송시열에게 제사를 올리기 위해 그곳에 가서 강신降神하겠다는 것인데, 천부당만부당하다. 이른바 송동은 반인泮人 정가鄭哥의 서재書齋이다"라고 언급한 대목이 나온다. 정조가 말한 반인 정가가 바로 정학수임은 말할 나위 없다. 정조는 송동에 정학수의 서재가 들어섰고 그곳이 우암의 정적이었던 윤휴의 집 갯골과 가까우므로 송동에 가서 우암의 제사를 지내는 것은 의미가 없다고 보았다. 정학수와 그가 세운 서당이 결코 무시해도 좋을 위상이 아님을 위에 보인 사실이 보여준다. 그는 정조 시대 교육자로서 매우 높은 위상을 차지한 인물이었다.

사람이 태어나서 죽을 때까지 기념할 만한 일들을 골라 그린 풍속화 「평생도」중 「서당」.
사랑채에서 아버지로 보이는 이가 글 익히는 아이의 모습을 흐뭇하게 바라보고 있다.
작자 미상, 20세기, 국립중앙박물관 소장.

정학수 칭찬하다가 성균관에서 쫓겨나

정학수의 위상이 얼마나 컸는지를 상징적으로 보여주는 사건이 있다. 앞서 신광하가 정학수에게 써준 시가 문제를 일으켰다. 성균관의 서재西齋에 기숙하는 유생들이 이 시를 보고서 우암을 모욕했다고 하여 신광하를 쫓아낸 것이다. 노론 학생들은 송동을 정곡으로 바꿔도 되겠다는 구절이 우암을 모욕한 것이라고 느꼈다. 당시 성균관에서는 노론은 서재에, 소론과 기타 당파 학생은 동재에 기숙했다. 성균관의 여론을 주도하던 노론 학생들은 남인인 신광하를 성토하여 그를 성균관에서 축출했다. 시 한 구절 잘못 써서 퇴학을 당한 것이었다.

쫓겨난 신광하가 고향으로 돌아가는 길에 한강 나루터에 이르렀다. 마침 뱃사공을 송가宋哥라고 부르는 소리가 들렸다. 신광하가 뱃사공에게 물었다.

"네 성이 무엇이냐?"

"송가입니다."

그러자 신광하가 대뜸 그를 꾸짖었다.

"내가 송이라는 글자 하나를 잘못 써서 성균관에서 쫓겨났거늘, 네까짓 뱃사공 놈이 감히 우암의 성을 쓴단 말이냐?"

그때 배 안에 노론 출신 진사가 있었는데, 신광하는 이렇게 뱃사공을 꾸짖어서 분풀이를 했다.

위의 일화는 심로숭의 문집에 나온다. 노론의 입장에서는 송동이

라는 지명을 자랑스러워할 만한데, 하필이면 다른 학자도 아닌 성
균관 수복 출신의 미천한 서당 훈장을 추켜세워서 지명을 정곡이라
바꿔 불렀으니 그들의 화를 돋울 만도 하다. 심로숭은 송동이니 정
곡이니 하는 지명에 무슨 큰 의미가 있는 것도 아니고, 우연히 지은
시가 선현을 모욕할 의도를 담지 않았는데도 노론 선비들이 과민반
응을 보였다고 했다. 결국 신광하의 축출은 역으로 우암을 욕보이
는 결과를 낳았을 뿐이다.

이 일화조차 정학수가 한 시대를 대표하는 서당 훈장이었음을 넌
지시 말해준다. 지금 기준으로 볼 때, 정학수를 한 시대 최고의 학원
강사였다고 평가하면 지나친 것일까? 그는 유명한 교육자였고 일부
사대부들이 그의 업적을 높이 평가하기도 했으나 그를 부정적으로
본 사람도 있었다. 조수삼은 교육자로서 그의 인물됨을 이렇게 시
로 표현했다.

꽃과 나무 아래
강당으로 가는 길이 나 있거니
저녁 되고 아침 되면
경쇠 소리 들으며 학생들 오가네.

사방의 훌륭한 인재를
교육하는 분은 누구인가?
품이 넓은 두루마기에 큰 띠 두른
정 선생이라네.

서당 터에 명문 고교 세워져

그렇다면 정학수의 서당은 이후 어떠한 모습을 유지했을까? 앞서
『승정원일기』에서 1801년 정학수를 수복에서 면직시켜 달라는 대
사성의 요구가 있었다는 기록을 언급했다. 그 결과는 알 수 없으나
정학수가 수복의 직책에서 완전히 떠나고 이후 순조 연간에 사망하
면서 그의 서당도 폐쇄된 것으로 보인다. 그 시점이 정확하게 언제
인지는 기록이 남아 있지 않다. 그 가운데 담정薄庭 김려金鑢가 서당
폐쇄 이후의 서당 운명을 묘사한 작품을 남기고 있다. 1806년 이후
1819년 사이에 송동에 와서 꽃을 구경한 뒤에 쓴 시이다.

강당의 회랑에는
푸른 풀만 무성하고
제비 찾아와 앉을 데 없자
추레한 오동나무에 앉았다.

시린 고생만 괜스레 실컷 한
그 사람이 불쌍하다.
정학수를 기억할 이
세상에 누가 있을까?[7]

講舍書廊綠草蕪 燕來無着坐殘梧

憐渠浪費辛酸力 誰識人間鄭學洙

이 시를 놓고 볼 때 1810년을 전후한 시기에 이미 정학수의 강당
은 폐허로 변해 있었다. 그러므로 정학수의 교육 활동은 거의 정조
의 죽음과 함께 막을 내렸다고 보아야 한다. 그럼에도 불구하고 김
려도 군이 정학수의 강당을 추억한 것처럼 이 지역에 오는 사람은
비록 폐허로 남았지만 그의 교육 활동을 기억해냈다. 김려는 어려
운 역경을 딛고서 교육을 베푼 그의 노력을 세상의 누가 기억할지
의문이라고 안타까워했다. 그의 생각으로는 반드시 기억해야 할 일
이라고 본 듯하다.

김려로부터 또 수십 년이 지난 뒤 홍직필洪直弼, 1776~1852이 지은
「송홍동기宋洪洞記」란 글에 뒷날의 전개 과정이 보인다. 그 글의 일부
를 보자.

송동에는 예전에 서당이 있었다. 성균관 수복 정학수가 거기서
학도를 가르쳐 학풍을 진작하여 옛일을 잘 실천했다. 학동 100여
명이 열심히 공부하는 아름다운 기풍이 있었다. 그러나 그사이 벌
써 여러 번 주인이 바뀌었다. 우암의 후손 송흠상宋欽象이 그 자리
를 남에게 줄 수 없다고 생각하고 서재를 매입하여 꽃과 과일나무
를 심어 더 빼어난 풍광을 만들었다. 선대의 가업을 이어 나가고
대대로 잘 지켜 잃지 않는 사람이라고 평가할 만하다. 하지만 송
흠상이 죽은 후에는 계속 유지되지 못했다. 나도 힘이 없어서 주
인이 바뀌는 대로 내버려둘 수밖에 없다. 그저 송홍동 이름만 입

에 올리고 있으니 송흠상에게 크게 부끄럽다.[8]

송동에 개설된 서재의 작은 역사를 기록한 대목이다. 정학수가 연 서당은 학동 100여 명이 공부한 곳이었는데 그의 사후에는 서당 주 인이 여러 번 바뀌었다고 했다. 그 뒤에 우암의 7대손인 송흠상이 우암의 유적이 있는 서재 자리를 송씨가 아닌 다른 성이 차지하는 것을 안타까워하여 매입했다. 그는 조경에 신경을 써서 전보다 더 아름다운 곳으로 이곳을 꾸몄는데, 그가 죽은 뒤에는 후손이 집을 지키지 못해 다른 이에게 넘어갔다. 홍직필은 송동 일대가 본래 홍 씨 집안의 땅이라고 하며 자기가 매입하여 가꾸고 싶지만 재력이 부족해서 그렇게 하지 못함을 아쉬워했다.

홍직필의 기록에 따르면 정학수의 서당은 19세기에 여러 번 주인 이 바뀌었던 모양이다. 그리고 그 뒤의 변화는 알 수 없다. 현대에 들어와서는 1925년에 정학수의 서당 자리에 보성고등학교가 건립 되었고, 1987년 보성고가 방이동으로 이전한 뒤에는 서울과학고등 학교가 설립되었다. 공교롭게도 그가 세운 서당이 근대 이후에는 명문 고등학교로 탈바꿈하여 계속 학교 부지로 사용되었다. 우연의 일치치고는 아주 흥미롭다.

명품 · 신상에 미친 소시민들
서화골동 애호가들

중국 송나라에 팽연재彭淵材란 명사가 있었다. 10여 년 동안 수도에
머물며 유학하는 동안 고향에 있는 식구들은 죽조차 배불리 먹지
못했다. 견디다 못한 식구들이 돌아오라는 편지를 보내자, 그는 나
귀를 타고 일꾼들에게는 단단히 보따리를 묶게 한 후 지고 가게 했
다. 고향에 도착했을 때 친지들은 보따리를 보고서 "이제야 춥고 배
고픈 고생을 벗어나게 됐다!"며 모두들 좋아했다. 팽연재도 만면에
희색을 머금고서 "나는 나라와도 견줄 만큼 부자야!"라고 으스댔
다. 보따리를 풀자 이정규李廷珪가 만든 먹과 문여가文與可가 그린 묵
죽墨竹 하나, 그리고 구양수歐陽脩가 쓴 『오대사五代史』 초고 한 질이
들어 있을 뿐, 그밖에는 아무것도 없었다.[9]

　명나라 문인 풍몽룡馮夢龍이 편찬한 『고금담개古今譚槪』란 책에 나오
는 이야기이다. 이 일화는 이른바 서화골동書畵骨董에 빠져서 먹고사

는 것을 나몰라라 팽개쳐두는 외골수 인간의 전형적인 형상을 보여준다. 이런 부류의 사람들은 끼니도 잇지 못할 형편임에도 불구하고 고급 예술품과 희귀한 서적, 오래된 골동품을 소장하고 감상하는 유별난 호사 취미를 즐겼다. 범인들은 할 수도 없고 이해하기도 어려운 괴벽한 생활 습관이지만 그들만의 독특한 취향에 비난만 퍼부을 수도 없다.

팽연재의 경우처럼 극단적인 사례가 조선에도 적지 않았다. 조선 후기에는 소비적이고 호사스러운 서화골동 애호가들이 등장했는데, 『추재기이』에 보이는 손씨 노인이 그런 사람이다. 기사를 추려보면 다음과 같다.

———

끼니 걱정하면서도 골동품만 애지중지

서울에 손씨孫氏 노인이 살고 있었는데 집안이 본래 부자였다. 유달리 골동품을 좋아했으나 진위와 값어치를 감정할 안목은 없었다. 당연히 그에게 가짜 물건을 가져다주고 비싼 값을 받아 챙기는 거간꾼이 많았다. 그렇게 골동품을 사다 보니 마침내 노인은 그 많던 재산을 몽땅 거덜 내게 되었다. 그럼에도 불구하고 그때까지도 자신이 속았다는 사실을 전혀 눈치 채지 못했다. 노인은 혼자서 쓸쓸히 방 안에 앉아 단계연端溪硯에 오래된 먹을 갈아 묵향을 맡았다. 또 한漢나라 시대의 자기에 품질 좋기로 이름난 차를 달여 마시면서 "이것만으로도 굶주림과 추위를 몰아낼 수 있어"라고 말했다. 그를 불쌍히 여겨 아침밥을 가져다주는 이웃 사람이 있었는데, 노인은 그때마다 손사래를 치면서 "나는 중생들이 주는 것은 받지 않아"라고 말하곤 했다.

　이야기에 등장하는 손 노인은 양반 사대부가 아니다. 그렇다고 중인으로 보이지도 않으므로 아마도 평민일 것이다. 그렇지만 부자였던 노인은 양반 귀족이나 지식 계층의 전유물이라 할 수 있는 서화골동 취미에 맛을 들였다. 재물이 많다고 해서 지식이나 안목까지 자동으로 높아지지는 않는다. 안목이 뒷받침되지 않았으므로, 돈이 많은 노인은 서화골동품을 중개하는 장사치들이 노리는 좋은 표적이 될 수밖에 없었다. 진품이 아닌 위조품이 끊임없이 노인의 수중으로 들어갔다. 안타깝게도 노인은 그 사실을 끝까지 몰랐다.

　재산을 탕진하여 추위와 굶주림에 시달리면서도 저 유명한 명품 벼루 단계연에 낡은 먹을 갈아 향을 맡고, 한나라 때의 자기에 이름난 차를 달여 마시는 노인은 바보 아니면 제 정신이 아닌 사람일 것이다. 남들 눈에는 그런 행태가 아주 잘 보이는데 정작 본인은 제 몰골을 알아차리지 못했다. 밥을 굶는 주제에 불쌍히 여겨 밥을 가져다주는 사람에게 "나는 중생들이 주는 것은 받지 않는다"라고 오만을 떨기까지 했다. 노인은 서화골동에 맹목적으로 빠진 괴짜 마니아의 희화화된 모습을 보여주는데, 이를 통해 이러한 부류 사람들의 의식 구조를 또렷하게 알 수 있다. 이들은 평범한 사람과 선을 긋는 극단적 우월감을 값비싼 서화골동품의 소유와 감상이라는 행위를 통해 발산하였다.

　손 노인의 우스꽝스러운 사연은 여러 가지 현상을 말해준다. 당시

문방사우를 비롯하여 선비들이 일상적으로 사용했던 화병과 꽃, 필통 등을 그린 「책거리도」.
면학을 권하는 병풍 그림으로, 당대 선비들이 쓰던 다채로운 도구들을 엿보는 재미가 있다.
매불산인梅不山人, 영남대 박물관 소장.

의 서화골동품 수집 열기와 모조품의 횡행, 그리고 양반 사대부를 벗어나 중인과 서민에게까지 골동품을 애호하고 사치품을 즐기는 현상이 대두했다는 사실 등이다. 실제로 어떠한 일들이 벌어졌는지 구체적인 사례를 점검해보자.

———

호사스런 취미 누린 명품족의 말로

서화골동 수집과 감상은 17세기 이후 18세기와 19세기에 크게 유행하여 그 열기가 부유층에 널리 퍼졌다. 이는 본래 예술품을 감상할 줄 아는 지식과 경제적 여유가 있어야 가능한 취미였다. 따라서 여유가 있는 계층이 그 열기를 선도했으나 신분이 아니라 경제적인 부가 관건이었다.

상고당尙古堂 김광수金光遂, 1699~1770는 18세기 전반에 서화골동 수집과 감상을 선도한 인물이다. 이조판서를 지낸 김동필金東弼의 아들로 태어나 벼슬길을 포기하고 오로지 희귀한 서화골동을 수집·감상하는 일에 몰두했다. 그는 고대의 비석이나 종정鍾鼎을 소장했고, 천하의 희귀한 서적을 수집했으며, 유명한 향을 서재에 피우고, 중국에서 수입한 고저顧渚의 우전차를 달여 마시며, 단계端溪와 흡계歙溪의 벼루에 휘주산徽州産 먹을 갈아 호주산湖州産 붓으로 글씨를 썼다. 이처럼 그는 온갖 명품으로 사치하면서 서화골동의 멋을 한껏 누렸다. 요즘 표현으로 하면 최고급으로 치장한 명품족의 대표였다.

하지만 스스로는 "가난으로 끼니가 끊기고 방 안에 아무것이 없

어도 금석문과 서책으로 아침저녁을 대신했고, 기이한 물건이 손에
이르면 가진 돈을 당장 주어버리므로 벗들이 등 뒤에서 손가락질하
고 식구들은 화를 냈다"고 변명했다. 가난에도 불구하고 서화골동
을 즐겼다는 핑계를 댔으나 그런 일은 가능하지도 않다. 실제로는
골동품과 명품을 구매할 수 있는 큰 부를 소유했기에 취미를 유지
할 수 있었다. 그가 집을 살 때 뜰에 서 있는 소나무가 아름답다고
하여 소나무 값으로 집값보다 더 많은 돈을 치렀다는 일화도 전한
다. 이런 호사를 누릴 만한 경제력이 뒷받침되었기에 그의 취미 생
활은 가능했다. 그러나 수집이란 밑 빠진 독에 물 붓기 격이라서 수
집에 열을 올린 막바지에는 가산을 탕진할 수밖에 없었다.

　괴벽해 보이는 이러한 행위는 고상한 귀족적 취미와 관련이 있다.
그의 서화골동 취미는 최고급품 소비 지향과 맞닿아 있다. 이 시기
에는 옛 서화를 많이 소장한 것을 고상한 취미로 여기는 풍토가 형
성되었다. 마음에 드는 물건이 나타나면, 입고 있던 옷을 벗어주고
곳간의 재물을 다 주고서 사는 것을 멋으로 알았다. 그 풍조가 사대
부들 사이에도 상당히 퍼져 있었다. 이덕무가 『사소절士小節』에서
"산수와 화조, 서화와 골동품 따위는 고아한 취미인지라 주색잡기
나 재물 욕심보다 낫기는 하다. 그러나 그것에 도취되어 정신을 잃
고 학업을 망치며 심지어는 남의 물건을 빼앗거나 남에게 빼앗기는
지경에 이른다면 그 해악은 주색잡기나 재물 욕심보다 더 크다"고
경고했다. 이덕무가 단단히 경계한 것은 그만큼 이런 풍조가 우려
되었기 때문이다.

　김광수는 단순한 수집가에 그치지 않고 자신의 수집품을 예술가

당대의 풍속을 유려한 필체로 그려낸 김홍도의 『단원풍속화첩』 중 「그림 감상」.
여럿이 모여 그림에 대해 갑론을박 의견을 나누는 모습이 묘사되어 있다.
보물 제527호, 국립중앙박물관 소장.

들에게 제공하여 화가 이인상李麟祥과 심사정沈師正, 문인 신유한申維
翰, 서예가 이광사李匡師에게 열람을 허락했다. 그의 수집품은 저명한
예술가들의 창작에 적지 않게 기여했다. 그러나 그의 수집열도 만
년까지 지속되지는 못했다. 노경에 이르러 "눈이 어두워졌으니 이
제는 평생 눈에 갖다 바쳤던 것들을 입에 갖다 바쳐야겠다"며 수집
한 물건들을 내놓았다. 그러나 팔리는 값은 산값의 10분의 2에 불과

했다. 게다가 이까지 몽땅 빠져서 입으로는 국물과 가루음식밖에 들어가지 않았다. 사치스러운 수집가의 말로가 『추재기이』의 손씨 노인과 크게 다르지 않다. 그는 신분과 명성이 높았고, 손씨 노인과 비교할 수 없을 만한 학식과 감식안의 소유자였음에도 불구하고 말로가 비슷한 데가 있다. 박지원이 쓴 「관재가 소장한 「청명상하도淸明上河圖」 발문」에 나오는 그의 사연을 보면, 자존심이 강한 성격도 손씨 노인과 비슷하다.

김광수는 임종할 때 명나라의 유명한 화가 구영仇英이 그린 「청명상하도」를 묘지에 부장하려고 했다. 그러나 그의 바람과는 달리 그림은 묘에 순장되지 않고 역시 유명한 소장가인 서상수徐常修의 소장품이 되었다. 김광수처럼 감상가를 대표하는 인물도 서화골동 수집가의 불행한 말로에서 벗어나지 못했다.

———

명품 열기, 중인 · 평민에까지 확산돼

서화골동의 수집과 감상이 유행하자 위조품도 많이 돌아다녔다. 손씨 노인처럼 안목이 없는 사람이 속기 쉬운 것쯤은 굳이 언급할 필요조차 없고, 감식안이 높다 하는 사람들도 속는 일이 많았다. 감상안이 높기로 유명한 김광수조차도 가짜 물건에 많이 속았다고 전해진다.

김광수의 제자로서 저명한 중인 계층 수집가 석농石農 김광국金光國, 1727~1797 역시 감식안이 높았음에도 불구하고 종종 가짜 물건에 속았다. 그가 소장했던 김부귀金富貴의 「낙타도駱駝圖」는 중국에서 들어온 가짜 그림이었다. 김광국이 쓴 그림의 발문에 따르면, 김부귀는 그림에 뛰어난 재주를 지닌 조선 출신 화원畵院으로 내각화사內閣畵士라고 했다. 그러나 중국 측 자료에는 그런 인물이 존재하지 않기 때문에 학계에서는 「낙타도」를 위작이라고 보고 있다. 중국 상인이 비싼 값을 받고 조선의 수집가를 속여 가짜 작품을 판 것이다. 이는 미술사가인 장진성 교수가 자세한 내용을 분석한 결과이다.[10] 김광국조차 이렇게 위작에 속았으니 손씨 노인 같은 부류가 가짜에 속아 넘어가는 것은 일도 아니었을 것이다. 지금도 위조한 고서화를 비싼 값에 사서 애지중지 보관하는 사람들을 간혹 보게 되는데 그런 일은 전문가라 해도 자유롭지 못하다.

한편 상류층 사회에 불어닥친 서화골동 수집과 감상 열기는 부유한 중인과 평민 사회로까지 확산되었다. 이들까지 열기에 가세한 이유는 그만큼 사대부 사회의 호사 취미가 일부 소수의 아래 계층 사람들의 모방 심리를 자극했기 때문이었다. 18세기 이후 부유한 중인이나 평민 들이 서화골동 취미에 젖어 들어간 정황은 그리 어렵지 않게 찾아볼 수 있다.

박지원이 쓴 「발승암기髮僧菴記」란 글에는 김홍연金弘淵이란 왈짜[日者]가 등장한다. 그는 양반은 아니었으나 큰 부자였는데, 가산을 탕진해가며 무분별하게 소비하는 사람이었다. 그가 사들인 물품에는 골동서화가 빠지지 않았다. 그는 집이 본래 부유해서 돈을 물 쓰듯 했고, 고금의 법서法書와 명화名畵, 칼과 거문고, 골동품과 기이한 화초를 널리 수집했으며, 한번 마음에 드는 것을 보면 천금을 아끼지

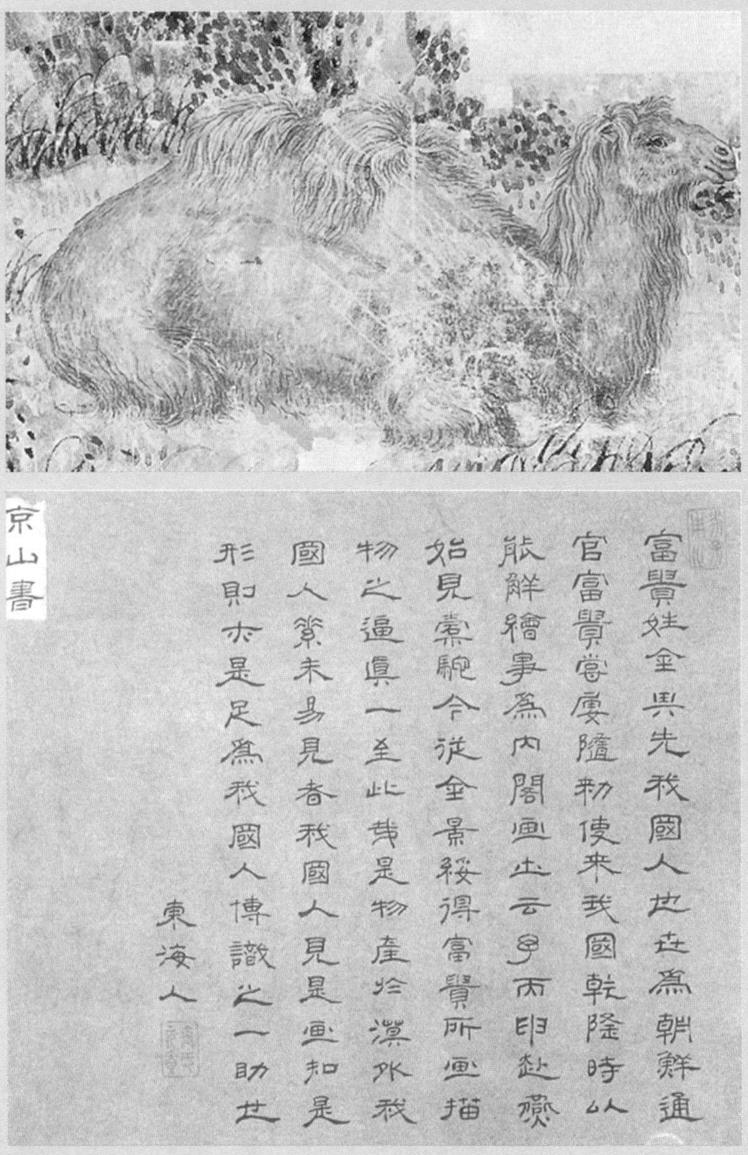
富貴姓金異先我國人也在為朝鮮通
官富貴嘗屢隨勅使來我國乾隆時以
能鮮繪事為內閣画士云乎丙申赴燕
始見橐駝令從金景稜得富貴所画描
物之逼真一至此哉是物產於漠外我
國人蓋未易見者我國人見是画知是
形則亦是足為我國人博識之一助也
東海人
京山書

건륭황제 때 궁중화가로 중국에서 활약했다고 알려진 김부귀의 「낙타도」(위)와
이 작품에 대한 김광국의 제발(아래). 18세기, 개인 소장.

않았고, 좋은 말과 이름난 매를 늘 좌우에 두었다.

중인과 평민 부유층의 소비 생활에서 서화골동을 수집하여 집안을 꾸미는 취미는 빠지지 않았다. 그야말로 서화골동 수집은 상류 문화의 표지가 되어 상류층은 말할 것도 없고 그 아래 계층이 모방하는 취미로 자리 잡았다. 그 때문에 서화를 구입하는 층이 늘어나 유명한 화가들의 경우에는 그림을 팔아 생계를 유지하는 것이 가능해졌다.

서화골동의 수집과 감상이 전 계층에 퍼져간 현상은 김홍도가 그린 그림을 통해서도 확인이 가능하다. 김홍도 자신이 김홍연처럼 고급 명품과 서화골동을 향유하는 부류에 속했다. 누군가에게 기이한 매화 그림을 판 후 그는 그림 값 서른 냥을 받아 스무 냥으로 매화 값을 치르고 여덟 냥으로 술을 사서 동인들을 불러 모아 매화 감상 술자리를 열었다. 생활비는 금세 바닥났다. 그가 그림을 팔아 번 돈을 쓴 과정을 보면, 생활 감각은 무디고 예술적 취향은 극도로 민감하게 발달한 사람의 광적인 행태가 잘 드러난다. 서화골동을 수집하고 감상하는 김홍도의 취향은 그림에 자연스럽게 반영되었다. 「사인초상도」를 비롯한 몇몇 그림에는 서재 안의 풍경에 값비싼 외국 기호품과 서화골동 및 명품 문방구가 당당하게 자리 잡고 있다.

———

높아진 안목, 커가는 예술품 시장

19세기 들어서 서화골동 취향은 수그러들기보다는 더 확산되었다.

대표적인 인물로 자하紫霞 신위申緯가 있다. 신위는 자신의 서재에 놓인 물건 30종을 시로 읊은 적이 있는데 그가 읊은 물건은 흔한 문방도구라기보다는 대체로 골동품이었다. 조선을 비롯하여 중국과 일본에서 전해진, 오래되고 희귀한 물건이 많이 포함되었다. 중국 고대의 솥과 자기, 옥기玉器를 비롯한 각종 골동품과 문방구가 들어 있고, 조선 골동품으로는 백제 때의 와연瓦硯과 고려 때의 비색秘色 청자 술잔, 고려 때의 검은 흙으로 만든 들병, 작천석연鵲川石硯이 있고, 일본 것으로는 왜척홍창금산수배倭剔紅創金山水杯, 적간관연赤間關硯이 있었다. 그가 소장한 백제 와연에는 추사 김정희가 쓴 "기와는 천년 묵었건만 벼루는 천연 그대로다[瓦千年, 硯天然]"라는 명문銘文이 새겨져 있었다. 이 귀한 물건은 지금 어디에 있는지 알 수 없다.

특히 비색 고려청자 술잔은 개성에 있던 문성공文成公 안향安珦의 고택에서 출토된 물건이었다. 술잔을 소재로 신위는 다음 시를 지었다.

고려의 비색 자기는
서긍 때부터 기록에 올랐지.
분청은 흰 꽃을 품었기에
격이 높다고 평한 문헌이 있네.[11]

高麗秘色瓷 著錄自徐兢
粉靑白花孕 格高論足徵

송나라 학자 서긍이 고려에 와서 풍속을 기록한 『고려도경高麗圖經』
에서 자기를 칭찬한 사실을 바탕으로 시를 썼다. 현재는 고려청자
를 대단한 예술품으로 알고 있으나 그러한 인식은 그리 오래된 것
이 아니다. 실제로 조선 후기의 사대부들 사이에서는 고려청자를
골동품이나 예술품으로 감상하는 분위기가 형성되어 있지 않았다.
그런데 신위는 분명하게 고려청자를 예술품으로 보고 이렇게 감상
하는 시를 남겼다. 그는 조선과 일본의 골동품과 문방구까지 차별
없이 사랑한 애호가였다. 경기도 파주의 옛 무덤에서 출토된 고려
자기에 장편의 시를 남겼고, 고려 비색청자를 예찬한 시를 여러 편
남기기도 했다.

또한 고려청자 술잔을 얻고서 친구인 성해응成海應에게 아예 사연
과 미학을 논하는 글을 써달라고 부탁했다. 그 글이 바로 「안문성자
준기安文成瓷尊記」이다. 이런 사실을 보면, 당시 지식인들의 골동서화
애호 분위기를 얼추 짐작할 만하다. 김정희와 성해응, 유본학 등을
비롯하여 이 시기 문사들의 서화골동 애호는 전 시대 사람들에 비
해 한층 더 높아진 안목을 드러낸다. 손씨 노인의 경우도 그렇지만
위에서 살펴본 사례를 보면, 규모는 작지만 서화골동을 향유하고
매매하는 예술품 시장이 성장해가는 과정을 엿볼 수 있다.

일확천금 횡재를 포기한 사람들
시대의 양심가들

경제가 어려워질수록 막다른 골목에 몰린 사람들의 머릿속에서는 일확천금의 꿈이 오락가락한다. 경제가 극심하게 어려워지는 시기마다 로또를 구입하는 사람 수가 늘어난다는 통계도 있다. 벼랑에 몰려 힘겨운 나날을 보내는 사람들에게 한 번에 목돈을, 그것도 전혀 힘들이지 않고 큰돈을 손에 쥐는 환상은 떨쳐버리기 쉽지 않은 유혹이다.

　일반 대중들에게 일확천금의 꿈이 널리 퍼진 시기는 천박한 자본주의의 도입 이후라고 해야겠지만 그 시작과 원형은 먼 과거로 올라간다. 어느 시대든 어느 인간이든 금전의 가치를 무시할 수는 없으나 조선 사회는 영·정조 시대를 거치면서 재물이 인간과 사회의 주요 문제로 크게 부각되었다. 윤리강상(倫理綱常)을 높이고 상업을 말단으로 취급하여 이익과 금전을 천시하던 관념도 먹고사는 문제를 중시하는 현실 앞에서 천천히 힘을 잃어갔다. 그래서 당시 시장에 등장한 큰 문제의 하나가 매점매석의 상행위인 도고都賈였고, 횡재를 바라는 심리의 확산이었다. 재물 앞에서는 양반이나 상민이나 가릴 것 없는 황금만능의 분위기가 천천히 자리를 잡아갔다.

그렇다면 횡재를 얻는 방법에는 어떤 것이 있었을까? 그 시대에 횡재를 하는 방법으로는 누군가 땅속에 묻어둔 금은보화를 얻는 것과 길거리에 사람들이 흘린, 재물이 든 보따리를 줍는 것이 흔하게 등장한다. 금고가 아닌, 땅속에 재물을 묻어두는 것은 아주 먼 옛날부터 등장한 원시적인 재물 보관법이기 때문에 낡아 보이고 그래서 신빙하기 어렵기는 하다. 그러나 은행업이 발달하지 못한 때에 현금과 금은보화를 안전하게 보관할 길이 마땅치 않았던 부자들은 그 방법을 적절하게 이용했다. 그리하여 흥미로운 사건들이 벌어지고, 그것을 기록한 구체적 사례들이 옛 문헌에 심심찮게 보인다. 대표적인 사례 두 가지가 광해군 때 문인 유몽인柳夢寅이 쓴 『어우야담於于野談』에 나온다.

고려가 망한 뒤에 어떤 상인이 개성의 한 폐가를 헐값에 사서 거주했다. 세월이 흐른 뒤 방아를 찧을 때마다 담장 부근에서 은은히 쟁그랑쟁그랑하는 소리가 나서 벽을 헐었더니 이중으로 된 벽에 금은보화가 엄청나게 숨겨져 있었다. 거기에는 금은보화의 소유자가 환관임을 짐작하게 하는 글자가 쓰여 있었다. 고려가 망할 때 환관이 다급하여 숨긴 재물로 보였다. 벽에서 나는 소리 때문에 사람들이 귀신이 붙은 줄 알고 겁을 내어 이 집은 폐가가 되었던 것이었다. 상인은 거부가 되었는데 충신인 유극량劉克良이 그 주인공이라고 하

기도 했다.[12]

또 하나는 김뉴金紐의 사연이다. 한양의 한 고가古家는 들어가 사는 사람마다 죽어 나가서 폐가가 되었는데, 김뉴가 헐값에 사서 자기 혼자 그 집에 들어갔다. 밤중에 흰옷을 입은 승려 일곱이 문을 열고 들어오기에 그가 냅다 소리를 치자 그들이 대나무 숲으로 숨었다. 날이 밝아 대나무 숲을 파헤치자 은으로 만든 부처 일곱 개가 나왔다. 그는 두 개를 호조戶曹에 바친 후 나머지로 좋은 일을 하며 큰 부자로 살았다.

이들 두 사연은 폐가에 숨겨둔 재물을 획득한다는 동일한 내용을 갖고 있다. 담력 있는 자만이 횡재를 한다고 말하는 이야기인데, 그 이면에는 횡재의 획득에 대한 욕망이 도사리고 있다. 헐값에 산 폐가에 엄청난 재물이 숨겨져 있을지도 모른다는 환상, 그것만으로도 가난뱅이들의 가슴은 설레었다.

견물생심은 인지상정?

이러한 이야기는 비슷한 구조를 가진 여러 이야기로 파생되어 돌아다녔다. 유명한 인물과 관련한 사연에서도 그런 이야기가 꽤 많이 보인다. 특히 재산을 많이 불린 사람이 축재하게 된 배경을 횡재로 설명하고 그때마다 앞에서 말한 축재 방법이 동원되었다. 서슴없이 굴러들어온 횡재를 독차지한 사람들의 이야기 가운데 대표적인 사연이 바로 조선시대 숙종과 영조 임금 때 막강한 권력을 행사했던 서평군西平君 이요李橈, 1684~?의 축재 이야기이다. 서평군은 막대한 재산을 소유하고 예술가를 후원한 사람으로 유명한데 그가 재산을 불린 과정이 석연치 않다는 소문이 있었다. 그 사연이 『계서고溪墅稿』에 실린 「서평군의 사연(書西平君事)」이라는 긴 글에 실려 있다. 그 내용을 정리하자면 이렇다.

서평군은 왕실 출신의 귀족이지만 고아가 되어 몹시 가난했다. 그는 견디다 못해 자살까지 시도했다. 두 번의 자살 시도에 실패한 그는 한양의 폐가에 몸을 뉘였다. 밤에 귀신이 나타나 자기 후손이 몰락하여 이 집을 버리고 영남 지방으로 낙향했는데, 마루 밑 깊숙이 백은白銀 10여 독을 숨겨놓았으니 자손들에게 재물이 있는 곳을 알려주어 생업을 꾸리게 해달라고 부탁했다. 그렇게 해준다면 보답을 후하게 해주겠다는 약속과 함께였다. 서평군은 귀신의 말대로 땅을 파서 엄청난 양의 은을 얻어 큰 부자가 되었다. 그러나 귀신과 맺은 약속을 저버리고 혼자서 은을 독차지했다. 귀신이 다시 나타나 약속대로 하지 않았다고 책망하며 뒤에 복수하겠다고 했다. 서평군은 자식이 없었는데 귀신의 복수 때문이라는 소문이 났다.

황당무계하게 들리는 서평군의 사연은 땅속에 묻힌 보물을 찾아 부자가 된다는 횡재 이야기의 전형을 보여준다. 실제인지 여부는 알 수 없으나 갑작스레 거부가 된 서평군의 축재가 그리 석연치 않은 점을 두고 횡재라는 편이한 해석을 한 것으로 보인다. 숙종의 아들이란 권세를 빙자하여 남의 큰 재산을 갈취한 뒤에 남들 듣기에 그럴듯한 이야기를 만들어 여론을 호도했을 수도 있다. 실제로 그가 1754년에 역관 홍대성洪大成에게 빌려준 거액을 독촉하자 그의 며느리와 동생이 자살한 사건이 발생하였다. 윤4월 4일에 민증閔增은 "서평군 요는 품계가 높은 종실로서 절제의 도를 전혀 모른 채 재물에 탐욕을 부려 재산 증식을 일삼았습니다. 공법公法을 무시하고 채무자에게 매질을 가하고 백성의 집과 재산을 부수고 팔아넘겨서 생계를 유지하지 못하게 만든 적이 한두 번이 아닙니다"[13] 라는 상소를 올렸다. 아무튼 땅속에 묻힌 재물로 어느 순간 부자가 된다는 사람들의 욕망이 서평군의 이야기에 고스란히 드러난다.

횡재 이야기의 시대적 배경은 대체로 숙종 임금 이후 18~19세기에 집중되고, 등장인물이 대체로 한양 사람이며, 사건이 일어나는 공간도 거의 모두 한양이다. 숙종 임금 이후 도시화가 가속되고 인구가 집중되며 상업도시에서 살아가는 인간의 물신숭배 풍조가 거세게 몰아친 일면을 반영한 것이다. 그렇다면 귀신과의 약속을 배반하고서 재물을 독차지한 서평군의 사례는 상업화와 도시화가 진행된 당시 한양 소시민의 자연스러운 욕망이었다고 볼 수 있다.

내 조상이든 남의 조상이든 상관없이 누군가가 남몰래 숨겨둔 보물단지를 발견하는 것은 이렇게 사람들의 머릿속에 꿈으로 자리 잡았다. 어딘가에 숨겨진 보물단지는 로또처럼 여겨져 필기와 야담에도 심심찮게 등장했다.

『청구야담』에 실린 한 과부의 사연도 마찬가지이다. 현재의 서울 옥인동에서 여염집 과부가 아들 둘을 키우며 힘들게 살고 있었다. 집 뒤 텃밭에 채소를 가꾸며 살던 과부가 밭을 갈다가 큰 옹기를 발견했는데 그 속에는 은화가 가득했다. 깜짝 놀란 과부는 바로 뚜껑을 덮고 흙으로 감추었다. 그녀는 아무에게도 이야기하지 않은 채 고생고생하며 자식을 키웠다. 자식들도 고생하며 공부하여 하나는 아전이 되고 하나는 재상가의 청지기가 되어 가정을 꾸렸다. 손자도 예닐곱 명이 되었다. 옹기를 발견한 지 30년이 되던 해에 옹기를 파내어놓고 과부는 자식들에게 말했다.

"그날 이것이면 부자가 되었겠지만 너희들이 사치하고 교만해져 공부는커녕 주색잡기에 빠질까 염려하여 그대로 묻어두었다. 이제는 써도 되겠다."

수만 냥을 얻어 거부가 된 그들은 이 재물을 빈궁한 사람들을 구휼하는 데 썼다.

과부는 땅속에 묻힌 보물단지라는 꿈을 이뤘다. 하지만 그녀는 횡재를 독차지하여 세상을 호령하고 떵떵거리며 사는 길을 가지 않고 또 다른 방식으로 행운을 행사했다. 금전의 노예가 되기를 거부하고 평상심을 잃지 않으며 인생을 차분하게 영위한 다음 천천히 세상의 갖지 못한 자들과 횡재를 공유했다. 이 사연은 갑작스럽게 찾아온 재물을 처리하는 행동 방식의 하나를 제시했다. 허구일 수도 있지만 현실 속에서 소재를 취해 가공한 것으로 보아야 한다.

———

횡재한 재물, 내 것이냐 네 것이냐

그러나 모든 사람이 횡재를 꿈꾼 것은 아니었다. 횡재에 대한 동경과 물신숭배 풍조에 대한 거부감도 꽤 많았다. 어떻게 보면 재물을 보고도 마음이 동하지 않고 올바른 행동을 하는 사람들의 실화가 더 많았다. 대표적인 이야기가 『추재기이』맨 첫 번째 사연으로 실려 있다.

  서울 중심부에 있는 행정구역 장통방長通坊에는 오천동梧泉洞이라는 마을이 있었다. 여기에 사는 이 아무개란 사람은 몇 대를 부자로 떵떵거리며 살았다. 하지만 증손이나 현손 대에 이르러서는 가세가 기울어 재산이 완전히 거덜나 빈털터리 신세가 되었다. 이런 집안이 으레 그러하듯 마지막 선택으로 살던 집을 홍씨에게 팔았다.

  집을 산 홍씨가 대청마루 기둥 하나가 기우뚱하여 무너질 것만 같아 보수를 시작했다. 공사를 하다가 기둥 아래에서 3천 냥이나 되는 은덩이를 파내게 되었다. 홍씨가 판단하기에 전 주인의 선조가 감추어둔 보물이 틀림없어 보였다. 그로서는 의심의 여지가 없었다. 홍씨는 이씨를 오라고 하여 자초지종을 설명하고 은덩이를 가져가라고 했다. 그런데 뜻밖에도 일어날 수 없는 일이 벌어졌다. 이씨가 순순히 은을 받기는커녕 이렇게 말하는 것이었다.

  "우리 조상께서 감추어둔 은덩어리가 맞을 거요! 하지만 그렇다는 사실을 입증할 명문明文이 있는 것은 아니오. 게다가 이미 집을 당신에게 팔았으니 집에서 나온 은도 당신 물건이오."

  이러한 이유를 대며 이씨가 은을 받기를 거부하자 이번에는 홍씨도 자기 물건이 아니라며 가져가라고 했다. 서로들 사양하는 바람에 결말이 나지 않았다. 서로 은을 양보하며 다투다가 끝내는 판정을 해달라고 함께 관아로 갔다. 현실에서는 드물기 짝이 없는 다툼을 접하고 관아에서는 그 사실을 조정에 보고했다. 보고를 받고서 임금은 "우리 백성 중에 이렇듯 어진 사람이 있으니, 지금 사람이 옛 사람보다 못하다고 누가 말하랴?"라고 하고는 은을 절반씩 나눠 갖게 하고 두 사람 모두에게 벼슬을 내렸다.

이상이 『추재기이』에 실린 사연의 전부이다. 거짓말 같은 이야기이다. 3천 냥이면 당시 한양에서 괜찮은 집값의 수십 배에 이르는 거액이다. 자기 집에서 나온 것을 가진다 해서 누가 문제 삼을 것도 없고, 더욱이 전 주인도 받지 않겠다는 것을 굳이 이유를 대서 양보하다니! 자신의 소유가 아니라고 은을 양보한 홍씨는 말할 나위 없이 물욕이 없는 사람이다. 그런데 이씨도 막상막하다. 이 다툼 아닌 다툼이 관아의 판결로까지 이어지고 국왕의 귀에까지 들어간 것은 현실에서 일어나지 않을 것 같은 일이 일어났기 때문이다. 그만큼 특이한 사례이다. 임금이 표창을 하고 안 하고는 중요한 일이 아니다.

그렇다면 이 사건은 어디까지가 허구이고 어디까지가 사실일까? 서술이 구체적이어서 실제로 발생한 실화로 보이기는 하지만 필자는 미처 이 사실을 입증할 만한 구체적인 증거를 사료에서 찾지 못했다. 그러나 사실 여부를 떠나 사건이 일어났을 개연성은 충분하다. 개연성을 방증할 수 있을 유사한 사건의 기록이 적지 않게 보이기 때문이다.

횡재를 거부한 바보 멍청이

신돈복辛敦復, 1692~1779이란 이름난 학자가 쓴 『학산한언鶴山閒言』이란 책에는 부솔副率 벼슬을 한 김재해金載海의 사연이 실려 있다. 학문으로 이름이 널리 알려진 김재해는 한 과부로부터 5~60냥을 주고 집을 샀다. 그런데 집에 들어가 담장을 수리하느라 땅을 파다가 돈 100냥이 들어 있는 독을 발견했다. 과부의 돈이라고 판단하고 그는 부인을 시켜 편지를 내어 사유를 설명한 후 그 돈을 가져가라고 했다. 과부는 몹시 감동하기도 하고 이상하게 여겨 직접 그 부인을 찾아갔다. "그 물건이 꼭 우리 선조가 묻은 것이라 할 수 없으므로 차라리 반분하자"고 제안하자 김재해의 부인은 "애초에 반분할 뜻이 있었으면 그냥 갖지 무엇하러 돌려주겠어요. 나는 남편이 있어 이 돈이 없어도 살 수 있으니 다 가져가세요"라며 받지 않았다. 하는 수 없이 과부는 돈을 가져왔으나 평생을 두고 김재해의 은공을 잊지 않았다.[14]

이야기에 등장하는 주인공 김재해는 숙종 말년인 1713년 무렵에 세자익위사世子翊衛司의 관원인 부솔의 직책에 있었다. 저명한 성리학자인 박세채朴世采를 비롯하여 역시 유명한 학자인 김창협金昌協과도 교제한 성리학자였고, 경서를 해설한 저작도 남긴 인물이다. 『학산한언』에 실린, 횡재를 거부한 그의 사연은 구체적인 정황이 설명되어 있어서 실화를 정리하여 적은 것이라고 보아도 무리가 없다. 비슷한 시기에 한양의 명철방明哲坊에 사는 이무령李茂齡이란 군사가 길거리에서 은을 주워 돌려준 이야기도 대동소이하다.[15] 이런 이야기를 『추재기이』의 사연과 비교하면 어떨까? 약간의 차이가 나기는 하지만 대동소이하다. 전 주인이 재물을 거절한 것과는 달리 과부는 그것을 받았다는 점만이 다를 뿐이다. 같은 이야기의 다른 버전이라고 볼 수 있을 정도로 비슷하다.

그렇다고 『추재기이』가 『학산한언』의 이야기를 베낀 것은 아니다. 비슷한 사연들이 현실에서 종종 발생했고, 그 이야기가 사람들 사이에 적지 않게 유포되었다가 서로 다른 저작에 약간씩 달리 기록되었을 것이다.

여기서 우리는 조선 후기에 거액의 재물을 집안 어딘가에 땅을 파고 숨기는 보관법이 이용되었다는 사실과 자기의 재물이 아닌 경우 남이 무어라 하든 원 주인에게 돌려주려는 양심을 지닌 사람들이 꽤나 존재했다는 사실을 알 수 있다. 그들은 집값의 두 배나 되는 돈과 그보다 30배가 넘는 엄청난 거금을 하늘이 내려준 횡재라 여기며 제 호주머니에 넣지 않고 주인을 찾아주었다. 횡재를 포기하고 원 소유자라고 판단한 사람에게 재물을 양보하는 것은 양심이 없다면 불가능하다. 더욱이 이씨의 경우는 완전히 몰락하여 집까지 판 힘겨운 처지에다가 정황상 자신의 조상이 묻어둔, 일종의 유산인 셈인데도 받지 않았다. 현재의 경제관념으로 본다면 바보 아니면 멍청이다. 각박한 현실에서 발생하기 어려운 미담이라서 시대의 흐름에 역행하는 순진한 사람들이라고 평해야 할지도 모른다. 그러나 그런 사람들이 꽤나 존재했고, 거기에 가치를 부여한 사회가 조선 사회였다.

───

물신숭배 사회의 양심 지키기

『추재기이』에서 이 사연을 저서의 맨 앞에 넣은 이유도 여기에 있을 것이다. 물신화된 냉혹한 사회일망정 여전히 인간의 순수한 심성은 발현되고, 아무리 세속화되어도 그래도 아직은 살 만한 세상이라는 희망을 저자는 확인하고 싶었을 것이다.

한편 이 같은 사연을 들은 국왕은 "지금 사람이 옛날 사람 못지않다"고 평했다. 옛날 사람은 재물보다 인간과 양심을 앞세웠다는 믿음에서 나온 말로, 구체적으로는 고대 중국의 우虞나라와 예芮나라 사람이 서로 땅을 놓고 다투다가 주周나라 사람이 서로 양보하는 것을 목도하고 싸움을 중지했다는 고사를 말한 것이다. 한국에서도 삼국시대 이래 비슷한 사례가 끊이지 않고 이어졌다. 『삼국사절요』에는 신라 때의 인관印觀과 서조署調가 솜을 서로 양보한 미담이, 『고려사』의 「현덕수전」에는 노극청盧克淸이란 사람이 집값을 되돌려주는 이야기가 실려 있다.

노극청은 자기가 없는 사이에 아내가 은 12근을 받고 현덕수에게 집을 판 것을 귀가 후에야 들었다. 그는 자신이 전 주인으로부터 은 9근에 집을 사서 수리하지도 않았는데 3근을 더 받는 것은 부당하다며 3근을 되돌려주려고 했다. 그러자 현덕수는 매매가 벌써 끝났으므로 안 받겠다고 다투다가 결국 그 돈을 절에 시주했다. 자초지종을 듣고 사람들은 "이끗만을 추구하는 말세의 풍속에도 이런 사람이 있느냐?"라며 탄복했다. 이들의 행위를 『명종실록』에 실은 위대한 문장가 이규보는 아예 「노극청전」을 써서 그들을 예찬했다.

앞서 본 이야기와 약간 소재가 다르지만 부당한 이익을 취하지 않으려는 청렴한 행위를 드러내 보이는 이야기라는 점에서는 이들 이야기는 유사하다. 이규보가 평한 것처럼 이익을 추구하는 세상에서는 보기 드문 일이고, 그렇기에 이렇게 미담으로 전한다. 먼 옛날부터 현재까지 그처럼 재물에 초연하고 선량한 사람들은 보기 드물다.

위에서 살펴본 것처럼 횡재를 얻고 그것을 처리하는 사람들의 태도는 크게 보아 세 가지였다. 그 차이는 재물욕과 양심 사이에서 일어나는 갈등에 따라 벌어졌다. 횡재를 바라보는 당시 사람들의 서로 다른 시선은 우리에게도 임시하는 바가 없지 않을 것이다.

4부

어두운 뒷골목을 사로잡았나니

마음을 훔친 기상천외한 도적들
협객 대도들

조선 후기에는 치안이 그리 안정되지 못해 온갖 도둑과 강도가 백성들을 괴롭혔다. 이 중에는 일지매나 홍길동 같은 의적도 있어서 탐관오리나 부자를 대상으로 절도 행각을 벌여 민중의 성원을 얻기도 했다. 그러나 그런 부류는 극히 일부에 불과하다. 아니 사실은 사람들의 의식 속에만 존재할 뿐이다. 어디까지나 도둑은 도둑, 강도는 강도일 뿐이다. 그렇다고 해도 모든 도둑과 강도가 똑같은 존재인 것은 결코 아니다. 그들의 행위도 천차만별이라서 먹고살기 위해 재물을 훔치는 좀도둑에서부터 절도뿐만 아니라 인명을 살상하는 잔악한 강도까지 매우 다양하다.

 치안이 불안하던 조선 후기에는 야간은 물론 백주 대낮에도 거리낌 없이 양민을 해치고 재물을 약탈하는 군도群盜가 많았다. 그리고 그들을 효과적으로 제어할 힘을 지니지 못한 치안 부재의 심각한 상황은 조선이 망할 때까지 이어졌다. 한 가지 사례만 들면, 1887년 9월 수원의 지지대 고개에서 수원부사 부인의 행차를 군도가 대낮에 겁박했을 때에도 수원의 관군은 뻔히 바라만 보고 아무런 조처도 취하지 못했다. 충청도 면천 고을에 귀양 와 있던 구한말의 정치가 김윤식金允植은 소식을 전해 듣고 한편으로는 놀라고 한편으로는 탄식하며 일기 『음청사陰晴史』에 이 사건을 기록해 놓았다.[1] 그의 방대한 일기에는 군도의 출몰을 보고하는 기사가 빈번하게 나타난다. 이처럼 구한말에는 치안 상황이 상당히 좋지 않았고, 그보다 수십년 전이라 해도 사정은 마찬가지였다.

흉포한 강도사건은 두둔하거나 미화할 일이 아님에도 불구하고 흥밋거리로 사람들 입에 올랐고, 그 가운데 대표적인 것들은 기록에도 남아 있다. 특히 기발한 방법으로 절도 행위를 하거나 강도짓을 한 사건이 종종 등장했다. 그들은 흉기로 사람을 겁박하거나 상해를 가해 재물을 취하는 일반적인 방법이 아니라, 사람의 의표를 찌르거나 피해자를 배려하는 방법을 사용했다. 매너 있는 신사 강도나 아주 지능적인 절도범이라고 말하는 것이 나을 듯하다. 증오할 수만은 없고 멋진 면을 지닌, 그러나 강도임에는 분명한 유명 범죄자들이다. 이들의 행동은 일지매의 절도 행각에도 일부 반영되어 있다. 또한 특이한 사건이 연출되기 때문에 이들의 기발한 행각은 여러 기록에 등장하여 유명세를 탔다.

비 피하던 나그네, 알고 보니 밤손님

『추재기이』에는 대도大盜를 묘사한 글 한 편이 실려 있다. 아주 큰 부자인 남양 홍씨는 손님을 좋아했다. 하루는 어떤 나그네가 비를 피하기 위해 문 앞에 서 있는 것을 발견하고 홍씨는 그를 집 안으로 들였다. 대화를 주고받다 보니 그는 의외로 시도 잘 짓고, 술도 잘 마시며, 바둑도 썩 잘 두었다. 밖에서는 종일 비가 내리고 있었다. 무료함을 깨뜨릴 수 있겠다고 생각한 홍씨는 아주 기뻐하며 그더러 비도 오는데 아예 하룻밤 자고 가라고 했다.

그렇게 대화도 나누고 식사도 하면서 밤중이 되었을 때, 나그네는 단소를 하나 꺼내 보여주며 "이것은 황새 정강이뼈로 만든 물건이 랍니다. 어른께서 한번 들어보실 만할 겁니다"라고 말하고는 주인을 위해 한 곡을 멋지게 연주했다. 단소의 맑고 우아한 소리 탓인지 어느새 내리던 비는 그치고 어슴푸레 구름 속에 감추어진 달빛이 비췄다. 주인은 음악과 분위기에 취해 있었다. 그러던 어느 순간 나그네가 품안에서 슬며시 단검 하나를 꺼내들었다. 서슬 퍼런 칼날이 불빛을 받아 번쩍였다. 칼을 보고서야 나그네가 평범한 과객이 아니라 강도임을 깨닫고 주인은 경악을 금치 못했으나 이미 때는 늦었다. 그 순간 창밖에 누군가 다가와 "소인들이 이제 당도했습니 다"라고 아뢰는 소리가 들렸다. 옆에 있는 나그네는 강도단의 두목 이고, 밖에 있는 자들은 졸개들이었다. 그러고 보면 좀 전에 주인이 들은 단소 연주는 졸개들을 부른 신호였음이 틀림없었다.

마당으로 나간 두목은 오른손으로는 검을, 왼손으로는 주인의 손을 잡은 후 졸개들에게 "주인께서는 어지신 분이므로 차마 다 가져가지 못하겠다"고 말하고 "모든 물건을 반으로 나누되 저 검은 나귀는 나눌 수 없으므로 그대로 남겨두어 나그네를 잘 대해준 주인장의 은혜에 보답하라"고 명령을 내렸다. 모두가 "잘 알겠습니다!" 하고 대꾸했고, 곧이어 "일을 다 해결했습니다!"라고 고했다. 나그네는 그제야 일어나 주인에게 정중하게 예를 표하고는 자리를 떴다.

강도들이 다 나간 뒤에 주인은 온 집안의 물건을 일일이 점검해보았다. 물건은 크기를 따질 것 없이 모두 반으로 나누어 가져갔고, 상해를 당한 사람은 하나도 없었다. 나귀가 보이지 않는다는 것 하나를 빼고는……

어이없게도 감쪽같이 집안을 털린 주인은 강도당한 사실을 비밀에 부치고 누설하지 말라고 아랫사람들을 단속했다. 많은 재물을 잃기는 했으나 아무도 다치지 않았고, 강도들이 재물을 몽땅 강탈할 수도 있었지만 은덕을 갚는다며 반만을 가져갔기 때문이리라. 강도임에는 분명하지만 의리와 금도襟度가 있다고 판단했을 수도 있다. 그런 판단은 몇 시간이 지난 뒤에 사실로 드러났다.

강도떼가 물러간 그날 정오 무렵에 사라졌던 나귀가 저 혼자 집으로 돌아왔다. 그런데 나귀 등에 짚 풀로 만든 부대가 실려 있었고, 부대 위에는 간단한 사연이 적힌 편지가 놓여 있었다. 거기에는 이렇게 쓰여 있었다.

"못된 졸개가 명령을 어겼기에 삼가 그놈의 머리를 보내 사죄하는 바입니다."

역시 대범하고 의리 있는 강도다웠다. 지난밤 검은 나귀는 절반으로 나눌 수 없으므로 주인의 은혜에 보답하는 뜻으로 남겨두겠다고 했는데, 그 명령을 어긴 부하의 목을 베어 주인에게 사과한 것이었다. 부하의 목을 베어 조직의 위계를 세웠고, 주인과의 약속을 지켜 신사적인 도둑임을 보여주었으며, 굳이 주인에게 잘린 목을 보내 공포심을 불어넣고 혹시라도 관에 고발할 뒤탈을 완전히 끊어버렸다. 그로서는 일거삼득인 셈이었다.

기지를 발휘하여 계획대로 차분하게 재물을 강탈하면서 주인을 최대한 예우한 이 강도는 평범한 도적과는 급이 다르다. 매너를 지키며 품위 있게 강도짓을 한 이 강도에게는 범상한 강도나 도둑에게 기대할 수 없는 자신감과 여유와 금도가 보이기 때문에 사연을 듣는 이들은 상쾌함을 느꼈다. 그렇기에 조수삼의 『추재기이』에까지 사연이 올랐을 것이다.

기상천외한 자해공갈범의 대범한 갈취

사건의 자초지종은 조금씩 다르지만 비슷한 유형의 강도 이야기가 다른 기록에도 여럿 실려 있다. 몇 십 년 앞선 시기에 나온 성대중의 『청성잡기』에도 기발한 강도가 등장한다. 도시 한복판의 큰 부잣집 뒤뜰에서 벌어진 특이한 사건이다.[2]

한양 시장의 큰 부자가 천금을 추렴하여 진수성찬과 좋은 술을 마련하고 기생과 악사를 불렀다. 기생에게 줄 화대가 상자에 가득했고 보석과 비단이 눈부시게 많았으며 진귀한 외국 물건이 쌓여 있었다. 잔치에는 오로지 추렴에 동참한 사람만이 참석했다. 꾸불꾸불한 골목 깊숙이 자리 잡은 집에 대문이 삼중이었고, 뒷문을 통해 기생과 악사들을 들어오게 하여 비밀리에 잔치를 열었다.

그런데 웬일인지 술자리가 시작되자 다 해진 옷을 입은 손님이 자리에 끼여 있었다. 사람들은 의아하게 여겼으나 그가 어떻게 들어 왔는지는 알 수 없었다. 할 수 없이 그저 거지로 간주하고 남은 음식을 주어 실컷 먹고 취하게 내버려두었다. 그 손님도 말석에 조용히 앉아 먹고 마실 뿐이었다.

잔치가 끝날 무렵 걸객이 손톱을 깎는다며 술에 취한 사람에게 패도佩刀를 빌렸다. 시퍼런 칼날은 사람을 비출 정도로 예리했다. 걸객은 칼을 쥐고 앞으로 나와 꿇어앉더니 머리를 조아리며 말을 꺼냈다.

"소인은 거지입니다. 일생을 굶주리며 살았습니다. 어차피 한 번 죽을 목숨인데 제대로 죽을 자리를 얻지 못한 것이 늘 유감이었습니다. 이제 여러 어르신 덕택으로 좋은 자리에서 좋은 음식, 좋은 음악을 실컷 맛보았으니 이런 즐거움은 두 번 다시 누릴 수 없을 것입니다. 저는 오늘 죽지 않으면 내일부터 또다시 굶주릴 신세입니다. 죽으려 한들 죽을 자리도 제대로 얻지 못할 것입니다. 그런데 다행히 어르신께서 칼을 내려주셨으니 감히 죽어서 어르신들께 폐를 좀 끼치겠습니다."

좌중이 몹시 놀라 "그러지 마시오. 굶주림이 걱정이라면 우리가 비록 가난하지만 당신을 돕는 것은 어렵지 않소"라며 다투어 한 움큼씩 은을 던져주었다. 그의 앞에 은이 수북해졌다. 그러나 걸객은 더욱 겸손하게 사양하며 감히 받지 못하겠다고 하고는 칼로 목을 찌르려고 했다. 좌중은 더욱 놀랐고 기생들까지 받은 화대를 밀어주며 적선을 보탰다. 그러자 걸객이 옷섶을 여미며 이렇게 말했다.

"여러 어르신께서 제가 죽는 것을 굳이 허락하지 않으시니 소인도 굳이 사양하지 못하겠습니다. 그렇지만 누더기 옷을 입은 놈이 진기한 재물을 지니고 문을 나선다면 도둑 잡는 자가 저를 놓아주려 하겠습니까? 붙잡혀 관청에서 죽느니 여기에서 죽는 것이 낫겠습니다."

그러자 여러 사람들이 다투어 말했다.

"당신은 걱정할 것 없소. 영리한 종을 뽑아 사는 곳까지 호위하도록 하겠소."

거지는 칼을 두세 번 닦아서 칼 주인에게 공손하게 돌려주었다. 칼 주인은 그대로 거지에게 밀어주며 "그대가 차시오"라고 말했다. 거지는 다시 여러 번 사양하다가 마지못해 칼을 차고 자리를 떴다. 모였던 사람들은 여러 날이 지난 뒤에도 놀란 가슴을 진정시키지 못했다.

이 거지가 행한 짓을 평범한 강도질이나 도둑질로 간주할 수는 없다. 그는 마음이 내켜서 베푼 것은 아니지만 부자들이 가져가라고 내놓은 재물을 가져갔을 뿐이다. 현대에 이러한 일이 발생했다면 법적으로 어떠한 판단이 내려질지 모르겠다. 분명한 것은 청하지도 않은 거지가 침입했고, 그가 자해 행위를 통해 금전을 갈취했으며, 그가 손에 쥔 패도의 날카로운 칼날이 좌중에 있던 사람들의 간담을 서늘하게 했다는 점이다. 이 기상천외한 강도는 자해공갈협박형이라고 할 법하다. 그렇지만 동정심을 자아내는 신사적인 방법으로 재물을 갈취했고, 그것도 마지못해 가져갔으며, 더욱이 하인의 호위까지 받으면서 유유히 재물을 가져갔다. 그야말로 멋진 갈취요 대범한 사기였다.

───

베개 위에 놓인 물건 가지러 오겠소

담대하고도 멋들어진 강도의 모습은 『언문지諺文志』를 쓴 19세기 전반의 학자 유희柳僖의 글에서도 보인다. 『문통文通』이라는 대단히 방대하고도 흥미로운 문집을 남긴 유희는 1812년에 협객 도둑을 묘사한 장편 「도협서盜俠敍」를 썼다. 협객이라 부를 만한 도둑을 도협盜俠이라 하고 그들에 관한 몇 가지 실화를 기록했는데, 이 글에는 이규李珪나 강수평姜壽平, 임점방林占房 같은 도둑의 행적이 실려 있다.

그 가운데 경기도 어느 고을에서 발생한 사건이 아주 흥미롭다. 노비들의 재물 수만 냥을 강탈한 조정의 고관이 있었는데 어느 날 감쪽같이 금고 속의 재물을 털렸다. 출처가 떳떳하지 않은 재물이기에 관에 고발하지 못한 채 고관은 사방에 사설탐정을 보내 그 재물의 뒤를 쫓았다. 탐정 한 사람이 어떤 벼랑 끝에서 열일고여덟 되는 여장 남자를 용의자로 찾았는데, 그는 고관에게 갖다주라며 봉물을 하나 던져주고 산을 넘어갔다. 탐정의 능력으로는 따라가지 못할 곳이었다. 탐정은 고관에게 봉물을 전했고 고관이 그것을 열어보았는데 거기에는 수놓은 베개 한 쌍과 편지 한 통이 들어 있었다. 편지를 본 고관은 낯빛이 확 바뀌더니 더 이상 도둑의 뒤를 쫓지 않았다. 그 뒤에 편지의 내용이 밝혀졌다.

"3년 전에 네가 남의 아내를 불러다 동침했기에 함께 잔 베개를 가져왔거니와 네 악행을 고치기 바란다. 그렇지 않을 때엔 베개 위에 놓인 물건을 또 가져오리니 그깟 수만 냥쯤이야 말해 무엇하랴!"

베개 위에 놓인 물건이란 곧 고관의 머리를 가리킨다. 즉 이 도둑의 절도에는 고관의 비리를 응징하고자 하는 뜻이 담겨 있고, 고관이 잃은 돈을 찾으려 하면 그의 머리를 베어가겠다는 섬뜩한 경고까지 남긴 것이다. 고관은 이 도둑의 솜씨라면 못할 것도 없다는 판단을 했을 것이다. 제 모습을 드러내지 않아도 됐을 미소년은 일부러 담대하게 자신을 드러낸 셈이다.[3]

유희는 조수삼과 동시대 사람이다. 비슷한 시기에 대담하면서도 멋지고 신사적인 강도 이야기가 전개되었던 것을 순전히 허구라고 치부할 수만은 없다. 당시 사회 현실을 일정하게 반영한다고 보아야 할 것이다. 『계서야담』이나 『청구야담』에는 선비가 군도의 두령이 되어 활약하는 이야기가 각각 실려 있다. 그들은 완력과 흉포함을 발휘하여 재물을 강탈하는 수준 낮은 강도들과는 차원이 달랐다. 지모智謀와 전략을 갖춘 선비로서 군도가 모인 산채의 두목이 되어 국가의 재물을 운송하는 비장神將 행렬을 가장하여 부자를 안심시킨 뒤 재물을 강탈하고 유유자적 사라졌다. 조금씩 성격이 다르긴 하지만 이들 이야기에는 상식을 뛰어넘는 대범한 강도짓이 종종 발생한 현실이 반영되어 있을 것이다.

이런 강도면 문 열어 맞겠네

이렇게 대범하고 신사적인 조선 후기의 강도들을 보면, 청나라 초엽에 장조가 편찬한 『우초신지』란 책에 묘사된 강도가 떠오른다. 기상천외한 강도의 전형이라고 할 사연으로 양형선(楊衡選)이 쓴 「강도의 기록(紀盜)」이란 글에 소개되어 있다. 18세기 이후 조선에서 널리 읽힌 책이므로 이 강도의 형상은 지식인들에게 깊은 인상을 남겼을 가능성이 높다. 도둑 가운데도 명사(名士)가 있어서 명사 도둑이라 부를 만한 실화이다. 상당히 긴 사연이지만 간단하게 살펴보면 이렇다.[4]

소명이(蕭明彝) 선생이 애첩과 함께 가을걷이를 감독하러 별장에 머물 때 사건이 발생했다. 밤중에 소년 셋이 지붕을 타고 내려와 창문을 열고 들어와 선생의 잠을 깨우고 옷을 가져다 입게 했다. 선생을 거실로 모셔다가 윗자리에 앉히고 둘러앉았다. 두목이 "저는 선생님의 글을 읽었습니다"라고 하며 한 편 한 편 글을 외워 들려주었다. 가장 좋은 작품은 무엇이며, 그중에서 어떤 구절이 어때서 좋다고 말했다. 또 아무개 고관의 집에서 선생님이 술을 열다섯 잔 거푸 마시는 호쾌한 모습을 보고서 흠모했고, 강남의 비문 가운데 선생님의 작품이 걸작이라고 했다. 선생을 협박하려는 자가 있자 "소 선생님을 남들에게 하듯이 놀라게 해서는 안 된다"고 만류하고 술과 안주를 달라고 해서 먹었다. 술이 거나해지자 "저희들은 선생님의 명성을 들은 지 오랩니다. 천금의 노잣돈을 아끼지 않고 여기까지

왔으니 주머니를 털어 저희 기대를 충족시켜주셨으면 합니다"라고 했다. 이에 선생은 말했다. "어제 400금이 있었는데 그대들이 조금 늦게 왔소. 오늘 아침 벌써 성안으로 보내 남아 있는 것은 겨우 술값 27금과 인삼 8냥과 옥띠 하나뿐이오. 이거라도 바치겠소." 좌우에

강도는 엄연한 범죄였지만 기상천외한 강도 행각은 기이한 이야기로 대중들에게 회자되곤 했다. 결박한 죄인을 사람들 앞에 내돌리는 장면을 묘사한 김준근의 그림. 「명고공지鳴鼓攻之」, 19세기 후반, 함부르크 민족학박물관 소장.

서 숨긴 것이 있다고 의심하자 두목이 "선생님의 진실한 말이다"라 며 만류했다. 한밤중이 되어 선생이 피곤해하고 두려움에 떨자 그 들은 검무를 추어 선생을 위로했다. 그들은 집의 구조를 분석할 줄 알았고, 선생의 장서를 둘러보며 일일이 평했다. 나군羅君이 글씨를 쓴 부채를 보고서는 "나는 이분과 친분이 있지요. 진귀하게 보관해 야지요" 하며 가져갔다. 그들이 떠날 때 선생이 "그대들은 모두 소 년 호걸일세. 내일까지 기다리면 400금을 주겠으니 어떤가?"라고 하자 "세상에는 지금껏 그런 일이 없다"며 사양하고 떠났다. 선생은 그들이 나무배를 타고 유유히 떠나는 모습을 지켜보았다.

지적인 데다 예술을 알고 명사를 대접할 줄을 아는, 그야말로 강 도의 세계에서 만날 수 없는 품위 있는 명사이다. 지은이는 이런 강 도를 평범한 도둑과 구별해서 보아야 한다고 했고, 책을 편찬한 장 조는 이런 강도라면 문을 활짝 열어 반갑게 맞이해야 한다고 평을 달았다. 과연 이런 강도가 존재했을까? 상상력의 소산이라고 하기 에는 너무 구체적이다. 아무튼 당시에 기상천외한 강도들의 통쾌한 사연이 민간에서 널리 전해졌다는 것은 의문의 여지가 없다.

신출귀몰, 민중의 영웅
의적 일지매

몇 해 전 한 방송사에서 〈일지매〉를 방영했다. 곱상하게 생긴 배우 이준기가 민중 편에 서서 부패한 관리와 부자를 응징함으로써 대중의 심리를 속 시원하게 풀어주는 퓨전 사극이었다. 아니나 다를까, 꽤 인기몰이를 하며 방영된 뒤에 종영했다. 〈일지매〉는 주기적으로 영화나 드라마로 각색되는 테마의 하나인데, 줄거리는 크게 새로울 것이 없다. 17년 전에는 장동건이 주연한 〈일지매〉가 텔레비전 사극으로 방영되기도 했다. 도둑치고는 뜻밖에도 곱상한 미남 배우가 주역으로 나왔다는 것이 이들 사극의 공통점이다. 고우영의 연작 만화 『일지매』의 영향일 것이리라.

성춘향 만큼은 아니지만, 이렇게 일정한 간격을 두고 소설과 영화, 연극과 텔레비전 사극 등 다양한 방식으로 거듭 만들어지는 대표적인 고전 인물 가운데 일지매도 빠지지 않는다. 일지매는 20세기 한국인에게 어필한 대표적인 고전 인물 캐릭터의 하나이다.

누구에게나 춘향이와 홍길동처럼 친숙하게 다가오기 때문에 일지
매가 어떠한 성격의 인물이며 어떤 활동을 했는지를 시시콜콜 설명
할 필요는 없을 것이다. 적어도 수십 년 동안 아니 200여 년 동안 일
지매의 형상은 한국 사람들에게 늘 뚜렷하게 새겨져 있다. 그런데 일
지매 캐릭터의 대중적인 인지도를 높여준 특정한 문헌이 있는 것은
아니다. 문헌에 앞서 입에서 입으로 전해진 구전설화로 벌써 유명세
를 탔다고 보아야 한다. 그럼에도 불구하고 일지매를 역사적 근거가
있는 인물로 인정받게 만든 본격적인 문헌은 다름 아닌 조수삼의 『추
재기이』이다. 이 책에는 일지매가 다음과 같이 소개되어 있다.

> 일지매는 도둑 가운데서 협객이다. 탐관오리가 밖에서 부정하
> 게 모은 재물을 훔쳐서 생계도 꾸리지 못하고 장례도 치르지 못하
> 는 사람들에게 늘 나눠주었다. 처마 위를 날아다니고 벽에 붙어
> 다닌 그는 날래기가 귀신과도 같았다. 그래서 도둑을 맞은 집에서
> 는 어떤 도둑이 들었는지 전혀 알 수 없었다. 그는 제 손으로 붉은
> 종이에 매화 한 가지를 새겨서 표시를 해놓았다. 다른 자에게 혐
> 의를 옮기지 않으려는 심사였다.

우리가 알고 있는 일지매의 성격을 요약하면 위 기록과 거의 동일
할 것이다. 몇 줄밖에 되지 않는 뼈대만 남아 있는 형상이 20세기로
부터 현재까지 다양한 버전으로 재생산되고 있는 이야기의 원전이
다. 이 뼈대의 골격을 다시 추리면, 부패한 관리의 재물을 훔쳐서 가

1762년 사도세자가 화가 김덕성金德成에게 명령해 그린 화첩『중국소설회모본中國小
說繪模本』에 실린 일지매 그림.「벽화지매壁畫枝梅」란 제목의 소박한 스케치 그림이나
일지매 고사가 상류층에도 널리 퍼진 실상을 보여준다. 국립중앙도서관 소장.

◉

난한 민중을 도와주는 의적 형상과 자신이 훔쳤다는 것을 증명하는
매화 한 가지를 그려놓고 사라지는 신출귀몰하고 대범한 대도의 형
상 두 가지로 모아진다. 그것이 일지매를 매력적 캐릭터로 만드는
요체다.

세기의 무인들과 맞대결한 희대의 도둑

일지매가 시정 사회에서 명성이 높았기 때문에 조수삼은 그의 저작

에 기록해놓았다. 그렇듯이 일지매의 사연은 조선 민중들 사이에 널리 퍼져 있던 의로운 도둑 설화였다. 그가 시정에서 얼마나 널리 알려진 존재였는지는 비슷한 사연이 상층 지식인들의 각종 기록에 등장하는 점을 통해 검증할 수 있다. 조수삼과 비슷한 시기의 학자인 홍길주洪吉周의 『수여방필睡餘放筆』이란 책에서 대도 일지매가 이완李浣 대장 시절의 대도라느니 장붕익張鵬翼 대장 시절의 대도라느니 하는 이야기가 민간에 떠돈다고 기록되어 있다.[5] 그가 언급한 이완은 효종, 장붕익은 숙종 때 활동한 명성이 드높은 훈련대장으로 조선 후기 무인의 대명사로 손꼽히는 인물들이다. 희대의 도둑을 명성 높은 포도대장과 맞대결시켰기에 민중들의 흥미를 더욱 돋우었다.

홍길주가 말한 내용이 거짓이 아니라는 것은 동시대 다른 지식인의 기록에서도 확인할 수 있다. 정조와 순조 때의 저명한 학자 성해응成海應은 「도적을 기록한다〔記盜〕」란 글에서 묵매墨梅, 검은 먹물로 그린 매화 그림를 그려놓고 다니는 신출귀몰한 도둑 이야기를 실어놓았다.

효종 임금 시절 서울에는 묵매도墨梅盜, 묵매를 그려놓고 가는 도둑가 있었다. 남의 집 재물을 훔쳐가면서 꼭 묵매를 그려놓고 떠났다. 용감하고 날렵하여 아무도 그의 뒤를 따라갈 수 없었다. 귀한 공주의 집에 침입하여 재산과 보물을 훔쳤기에 효종 임금께서 정익공貞翼公. 이완에게 명령하여 그를 체포하라고 했다. 그러자 묵매도가 "이 어른은 도적을 잘 잡기로 소문난 분이니 내가 한번 시험해봐야겠다"고 하고는 일부러 사로잡혔다. 정익공이 그를 조사하자 도적은 자신이 묵매도가 아니라고 변명했다. 정익공은 그의 장물을 찾아낼 길이 없었다. 그래서 임시로 옥에 가두어놓고 염탐을 계속했다. 묵매도는 간수가 자는 틈을 타서 차꼬와 칼을 혼자 힘으로 풀고는 정익공의 집에 몰래 숨어들어가 재물을 훔치고 나올 때 또 묵매를 그려놓았다. 정익공이 잠에서 깨어 벽에 그려진 묵매를 발견하고는 옥에 가둔 도적이 묵매도가 아니라고 하며 그를 바로 석방했다.[6]

내용상 묵매도와 일지매의 활동은 이름만 약간 다를 뿐 대동소이하다. 말한 사람과 기록한 사람에 따라 내용의 차이를 보였을 뿐이다. 위 이야기 역시 효종 임금과 이완 대장이 등장한다는 점에서 홍길주의 언급과 아주 유사하다. 이 시대에 묵매도 또는 일지매 이야기가 민중들 사이에 광범위하게 퍼져 있었다는 점은 의심할 여지가 없다.

한편 당시 사람들은 일지매를 역사상 실존한 대도로 받아들이기도 했다. 실제로 1716년숙종 42년에 형조판서 민진후閔鎭厚가 국왕에게 일지매란 도적을 옥에서 풀어줄 것을 진언하는 내용이 『승정원일기』에 나오기도 한다. 이런 사료를 놓고 볼 때, 일지매가 실존 인물일 가능성도 완전히 배제할 수는 없다. 적어도 당시 도적들 사이에서 민중의 소영웅으로서 일지매를 사칭하는 인물이 간헐적으로 등장했을 가능성이 아주 농후하다.

아무튼 일지매는 늦어도 19세기 초반에는 민간에서 아주 유명한 인물이었다. 홍길주가 어떤 패기稗記에서도 이 이야기를 본 일이 있다고 증언하고 있으므로 소설이나 야담으로도 쓰였음을 알 수 있다.

한·중·일에 널리 퍼진 의적 이야기

그렇다면 일지매는 조선 후기 사회에서만 유행한 이야기 속 인물에 불과할까? 그렇지 않다. 우리의 시선을 이웃 나라로 돌려보고, 이를 역사적으로 검토해볼 필요가 있다.

상식적인 사실이지만, 대도와 의적은 동서고금의 이야기문학에 널리 등장한다. 그 가운데 일지매와 비슷한 이야기는 상당히 오래 전부터 그 자취를 찾을 수 있다. 일지매 이야기의 연원과 파장에 관해서는 필자를 비롯해 국문학자인 서신혜 선생과 중문학자인 최용철 교수가 논문을 발표하여 밝히기도 했다.[7] 이 문제는 일지매의 정체성을 이해하고자 할 때 꽤 중요하므로 더 살펴보도록 하자.

중국 송나라 시절 지어진 야사에는 "내가 왔다 간다"라는 표지를 남기고 도둑질하는 아래야我來也 도둑이 등장한다. 일지매는 매화를 그려서 남겼지만 이 도둑은 글씨를 남겨서 자신의 소행을 밝혔다. 심숙沈俶이란 작가가 쓴 『해사諧史』란 책에 실려 전하는 이 사연은 조선에서 널리 읽힌 『설부說郛』와 『서호지여西湖志餘』 등의 책에 재수록되었다. 따라서 조선에서도 그 내용을 아는 사람이 적지 않았을 것이다.

한편 19세기 조선의 저명한 화가 장한종張漢宗은 『어수신화禦睡新話』라는 야담집을 엮었다. 이 책에도 "내가 왔다 간다"라고 밝힌 괴도怪盜, 곧 아래적我來賊 이야기가 실려 있는데, 아래야 도둑 이야기를 조선의 풍토에 맞게 충실하게 번안한 것이었다. 일지매 이야기가

일본의 도적 지라이야는 지금까지도 만화 및 게임 캐릭터로 사랑받고 있다.
1859년에 출간된 『지라이야 설화』 표지.

민간에 널리 퍼진 것과는 또 다르게 아래야 이야기가 일부 식자층
에 유포되었다는 흔적이다.

흥미롭게도 일본에서는 도둑이 자신의 존재를 밝힌다는 이야기가
지라이야自來也 사연으로 둔갑한다. 이 사연은 에도 시대의 독본讀本
이나 가부키 따위에 등장하며 유행했다. 메이지 시대 일본에서 『지
라이야 설화自來也說話』가 출판되어 호평을 받았을 뿐만 아니라 최근
에는 만화와 게임으로도 만들어져 국내에도 제법 많은 애호가를 확보
하고 있다. 송나라 때부터 시작된 아래야 도둑 이야기는 이렇게 장구
한 기간에 걸쳐 동아시아 삼국에서 괴도 이야기로 널리 전파되었다.

동양의 괴도 뤼팽, 신출귀몰 의적들

장구한 기간 동안 소설과 야담에 등장하는 아래야 도적은 본래 의적의 성격이 그다지 강하지 않았다. 의적의 형상은 명나라 말엽의 대표적인 소설가인 능몽초凌濛初가 편찬한 단편소설집 『이각박안경기二刻拍案驚奇』에 실린 난룡爛龍이란 신투神偸, 귀신같은 도둑 이야기에 분명하게 나타난다. 이 단편소설의 제목은 「귀신같은 도둑이 일지매에 흥을 붙이고, 협객의 도적은 삼매경을 자주 희롱한다네」이다. 난룡은 일지매의 본명이다. 소설에서는 일지매를 "하루 종일 잠도 자고 변화무쌍하기가 용과 같아서 난룡이라고 불렀다. 물건을 손에 넣기만 하면 벽에다 일지매를 그려놓았다. 검은 곳에는 희게 그렸고, 분칠한 벽에는 숯으로 검게 그렸다. 결코 그냥 지나가는 법이 없어서 일지매라고 불렀다"고 묘사했다.

그는 대단히 뛰어난 능력을 발휘하여 아무리 방비를 잘해도 물건을 감쪽같이 훔쳐냈다. 대단히 신사적인 괴도로서 재미난 놀이를 하듯 여유롭게 재물을 훔쳤다. "귀신처럼 출몰하고 비바람처럼 오가기 때문에 참으로 천하의 짝이 없는 솜씨로 인간 세상 제일가는 도적"으로 묘사되었다.

일지매는 도둑질을 할 때 원칙을 세웠다. 부녀자를 강간하지 않고, 선량한 사람이나 우환이 있는 집에는 들어가지 않으며, 남과의 약속은 반드시 지키고, 빈궁한 사람에게 재물을 베푼다는 원칙이었다. 그중 마지막이자 가장 중요한 원칙은 수전노와 불의한 부자를 골탕 먹이고 혼내주는 것이었다. 그렇기에 그는 대중들에게 아주 인기 있는 의적으로 소문이 났다.

그런 점을 보면, 그는 먹고살기 위해 도둑질하는 생계형 도둑이 아니라 도둑질을 하나의 유희로 삼은 사람이었다. 장난치기를 좋아하면서도 도둑질하는 데 천부적인 재능을 가진 것을 보면, 그를 서양의 괴도 뤼팽의 전신이라고 말할 수 있을 정도이다. 도둑에게 예상되는 부도덕이나 반인륜적인 행위를 벌이지 않고 대단히 신사적인 데다가 그야말로 천재적이었다. 게다가 의롭기까지 했다. 우리가 지금 각종 일지매 이야기에서 확인하는 내용은 이 소설에서 묘사된 일지매에 근원을 두고 있다.

그렇지만 시대가 뒤로 갈수록 의적의 모습으로 발전하기만 한 것은 아니었다. 명나라 말엽에 『환희원가歡喜冤家』란 단편소설집이 출현하는데 여기에도 대도 일지매 이야기가 등장한다. 하지만 아래야 도둑의 모습과 유사하고 난룡과는 다소 거리가 있다.

불우한 도적에서 민중의 영웅으로

그렇다면 자연스럽게 『추재기이』에 나오는 일지매와 중국 소설에 나오는 일지매가 관련이 있을까라는 문제에 봉착하게 된다. 일지매라는 이름과 행동의 유사함으로 놓고 볼 때, 일정한 영향 관계를 부정하기는 어렵다. 그러나 중국 소설에 나온 내용을 배경과 일부 디테일만 바꾸어 조선판으로 만들었다고 보기에는 망설여진다. 『추재기이』에는 구체적인 내용을 밝히지 않은 채 뼈대만 기록되어 있어서 과연 이들 이야기가 어느 정도 유사한지를 알기가 어렵다. 조수삼이 구체적 내용을 파악하지 못해서가 아니라 『추재기이』가 간략한 줄거리만을 밝히는 방식으로 기록되었기 때문이다. 따라서 디테일을 구체적으로 파악하지 못한 상태에서 중국 소설의 일방적 영향을 받은 야담이라고 추정하기에는 다소 무리가 있다.

더욱이 조선 후기 사람들은 일지매 이야기를 조선에서 일어난 실화로 알고 있었다. 유사한 사건이 발생했고, 그것이 구전으로 유포되면서 일지매의 전설이 형성되었는데, 그 과정에서 중국에서 들어온 소설의 내용과 결합하여 전형적 일지매 이야기로 구성되었다고 보는 편이 훨씬 설득력 있다. 의적의 출현을 바라는 민중의 심리에 편승하여 인조나 숙종, 영조 때의 실화로 널리 퍼졌고, 일부 도적은 일지매의 이름을 도용하고 행동을 흉내 냈을 것이다.

어느 정도의 시기가 흐른 뒤에는 설사 중국 문학 속 일지매를 일부 수용했다고 해도 그것이 일부 중국 문학에 기원을 두고 있다는 사실은 거의 망각되었을 것이다. 지금 대다수의 한국인들은 그것을 조선 후기적 풍토에서 발생한 한국의 이야기로 알고 있다. 따라서 이 이야기의 국적을 중국으로 돌리는 것은 난센스다.

조선 후기에 널리 유포된 일지매 이야기는 20세기에 들어와서도 사라지기는커녕 더 많은 독자를 확보했다. 20세기 초의 양상만 봐도 그렇다. 『일사유사逸士遺事』를 편찬한 장지연은 1916년 5월 16일 『매일신보』에 영조 때의 포도대장인 장지항張之恒과 관련한 의적 이야기를 수록했다. 장지항은 바로 앞에서 언급한 대장 장붕익의 손

1929년 출판된『포도대장 장지항과 의도 일지매 실기』의 표지와 본문 및 판권.

자다. 신문에는 감옥에 갇힌 일지매가 탈출하여 장지항의 집에 나
타나 매화를 그려놓고 가서 옥에서 풀려나게 되었다는 이야기가 실
려 있다. 성해응이 기록한 묵매도의 사연과 똑같다.

한편 장지연은 누군가가 일지매의 정체를 갈건거사葛巾居士로 본다
는 이설도 소개했다. 민생을 도탄에 빠트리는, 관리라는 도둑이 횡
행하는 세상에서 서너 끼를 굶주리던 백성이 배고픔에 남의 물건을
훔쳤다. 갈건거사는 이러한 민생형 좀도둑이 잡혀가는 것을 목도하
고 개탄을 금치 못한다. 그런데 내가 보기에 갈건거사는 일지매와
는 전혀 성격이 다르다. 그를 일지매로 본 것은 일지매가 의적의 대
명사로 간주되어 의로운 일을 행한 도둑과 강도는 모두 일지매라고
부르는, 당시 사람들의 심리에서 나온 것일 뿐이다. 이렇게 의협심
을 지닌 사람이 일지매로 둔갑하는 것을 보면, 일지매를 보는 조선
민중들의 시선이 어떠한 심리에 기반을 두고 있는지를 짐작할 수
있다.

장지연은 기사의 뒷부분에서 일지매의 성격을 이렇게 말했다.

일지매는 밤마다 부호의 집에 들어가 재물을 훔쳐냈지만, 빈한한 집에는 한 번도 침입하지 않았다. 때때로 얻은 돈과 비단으로 빈궁한 사람을 구제했을 뿐 조금도 스스로 취하지 않았다. 그는 늘 가난한 선비의 행색을 하고 다녔다. 민첩하여 몇 길 담장도 훌쩍 뛰어넘었다. 그가 촌락을 돌아다닐 때에는 민가에서 걸식하며 고생을 두루 맛보았다. 뒤에는 법망에 걸려 죽임을 당했다.

여기에서 일지매는 완전히 민중적 영웅으로 탈바꿈되어 있다. 가난한 선비 행색을 하고 다니고 걸식하며 민중의 고생을 체험하는 모습은 민중과 고통을 나누는 감동적인 형상이다. 갈수록 의로운 도둑에서 민중적 영웅으로 변화되어가는 모습이 엿보인다. 중국이나 일본의 일지매 또는 그와 비슷한 도둑에게는 이런 정도의 민중성이 보이지 않는다. 『추재기이』에서는 불우한 영웅이었던 일지매가 한국적 민중의 영웅으로 거듭나는 모습은 근래에 방영된 〈일지매〉에서도 확인할 수 있다. 그렇다면 체재의 전복까지도 서슴없이 토로하는 현대의 일지매에는 현대 한국 민중의 정치적 욕망까지 투사된 것이 아닐까?

천하의 기생들이 내 손안에 있소이다
조방꾼 최씨와 이중배

성을 매개로 한 유흥문화는 도시 뒷골목 문화에서 큰 비중을 차지한다. 과거와 현재, 동양과 서양, 봉건사회와 근대사회를 가릴 것 없이 도시가 형성된 곳에서는 성의 문화가 활개를 친다. 조건에 따라 음지에서 암약하기도 하고 아예 양지로 나와서 활동하기도 한다. 이들이 지하 경제와 도시 풍속에서 차지하는 역할은 상당히 크다.

100여 년 전 조선 후기 사회에서 성의 문화는 기방妓房을 중심으로 전개되었다. 관청에 소속된 관기와 관청의 예속을 벗어난 사창私娼들이 기방에서 성과 술과 음악과 춤을 팔았다. 도회지의 부유한 남자들은 돈을 싸들고 가서 기생들이 제공하는 성과 놀이를 샀다.

이른바 색주가에서는 남녀 간에 성을 사고파는 일들이 자연스럽게 이루어졌다. 조선 후기에는 큰 도회지마다 많은 색주가와 기생들이 존재했다. 예나 지금이나 이런 곳에는 돈이 모여들기 때문에

색주가는 돈을 물 쓰듯 쓰는 소금와자銷金鍋子로 불렸다. 자연스럽게
색주가에는 기생에 빌붙어 사는 다양한 사람들이 존재했다. 크게는
기생의 뒤를 봐주고 행세하는 기부妓夫를 비롯하여 기생을 관리하는
기생어멈 가모假母가 있었다. 또한 밥을 해주는 찬비나 잔심부름을
하는 행랑아범 같은 부류의 사람들도 그 축에 넣을 수 있겠다.

그 가운데 기방을 찾아오는 오입쟁이를 기생에게 연결해주는 거
간꾼도 결코 무시할 수 없다. 그런 남자를 조선시대에는 조방꾼이
라 불렀다. 사전에서는 창루娼樓 등에서 남녀 사이의 일을 주선하고

조선 후기 성풍속을 묘사한 화집으로, 혜원 신윤복의 작품으로 알려져 있는 『건곤일
회도첩』에 수록된 작품이다. 회화적으로 기방의 풍경을 그려내고 있다. 개인 소장.

잔심부름 따위를 하는 사람을 조방꾼이라고 정의하고 있다. 그런 사회제도가 사라진 지금은 이 말을 아는 사람이 많지 않은데, 현재 사용하는 말에서 찾아본다면 이는 뚜쟁이라는 어휘에 가깝다.

조방꾼이 하는 일이란 그리 떳떳하거나 대단할 것이 없으므로 이들의 존재가 문헌에 나타나기를 기대하기는 어렵지만 그런 중에도 몇 가지 사례를 찾아볼 수 있다. 우선 연암 박지원의 저명한 작품인 「광문자전」에 등장하는 광문, 즉 달문이 조방꾼 일을 한 적이 있어 그들의 생활상을 엿볼 수 있다. 또 연암의 「광문자전 뒤에 쓴다」란 글에 작은아기(小阿其)란 이름의 기생과 최박만(崔撲滿)이란 이름의 조방꾼이 당시 한양에서 최고의 명성을 누리고 있다고 밝혔다. 기생이 높은 명성을 누리는 것이야 그다지 이상할 것이 없으나, 조방꾼이 큰 명성을 누린다고 말한 것은 조금 의외다.

특별한 이유가 따로 있을까? 오입쟁이와 기생 양편에서 거간꾼 역할을 하는 조방꾼이 우리가 상식으로 알고 있는 것보다 중요하기라도 한 것일까? 음지에서 암약하는 기방의 속성상 그들 사이를 매개하는 거간꾼의 활약은 중요할 수밖에 없다. 당시의 기방 사회에서 조방꾼의 존재는 예상보다 비중이 크고 힘이 있었을 것으로 예상된다. 하지만 조방꾼이란 사회 밑바닥의 음습한 세계에 기생하는 인물인지라 그들의 기능과 위상을 상세하게 밝힌 연구는 한 건도 없다.

여하튼 연암이 한양 최고의 조방꾼이라고 분명하게 제시한 최박만의 이름이 다른 저작에서는 확인되지 않는다. 그가 어떠한 이유로 유명세를 탔는지를 현재로서는 알 수 없다.

입이 무거워 '벙어리'라오

박지원은 조방꾼을 '조방助房'이라고 표현했다. 일반적으로는 '조방助幇'이라 쓰고 중국에서는 '방한幇閒'이라고 쓰는데, 조방꾼을 묘사한 『추재기이』에서는 중국의 표현을 가져다 썼다. 본래 '조방'이란 말은 중국에서 사용하였는데 봉건시대에 관료나 부호 들의 보살핌을 받는 식객食客을 지칭한다. 부잣집 주인들이 바둑을 두고 책을 읽고 그림을 그릴 때 도와주어 주인의 여가 생활에 동반자 노릇을 하는 사람을 지칭하는 용어이다. '방한'은 원대 이래 희곡에 자주 등장한다. 저명한 소설가 노신魯迅은 권력자와 부자 들의 여가 생활을 도와주며 먹고사는 부패한 문인을 조방이라 하여 분석한 글을 쓰기도 했다.[8]

『추재기이』에는 우연찮게도 '방한'으로 두 사람이 등장한다. 한 사람은 '벙어리 방한[啞幇閒]' 최씨이고, 다른 한 사람은 방한 세계의 우두머리[幇閒袖領] 이중배이다. 이렇게 조수삼은 방한이란 용어를 썼지만 이들의 행적을 살펴보면 실제로는 조방꾼을 가리키는 것임을 바로 알 수 있다.

먼저 벙어리 방한 최씨부터 살펴보자. 최씨는 벙어리 조방꾼이라는 이름으로 불렸다. 이름만 보면 말을 전혀 하지 못하는 벙어리였다는 말로 들리지만, 그는 벙어리가 아니었다. 벙어리이기는커녕 용모가 매우 준수하고 말을 아주 잘하는 사람이었다. 그는 기생과 오입쟁이를 맺어주는 능란한 재주의 소유자로 둘 사이의 은밀한 관계를 누구에게도 발설하지 않고 절대 비밀을 유지했다. 마치 말을 하지 못하는 꿀 먹은 벙어리처럼 그는 고객과 기생의 내밀한 이야기를 영원히 비밀에 붙였기 때문에 사람들에게 벙어리라는 이름으로 불렸다.

그는 한두 곳의 기방에 매여 일하는 자가 아니라 수많은 관기와 사창을 전체적으로 관리하는 이 바닥의 우두머리였다. 최씨는 기생들의 정보를 손아귀에 쥐고서 그들을 돈 많은 세도가나 부잣집 자제들과 중매시켜주는 일을 전문적으로 도맡아 했다. 그런 그를 조수삼은 "날마다 세도가와 부잣집 자제들을 불러 모아 꽃에 취하고 버들에 드러눕게 만들었다"고 했다. 이 정도의 설명을 들어보면, 혹시 연암이 언급한 조방꾼 최박만이 벙어리 방한 최씨와 동일인이 아닌지 궁금해진다. 하지만 결정적 증거가 없으므로 가능성만 있는 정도로 남겨두자.

그가 조방꾼 세계의 우두머리 행세를 하며 기방을 장악한 비결은 무엇일까? 이유를 찾아보면, 그는 일종의 사업 방침을 갖고 있었다. 우선 그는 남녀 간에 관계를 맺어주려 할 때 그 약속을 어기는 법이 없었다. 다음으로 그는 그들의 하룻밤 관계를 손금 보듯 환하게 알면서도 입을 봉했다. 비밀을 지킨다는 신의를 깨트리지 않았다. 그는 한평생 이 원칙을 저버린 일이 없었다. 바람기 있는 남자와 기생들은 비밀이 보장된 만남을 주선하는 그를 아끼지 않을 수 없었다. 그래서 최씨는 아예 '벙어리 조방꾼'이라는 별명으로 불렸다.

전문적인 조방꾼으로서 최씨는 큰 세력을 형성했고 꽤 큰 명성도 얻은 것으로 보인다. 그 덕분에 많은 돈을 벌었다. 본래 부유한 사람이 아니었으나 손님들이 제공하는 재물을 받아 입는 옷과 쓰는 재물이 고객인 부잣집 자제들과 다를 바 없을 정도였다.

그가 고객을 기생에게 데려가는 구체적인 방법은 알 수 없다. 다만 조수삼이 그를 평한 다음 시에서 방법을 예상할 뿐이다.

"황혼 무렵에 미인이 있답니다!"
말하려는 듯
손가락을 해처럼 오므리고
시선은 서쪽으로 돌리네.

사람을 만나
홀로 꽃가지를 잡고 웃으니
젊은이들 앞다투어
글자 없는 수수께끼를 짐작하네.

그가 암시를 하듯이 손가락과 꽃을 이용하여 의중을 묻는 내용이 묘사되어 있다. 분명하지는 않지만 무슨 암호처럼 남녀 간의 약속을 맺어주기 위한 신호를 보낸다. 말로 거간을 하는 것이 아니라 남들의 시선을 피해 고객에게 신호를 보낸다. 조방꾼 최씨는 이렇게 고객과의 비밀 약속을 잘 지켜준 것을 무기로 하여 기방의 실력자로 군림했다.

아홉은 가지 않고, 꽃 그림자만 어른어른

조수삼은 또 한 사람의 조방꾼에 주목했다. 이번에는 손님을 농락하는 데 일가를 이룬 조방꾼으로, 이중배李仲培라는 자였다. 그 역시 조방꾼 세계에서 우두머리로 행세하던 사람이다. 조수삼은 그의 다른 재능이나 특징에는 전혀 관심을 기울이지 않고, 그가 벌인 일종의 사기사건만을 비교적 자세하게 기록했다.

이중배는 언젠가 자신과 거래를 트고 있던 부잣집 자제에게 이런 통지를 했다.

"오늘 밤에 국색國色이 한 사람 나타났습니다. 오늘이야말로 그런 미인과 사랑을 나눌 절호의 기회입지요. 그러니 미인을 맞이하는 비용 1천 전을 장만해옵시오!"

문제는 이런 통지를 한 명이 아니라 열 명의 손님에게 따로따로 보내어 약속한 다음 한 사람당 1천 전을 받아냈다는 데 있다. 1천 전이면 10냥으로, 열 명에게 모두 합해 100냥을 받아낸 것이다. 100냥이면 당시에 서울에서 집 두 채를 살 수 있을 만한 큰돈이었다. 각자 따로 약속을 정했기 때문에 서로들 눈치 채지 못하고 천하절색과 밤을 보낼 단꿈을 꾸었다.

약속한 밤이 되어 열 명의 오입쟁이들이 하나둘 약속한 기생집에 이르렀다. 기름을 바른 창문은 깨끗하고, 창호지를 통해 새어나오는 등불 빛은 환했다. 창문에는 고운 그림자가 내비쳤다. 무려 10냥의 돈을 선불로 내고 약속한 절세미인이 저 방 안에서 나를 기다리고 있다! 제각각 약속하고 찾아온 사람들은 모두 그 기생과 보낼 달콤한 밤을 떠올리며 조바심을 냈다. 그러나 자리를 함께하고 기다리는 나머지 아홉 놈이 사라져야 가능한 일이었다. 이제나저제나 기다리면서 열 명의 남자는 제각기 속으로 이런 생각을 했다.

"저 아홉 놈이 어째서 지금 와 가지고 이 어르신의 일을 망쳐놓는단 말이냐!"

그런 얄궂은 상황에서 이중배는 혀를 끌끌 차면서 낭패라는 듯이 욕지거리를 해대며 좌불안석 나갔다가 들어오기를 뻔찔나게 했다. 빨리 약속한 만남을 이뤄줘야겠는데 공교롭게도 손님들이 아홉 명이나 찾아와 훼방 놓고 있어 미치겠다는 투였다. 그런 이중배의 행동을 보고서 열 명의 손님은 하나같이 이중배도 나머지 아홉 놈을 미워하고 있다고 생각했다.

제각기 아홉 놈이 빨리 자리를 떠야 일이 성사될 거라고 기다리다 보니 어느새 새벽닭이 울고 밤이 다 새버렸다. 천하절색과의 멋진 하룻밤을 고대하던 오입쟁이들의 기대는 물거품이 되어버렸다. 천금 같은 10냥만 날려버린 꼴이었다.

먼동이 터오자 이중배는 자신도 무진 애를 썼지만 눈앞에서 너희들도 확인한 것처럼 어쩔 수 없지 않느냐는 투였다. 자기 잘못은 아니라는 것이었다. 막걸리를 내오고 간단한 안주를 차려서 목을 축이게 하고는 손사래를 쳐서 날이 밝았으니 어서 돌아가라며 그들을 내보냈다. 문을 나서고서도 열 명의 사내는 이중배의 술책에 말려들었다는 낌새를 눈치 채지 못했다.

이중배는 돈 몇 푼 안 들이고 사내 한 명당 10냥씩 100냥이라는

기생을 놓고 벌어지는 오입쟁이들의 싸움을 그려낸 「기방쟁웅妓房爭雄」.
기생은 여유로운 반면 오입쟁이들 사이에서는 팽팽한 긴장감이 엿보인다.
작자 미상, 19세기.

거금을 단박에 손에 쥐었다. 창문 안에 앉혀놓은 여자가 천하절색인지 천하박색인지는 그 누구도 확인하지 못했다. 이런 맹랑한 사기를 쳤음에도 불구하고 사기 당한 자들은 자기가 사기를 당했는지조차 몰랐다.

조수삼은 이중배의 사기사건을 시로 묘사했다.

오입쟁이 열 놈이
붙어 앉아 돌아가지 않을 때
주렴 너머 언뜻언뜻
꽃 그림자는 어른거린다.

그들에게 그래도
박주산채 대접했다는
이중배의 속임수가
지금껏 전해온다.

열 명의 오입쟁이가 앉아서 저쪽에 어른거리는 미인의 그림자를 곁눈질하며 조바심 내는 장면의 표현이 재미있다. 이 사기사건에서 하이라이트의 하나가 바로 막걸리에 변변찮은 안주를 내놓아 목을 축이게 하는 장면이다. 끝까지 오입쟁이를 놀려먹은 대목으로 완벽한 사기를 멋지게 마무리하는 장면이다. 조수삼은 인상적인 두 장면을 시로 묘사해놓았다.

기생 여덟을 골탕 먹인 술책의 달인

이 이야기는 조방꾼이 기생과 오입쟁이를 중매하면서 양쪽을 감쪽같이 속여 잇속을 차린 것으로 상당히 회자된 사건이었으리라. 동시에 여러 명을 상대로 사기를 쳤으므로 당시에는 고단수로 알려졌다.

이 사기사건과는 성격이 다르지만, 영조 때의 유명한 호걸인 김억 金檍도 똑같은 술수를 부린 적이 있다. 큰 부자인 데다가 천성이 호방하고 사치스러운 김억은 음악과 여색을 마음껏 즐겼다. 그는 늘 색깔이 화려한 비단옷을 휘황찬란하게 차려입고 다녔다. 칼 수집벽이 있어서 칼을 구슬과 자개로 꾸며 방과 장롱에 죽 걸어놓고는 날마다 한 개씩 바꿔 찼다. 칼이 많아서 하루에 하나씩 차도 1년 안에 다 차보지 못했다.

김억에게는 총애하는 기생 여덟 명이 있었다. 그들끼리는 서로의 존재를 몰랐는데, 어느 날 밤 김억이 기생 여덟 명을 함께 불러 술을 마셨다. 기생들은 제각기 '김억이 총애하는 사람은 나 하나뿐'이라고 생각하여 여덟 명이 동석하고서도 투기할 줄을 몰랐다.[9]

김억이 쓴 권모술수는 앞에서 살펴본 이중배의 사기 행각과 방식이 똑같다. 기방 출입이 잦은 김억은 이중배 같은 인간이 저지르는 이런 따위 술수를 환하게 꿰고 있었을 것이다. 그리하여 이번에는 오입쟁이가 골탕을 먹은 게 아니라 기생이 골탕을 먹은 셈이다. 아무튼 허랑방탕한 인간까지도 이제는 도시 뒷골목의 명성에 힘입어 문사들의 붓에 당당하게 오르게 되었다.

내 점괘는 백발백중, 족집게라오
점쟁이 유운태

문명이 발달하고 인간의 지식이 진보하면 할수록 종교와 미신에 덜 이끌릴 것 같지만 실상은 그렇지만도 않다. 큰 선거가 치러지거나 큰일을 겪을 때마다 사람들이 점을 치러 다니는 것은 전혀 이상한 일이 아니다. 언론조차도 그런 현상을 흥밋거리 기사로 내보낸다. 누가 어떤 큰 사건을 예견했느니 어떤 명사가 점쟁이를 찾아갔느니 하는 보도를 심심찮게 들을 수 있다. 지금도 전국 곳곳에 점집이 많고, 알음알음으로 찾아가는 족집게 도사들이 곳곳에 존재한다. 한번쯤 가보지 않은 사람이 없을 정도이다.

　조선시대에는 상황이 어땠을까? 더하면 더했지 덜하지는 않았다. 그러나 점치는 행위나 점쟁이에 관한 기록은 생각보다 흔하지 않다. 유가儒家의 논리에 부합하지 않으면 메스를 가하는 교조적 유학자가 넘쳐나던 조선 사회에서는 미신을 전파하는 불온한 자를 기록하거나 그들을 우호적으로 다루지 않았다.

그래도 귀신같이 맞추는 점쟁이의 도움을 받은 선비들이 간혹 있어서 그들의 이름과 행적이 문헌에 종종 나타난다. 이제 살펴보려고 하는 황해도 봉산군의 장님 점쟁이 유운태劉雲台가 그런 사례의 하나이다. 그는 조선시대 족집게 점쟁이의 계보에서 가장 두각을 나타낸 명복名卜이었다. 그만큼 선비들이 관심을 기울인 점쟁이도 많지 않다. 맹인 점쟁이 사회의 우두머리 자리를 차지했으므로 그의 존재는 문사들의 기록에도, 민중의 구비口碑에도 살아 있다.

———

100번을 점쳐 단 한 번도 실수 없으니

먼저 19세기의 위대한 학자 이규경이 『오주연문장전산고』에서 맹인 점쟁이의 현황을 소개한 기사를 살펴보도록 하자.

우리나라 맹인은 황해도 봉산과 황주 사이에서 많이 배출된다. 해서 지역은 땅이 꺼지는 재변이 있어서 맹인이 많다고 세상에는 전하는데, 그 말이 틀리지 않다. 맹인은 사농공상 어디에도 끼지 못하므로 의식을 해결할 방법이 없다. 그래서 반드시 주역 점을 배우고, 겸해서 경문을 외워 생계를 꾸려간다. (……) 조선조에 들어와서 맹인 점쟁이들은 홍계관洪繼寬 · 유은태劉殷泰 · 함순명咸順命 · 합천의 맹인을 그들 업계의 할아버지로 여긴다.[10]

이 기사는 조선시대 맹인 점쟁이의 유래와 역사, 현황 그리고 사계의 최고 권위자가 누구였는지를 잘 요약해 전해준다. 전문 분야의 역사를 꿰고 있는 이규경의 언급이므로 믿을 만하다.[11] 그가 언급한 점쟁이의 사연은 하나하나가 아주 흥미롭다. 그중에서 세조 때 인물인 홍계관의 일화는 너무도 유명하여 지금까지 잘 알려져 있다. 그는 재능을 시험하려 한 임금 앞에서 쥐 한 마리를 다섯 마리라고 했다. 임금을 기롱한 죄로 처형당할 찰나, 쥐의 배를 갈라보자고

맹인 점쟁이는 그림의 소재가 될 만큼 당대 사람들에게 어느 정도 유형화된 존재였다.
김준근, 「맹인 점쟁이」, 19세기 후반, 함부르크 민족학박물관 소장.

했고 배에서 새끼 네 마리가 나와 화를 모면하고 재능을 인정받았다. 그 덕분에 홍계관은 신복神卜이라는 명성을 얻었다. 이들 전설적인 명복들에게는 반전이 있고 스릴이 있고 탄성을 자아내는 에피소드가 늘 따라다닌다.

위에서 인용한 글에 등장하는 유은태劉殷泰는 곧 유운태劉雲台를 다르게 표현한 것에 지나지 않는다. 가운데 글자의 발음이 약간 달라졌다. 이규경이 맹인 점쟁이의 주요 배출지로 지목한 봉산 출신이라는 것만 확인해도 동일인임을 알 수 있다. 이 점쟁이는 과연 어떤 행적을 보였기에 명복의 대열에 당당히 이름을 올린 것일까?『추재기이』에서는 그의 행적을 이렇게 묘사했다.

유운태는 황해도 봉산의 맹인이다. 일곱 살에 눈이 멀었는데 여섯 살 때부터 벌써『사기』를 읽었고 고체시古體詩를 지었다. 눈이 먼 후에도 부지런히 공부하여 열세 살에는 경서를 암송했다.『주역』을 읽고 깨달은 바가 있어 선천先天·후천後天의 학문에 큰 힘을 쏟아 점술에 크게 통달했다. 100번을 점쳐 단 한 번도 실수하지 않아 드디어 온 나라에 이름이 났다. 스스로 호를 봉강鳳岡 선생이라 했다. 사람들이 찾아와 의심스런 일을 해결해달라고 하면, 곧잘 효도와 공손함, 충성과 신의의 도리를 말해주었다. 그러므로 세상에서는 그에게 엄군평嚴君平의 풍모가 있다고 했다.

이 기록에 따르면, 일곱 살에 눈이 먼 유운태는 무지한 일반 점쟁이와는 격이 달랐다.『사기』를 읽었고 시를 지을 줄 알며 경서를 암송하여 공부를 제법 많이 했다. 『주역』을 깊이 연찬하여 실력을 쌓은 점술가로서 기반이 탄탄하고 뛰어난 능력을 발휘했다. 한 번도 실수를 하지 않아 온 나라에 점쟁이로 명성을 드날렸다.

<hr />

나는야 고객들의 도덕 선생

이렇게 유명한 점쟁이가 활동한 시기를 조수삼은 밝혀놓지 않았다. 실제로 유운태를 만나 점을 친 사람들이 남긴 기록을 근거로 살펴본다면 정확하지는 않으나 18세기 중후반이 그의 활동 연대로 추정된다.

그렇다면 유운태를 만난 사람으로는 누구를 꼽을 수 있을까? 영조 때 시인으로 명성이 높은 신광수申光洙, 1712~1775는 1760년과 그 이듬해에 평안도를 여행했다. 평안도로 가는 길에 그는 봉산을 들러 하룻밤 묵으면서 유운태를 만났다. 이때 점을 치고 그에게 시 두 편을 지어주었다. 시의 제목은 「봉산의 점술가 유운태에게 준다」이다.

남쪽에서 명성을 들은 지
벌써 10년째이나
봉산은 천 리 길이라
와볼 길이 없었네.

필마 타고
서관 가는 오늘에야
시를 지어 내놓고서
복채로 대신하네.

南國聞名已十年 鳳山千里到無緣
今朝匹馬西關路 只把新詩當卜錢

유씨는 엄군평보다
더 어진 분이지
복채를 달라지 않아
세상에 명성 가득하네.

길 떠나며
참빗을 정표로 남기노니
나 떠나간 뒤에
머리 빗으며 그리움을 달래보소.[12]

劉生賢勝蜀君平 卜不要錢滿世名
臨行却贈雙梳子 別後梳頭憶我情

그의 명성을 남쪽에서 들었다는 것은 신광수의 고향집이 충청도
한산이기 때문이다. 시는 유운태의 명성이 얼마나 높았는가를 넉넉

하게 보여준다. 신광수 같은 풍류 시인이 봉산에 와서 다른 사람도 아닌 맹인 점쟁이를 찾은 것은 의외다. 이전에 안면을 튼 것도 아니므로 유운태의 명성을 듣고 찾아갔음이 분명하다. 시의 내용으로는, 신광수도 점을 쳤다.

신광수가 점을 치고서 복채를 내놓은 것 같지는 않다. 하기야 그는 「관산융마關山戎馬」와 같은 시를 지은, 전국적으로 유명한 시인이므로 유운태가 그의 명성을 몰랐을 리 없다. 실리만으로 따져도 두둑한 복채보다 시를 받는 것이 이익이다. 또 제 아무리 유운태가 명복이라고는 하나, 신광수 같은 시인에게 시를 받는 것은 무한한 영광이기 때문에 억지로 복채를 준다고 해도 받았을 리 없다.

한편 유운태를 엄군평보다 현명하다고 평한 대목에 눈길이 간다. 단순히 복채를 채근하지 않았다고 해서 그런 호평을 한 것이 아닐 것이다. 앞서 본 『추재기이』에서도 그에게 엄군평의 풍모가 있다고 세상에서 말한다는 언급이 나온다. 여기서 엄군평은 후한 시절의 은사로서 점쟁이의 전설이 된 인물이다. 그는 사천성 성도成都에서 점쟁이 노릇을 하면서 사람들을 충효와 신의로 이끌었다. 또한 하루에 돈 100전을 벌면 가게 문을 닫고 『노자』를 읽었다고 한다.

유운태를 엄군평에 빗댄 것은 그가 직업적 점쟁이임에도 불구하고 점술로 사람을 현혹시키기보다는 윤리적 행동으로 이끈 도덕적 교사의 일면을 보이기 때문이다. 의심스런 일을 해결해달라고 찾아오는 사람들에게 점을 쳐주기는 하지만, 점술만을 맹신하지 말고 부모에게 효도하고 어른을 공경하며 나라에 충성하고 남에게 신의를 지키는 것이 더 앞세워야 할 일이라고 유도했던 것 같다. 사람답게 사는 도리가 앞날을 예견하고 비상한 방법으로 난제를 해결하는 방법에 앞선다고 말해준 것이다. 이렇게 다급하게 찾아온 고객을 사람다운 길로 인도한다는 점에서 그는 어른다운 덕망을 가진 대인으로 보인다.

———

선함을 일깨웠나, 혹세무민했나

그렇다면 이러한 평가는 어디까지가 사실일까? 여기에는 상당한 근거가 있다. 조선 후기의 문신 성대중은 『청성잡기』라는 책에서 유운태에게 자기 운명을 점치게 한 사연을 밝혀놓았다. 유운태는 점을 치고서 "운수가 참 좋습니다. 봄바람 같은 온화한 얼굴이요, 비단결 같은 고운 마음씨입니다. 벼슬살이를 할 때에는 살려주는 사람이 참으로 많을 것입니다"라고 말했다.

점 풀이를 들은 성대중은 그 뒤로 늘 곤경에 처한 사람을 살리는 것이 자기가 해야 할 일인 양했다. 그래서 사형에 처해질 옥사가 뒤집혀진 경우도 꽤 되었다. 그는 희천군에서 지방관으로 재직하면서 두 명의 죄수를 죽였고, 경주에서도 두 명을 죽였지만, 그들은 중범죄를 저지른 자들이라 어떻게 손써볼 도리가 없었다. 그래도 성대중은 이렇게 말했다.

"법적으로 본다면야 반드시 죽여 용서하지 못할 죄를 저지른 그들이지만, 그들을 처벌할 때에도 맹인 점쟁이 유운태가 한 말이 떠오르지 않을 수 없었다."[13]

두 승려가 부적인 듯한 물건을 펼쳐놓고 시주를 호소하고 있다.
당시에는 점을 보거나 굿을 하는 것이 금지되어 있었지만 이는 대중들 사이에서
일상적으로 벌어지던 일이었다. 김홍도, 「점괘」, 보물 제527호, 국립중앙박물관 소장.

유운태가 실제 점괘를 말해준 것일 수도 있겠지만 그보다는 점괘
가 어떻게 나왔든지 간에 사람의 선한 의지를 일깨워주는 취지로
일부러 돌려서 이야기했다고 보는 것이 옳다. 선비인 성대중이 그
런 유운태의 점괘풀이를 곧이곧대로 다 믿었을 리야 없겠지마는 그
가 한 말을 따라 하는 것이 좋은 지방관으로서 바람직한 길인 데야
마다할 이유가 없지 않은가?
　물론 전국적인 명성을 지닌 이 점쟁이에게 후한 평가만 있었던 것

은 아니다. 성대중과 친했던 이덕무는 그에 대해 비판적인 평을 남겼다. 1778년 북경을 가던 이덕무는 3월 23일 봉산에 이르러 하룻밤 잘 때 그를 떠올렸다. 그를 직접 만나지는 않은 듯하나 봉산의 지역 명사로는 그를 대신할 사람이 없었던 것 같다. 이때의 생각이 기행문인 「입연기入燕記」에 실려 있다. 그는 "유은태劉銀泰는 봉산 사는 소경으로 운명을 점치는 사람이다. 가끔 기막히게 맞히기 때문에 이름이 나라 안에 쫙 퍼졌다. 남의 비위를 잘 맞추고 교묘하게 속이는 것에 불과하건만 거기에 미혹된 사람이 많다"고 했다.[14] 그가 신통력이 있는 것은 인정하겠지만 그것이 모두 혹세무민하는 술수라는 것이다. 이덕무는 본래 점쟁이를 아주 싫어한 학자라서 혹평을 내렸으나 그의 명성까지 부정하지는 못했다. 고객을 사람답게 인도하는 것을 두고 이덕무는 남의 비위를 잘 맞추고 교묘하게 속이는 것에 불과하다고 비꼬았다. 같은 사실이 보는 사람에 따라 이렇게 다르다.

―――

미제 살인사건을 해결한 전설의 점쟁이

지금까지 이구동성으로 유운태의 명성을 전하는 기록을 보았다. 정리하자면 그를 맹인 점쟁이의 전설이라고 말해도 과장이 아니다. 신빙할 만한 학자들의 언급이므로 그의 높은 명성과 위상은 사실로 받아들여야 하리라.

신기에 가까운 그의 점술과 명성은 역사 기록보다 오히려 야담에서 더 인상적으로 묘사되었다. 19세기 최고의 야담집으로 손꼽히는 『청구야담』에는 「명복을 찾아가서 억울한 옥살이에서 풀려나다〔訪名卜冤獄得伸〕」라는 제목의 야담이 실려 있다. 이 이야기가 실화인지 허구인지를 명료하게 판단하기는 어렵지만, 적어도 실화에 바탕을 둔 이야기로 추정할 수 있다. 여기에서 명복은 다름 아닌 유운태이다. 야담의 줄거리는 이렇게 전개된다.[15]

전주에서 과부 한 사람이 밤에 목이 잘린 채 죽었다. 핏자국을 따라가 보니 서쪽 집 담 안에 목이 떨어져 있었다. 서쪽 집주인은 범인으로 지목되어 모진 심문을 당하고 여러 달 감옥에 갇혀 거의 사경을 헤맸다. 그러나 실제로 그는 살인을 하지 않았다. 그에게는 아들 둘이 있었는데 억울함을 이기지 못했으나 진범을 찾을 방법이 없었다. 두 아들은 이렇게 상의했다.

"봉산의 유운태가 나라의 명복이라 하니 찾아가서 물어보자!"

드디어 복채와 노잣돈을 후하게 갖고서 말 한 필을 끌고 유운태를 찾아갔다. 그에게 자세히 사연을 말하고 진범을 찾아달라고 부탁하며 복채를 내밀었다. 유운태는 "오늘은 날이 저물었으니 내일 새벽에 점을 칩시다"라고 했다. 다음 날 새벽에 유운태는 세수를 하고 도포를 입은 다음 대청에 나와 앉았다. 화로에 불을 태우고 앞에 책상 하나를 놓았다. 또 큰 병풍으로 주위를 둘러치고 그 속에 앉아서 향을 사르고 축문을 외우며 점을 쳤다. 괘를 얻고 나서도 한참을 풀이하더니 밖으로 나와서 두 아들을 불렀다.

"너희들은 이제 바로 고향으로 돌아가되 너희 집으로 들어가지 마라. 곧장 서남쪽 길을 따라 70리쯤 가다 보면 왼편으로 작은 갈림

길이 나타난다. 여기서부터 길을 가면 그 아래에 삼밭 수십 무畝가 있고, 그 아래 수십 보 떨어진 곳에 초가집이 나타난다. 낮에는 삼밭에 숨고 저문 뒤에는 그 집 울타리 뒤에 잠복하고 있으면 반드시 알아차릴 일이 있을 것이다."

두 아들이 그 말대로 따랐더니 과연 똑같았다. 밤에 그 집 울타리에 숨어서 귀를 기울였더니 신발을 삼던 남자가 일을 마치고 방 안에 들어가 기쁜 목소리로 아낙에게 이렇게 말하는 것이었다.

"이제는 아무 걱정이 없소. 아무개가 내 대신 심문을 자주 당해 이제 곧 죽게 됐소."

그 말을 듣자마자 두 아들이 바로 뛰어들어가 그자를 포박하여 관아로 끌고 갔다. 그자는 과부를 범하려 했으나 말을 듣지 않아서 죽였노라고 순순히 실토했다.

재미는 있으나 믿기는 어려운 이야기이다. 유운태가 기가 막히게 점을 잘 맞춘다고 말한 이덕무의 지적이 이런 유일 것이다. 그러나 진범을 잡기 위해 점쟁이의 도움을 받았다는 이야기의 사실성 여부를 떠나서 유운태의 명성이 민중들에게까지 널리 퍼진 정황은 적절하게 보여준다. 18세기의 명복 유운태에게는 더 흥미로운 사실이 많았을 것이다. 다만 기록이 사라졌을 뿐이다.

주석

1부 널리리야, 딴따라들의 향연

1) 이규경(李圭景), 『오주연문장전산고(五洲衍文長箋散稿)』, 「성희변증설(聲戲辨證說)」, 한국고전번역원 국학원전 표점본. "其中錄林鐵崖嗣環『秋聲詩自序』, 余强名曰聲戲. 中原自古多戲, 有幻戲·煙戲·火戲·水戲·魚龍曼延之戲, 而此則以聲音爲戲, 故辨之證之."

2) 성현(成俔), 『용재총화(慵齋叢話)』, 『대동야승(大東野乘)』 제1집, 조선고서간행회, 1909, 130~131쪽. "吾隣有咸北間者, 自東界出來, 稍知吹笛, 善談諧倡優之戲. 每見人容止, 輒效所爲, 則眞贗莫辨. 又能蹙口作觱篥角之聲, 聲甚宏壯, 倡徹數里, 至如琵琶琴瑟之聲, 鏗鏘發口, 咸中節奏. 每入內庭, 多受賞賜. 又有大毛知者, 善爲鵝鴨鷄雉之聲, 聲若出口, 隣贖鼓翅而來. 又耆之有奴曰佛萬者, 善爲狗吠. 嘗遊嶺東到一村, 夜半發聲, 隣犬皆集."

3) 이창숙, 「만뢰(萬籟)를 울려 내는 입의 재주―구기」, 『문헌과 해석』 21호, 78~94쪽.

4) 서가(徐柯), 『청패유초(淸稗類鈔)』 제11책, 베이징: 중화서국(中華書局), 1986, 5076~5077쪽. "口技爲百戲之一種, 或謂之曰口戲. 能同時爲各種音響, 或數人聲口及鳥獸叫喚, 以悅座客. 俗謂之隔壁戲, 又曰肖聲, 曰相聲, 曰象聲, 曰像聲. 蓋以八仙卓橫擺, 圍以布幔, 一人藏于中. 惟有扇子一把, 木板一塊, 聞者初不料爲一人所作也."

5) 임사환(林嗣環), 「추성시자서(秋聲詩自序)」(장조(張潮) 편, 『우초신지(虞初新

志)』, 하북인민출판사, 1995), 10~11쪽. "京中有善口技者, 會賓客大讌于廳事之東北角施八尺屏障, 口技人坐屏障中, 一桌, 一椅, 一扇, 一撫尺而已. 少頃, 但聞屏障中撫尺二下, 滿堂寂然, 無敢嘩者. 遙遙聞深巷犬吠聲, 便有婦人警覺欠伸, 搖其夫語猥褻事. 夫囈語, 初不甚應. 婦搖之不止, 則二人語漸間雜, 床又從中戛戛. 旣而兒醒大啼, 夫令婦撫兒乳. 兒含乳啼, 婦拍而嗚之. 夫起溺, 婦亦抱兒起溺. 床上又一大兒醒, 猖猖不止. 當是時, 婦手拍兒聲, 口中嗚聲, 兒含乳啼聲, 大兒初醒聲, 床聲, 夫叱大兒聲, 溺瓶中聲, 溺桶中聲, 一齊湊發, 中妙畢備. 滿座賓客, 無不伸頸側目, 微笑默歎, 以爲妙絶也. 旣而夫上床寢, 婦又呼大兒溺, 畢, 都上床寢. 小兒亦漸欲睡, 夫齁聲起, 婦拍兒亦漸拍漸止. 微聞有鼠作作索索, 盆器傾側, 婦夢中咳嗽之聲. 賓客意少舒, 稍稍正坐. 忽一人大呼火起. 夫起大呼, 婦亦起大呼, 兩兒齊哭. 俄而百千人大呼, 百千兒哭, 百千犬吠. 中間力拉崩倒之聲, 火爆聲, 呼呼風聲, 百千齊作. 又夾百千求救聲, 曳屋許許聲, 搶奪聲, 潑水聲. 凡所應有, 無所不有. 雖人有百手, 手有百指, 不能指其一端, 人有百口, 口有百舌, 不能名其一一處也. 於是賓客無不變色離席, 奮袖出臂, 兩股戰戰, 幾欲先走. 而忽然撫尺一下, 群響畢絶, 撤屛視之, 一人, 一桌, 一椅, 一扇, 一撫尺而已!"「추성시자서」 서두에는 이 이야기를 듣게 된 경위를 설명했고, 뒤에도 짤막하게 몇 마디를 덧붙였다. 여기서 인용한 부분은 일찍부터「구기」라는 제목으로 여러 책에 실렸다. 윤오영 선생의 『수필문학입문』(관동출판사, 1975)에 실린 번역문에는 일부 외설스런 대목이 빠져 있으며, 현재 중국의 중학교 2학년 교과서에도 같은 삭제판이 실려 있다. 우리나라에서 널리 읽힌 김성탄본 『수호지』의 평설에도 같은 내용이 실려 있다.

6) 한재락(韓在洛), 『녹파잡기(綠波雜記)』, 단국대 연민문고 소장 복사본. "君者, 善洞簫, 隨口而吹, 自然中節. 如古今歌曲, 莫不臻其精妙. 又效百鳥聲, 一座爲之絶倒. 旣而寡婦哭, 哀怨凄絶, 至令人墮淚. 往來於崧陽浿城間, 競相邀致, 殆無虛日. 皆以瞎者笒音之稀爲恨."

7) 김영진, 「예헌 이철환의 생애와 『상산삼매』」, 『민족문학사연구』 제27호, 2005, 109~145쪽.

8) 퍼시벌 로웰, 조경철 옮김, 『내 기억 속의 조선, 조선 사람들』, 예담, 2005, 284~290쪽.

9) 사진실, 『공연문화의 전통』, 태학사, 2002, 484~537쪽; 손태도, 『광대의 가창문화』, 집문당, 2003, 218~257쪽.

10) 김태준, 「야담의 기원에 대하여」, 『김태준전집』, 보고사, 1990, 115~117쪽. 원
    출전은 『비판』 4권 3월호(1936. 4. 20)이다.

11) 김소운, 『조선구전민요집』, 도쿄: 제일서방, 1933, 616쪽.

12) 이용기 편, 『악부』, 고려대 민족문화연구원, 1992.

13) 장유승, 「가장본 『자오록(自娛錄)』」, 『문헌과 해석』 39집, 2007년 여름.

14) 이영유(李英裕), 『운소만고(雲巢謾稿)』, 「기악공김성기사(記樂工金聖基事)」,
    규장각 소장 필사본.

15) 신익(申瀷), 『소심유고(素心遺稿)』, 「문(文)」, '증이현정서(贈李顯靖序)', 규
    장각 소장 필사본. "及釣隱死, 君與南原負其屍, 往葬於廣陵之山. 于時浮雲變
    色, 山谷窈冥, 鳥獸紛紛哀鳴而上下. 酒以一大白澆其土, 相向大哭, 哭罷, 按
    琴各奏其所學. 曲未終, 悲風從白楊起, 颯然有聲. 舍琴, 復大哭. 道傍過者,
    皆莫測其意也."

16) 손태도와 사진실의 앞의 저서를 참조하라.

17) 김동욱 교주, 『단편소설선』, 민중서관, 1973, 631~649쪽.

18) 유재건(劉在建), 『이향견문록(里鄕見聞錄)』, 「김중진(金仲眞)」, 아세아문화사
    영인본, 1974, 176~180쪽; 이상진 옮김, 『이향견문록』, 자유문고, 1996,
    178~181쪽. "正廟時有金仲眞者, 年未老而齒牙盡落, 故人嘲號曰瓜濃. 善詼
    諧俚談, 其於物態人情, 曲盡纖悉, 往往有可聽者, 其三士發願說……."

19) 김기형 역주, 『적벽가·강릉매화타령·배비장전·무숙이타령·옹고집전』, 한
    국고전문학전집 33집, 고려대 민족문화연구원, 2005, 291쪽.

20) 편자 미상, 『청구야담(靑邱野談)』 권2, 「풍인객오물음선해(諷吝客吳物音善
    諧)」, 아세아문화사 영인본, 1985, 176~179쪽.

21) 유재건, 앞의 글.

22) 김동욱 교주, 앞의 책, 504~519쪽.

23) 서유구 원저, 안대회 편역, 『산수간에 집을 짓고』, 돌베개, 2005, 14~15쪽.

24) 편자 미상, 『청구야담』 권2, 앞의 글.

25) 박지원 원저, 김혈조 옮김, 『열하일기』, 돌베개, 2009.

26) 『정조실록』 31권, 1790년 8월 10일 기사. "判曰: '諺有之, 鍾街烟肆, 聽小史
    稗說. 至英雄失意處, 裂眦噴沫, 提折草劍直前, 擊讀的人, 立斃之. 大抵往往
    有麥浪死, 可笑.'" 이 내용이 이덕무가 정조의 명으로 지은 「은애전(銀愛傳)」
    (『청장관전서』 권20)에는 "古有一男子, 鍾街烟肆, 聽人讀稗史. 至英雄最失意

處, 忽裂眦噴沫, 提載烟刀, 擊讀史人, 立斃之. 大抵往往有孟浪死・可笑殺"
라고 기록되어 있다. 한편 정약용도 같은 내용을 『흠흠신서(欽欽新書)』에 기록
했다.

27) 강이천(姜彝天), 『중암고(重庵稿)』, 「한경사(漢京詞)」, 규장각 소장 필사본.

28) 유재건, 『이향견문록』, 「이자상(李子常)」, 앞의 책, 351쪽.

29) 구수훈(具樹勳), 『이순록(二旬錄)』, 『패림(稗林)』 권9, 탐구당, 1970,
452~453쪽. "頃年一常漢, 自十餘歲畵眉粉面, 習學女人諺書體. 善讀稗說,
聲音如女人矣. 忽不知去處, 變爲女服, 出入士大家, 或稱知脈, 或稱方物興
商, 或以讀稗說. 且締結僧尼, 供佛祈禱. 士夫婦女之一見之者, 莫不愛之, 或
與同宿處, 因作行淫. 張判書鵬翼知之, 鉗其口殺之, 如開口, 恐有難處故爾.
盖宰相家被辱者, 專由豪奢無事之致也."

30) 편자 미상, 『청구야담』 권5, 「실가인삭탄박명(失佳人數歎薄命)」, 앞의 책. "李
業福儕輩也. 自童稚時, 善讀諺書稗官, 其聲或如歌, 或如怨, 或如笑, 或如哀,
或豪逸而作傑士狀, 或婉媚而做美娥態, 盖隨書之境而各逞其能也. 當時豪富
之流, 皆招而聞之. 有一吏胥夫婦, 酷貪此技, 哺養業福, 遇如親黨, 許以通
家."

31) 유경종(柳慶種), 『해암고(海巖稿)』 7책, 개인 소장 필사본, 「日昨人見家有誦
西遊記者, 眞諺相雜. 其聲悠揚曲折, 極可聽. 惜乎枉用其才, 徒爲人役也」.

32) 홍신유(洪愼猷), 『백화자(白華子)』 제2규, 「달문가(達文歌)」, 개인 소장 필사
본.

33) 강이천, 앞의 책.

34) 안대회, 『고전산문산책』, 휴머니스트, 2008, 464~471쪽.

35) 안대회, 위의 책, 260~268쪽.

36) 최영년(崔永年), 『해동죽지(海東竹枝)』 중편 「속악유희(俗樂遊戲)」, '풍각패
(風角牌)', 장학사, 1925. 여기에는 다음과 같은 설명이 붙어 있다. "舊俗殘疾
者, 習奚琴短笛, 隊隊行乞於市. 其曲如泣如訴, 聲甚哀絕, 聞之者莫不流涕,
擲錢相助, 名之曰풍각쟁이."

37) 조길사(趙吉士), 『기원기소기(寄園寄所寄)』, 베이징: 황산서사(黃山書社),
2008, 900~901쪽. "某公嘗謂蘇納菴曰: '僕居京數年, 恨不聽李馨琵琶.' 已
而以侍御拜命使蜀, 而蘇蜀人, 獨餞之, 酒酣曰: '有麗人以侑觴, 可乎?' 公不
可. 忽屛內笑聲出, 如所謂麗人, 而別一老妓, 若嗔其笑, 悠揚作聲怒之. 已又

若麗人不受敎, 而譯語擲器皿墮地, 成碎磁聲, 種種逼眞. 某公大懼出走, 蘇
笑曰: '無妨.' 遠令徹屛, 獨瞽者抱琵琶坐, 旁無一物, 諸聲皆自琵琶出者也.
公 曰: '今日乃識李君.' 於是聽琵琶終夜不去."

2부 파란만장해라, 기고만장한 여인들

1) 이면승(李勉昇), 『감은편(感恩編)』, 「만덕전(萬德傳)」, 규장각 소장 필사본.

2) 이 시는 『범곡기문(凡谷記聞)』에 수록된 작품으로 『이향견문록』(권4, 아세아문
   화사 영인본, 1974, 247쪽)에 전재되었다.

3) 이가환(李家煥), 『금대시문초(錦帶詩文鈔)』, 「송만덕환탐라(送萬德還耽羅)」,
   문집총간 255집, 한국고전번역원. "萬德瀛洲之奇女, 六十顔如四十許. 千金糴
   米救黔首, 一帆浮海朝紫禦. 但願一見金剛山, 山在東北烟霧間. 至尊唧肯賜飛
   驛, 千里光輝動江關. 登高望遠壯心目, 飄然揮手還海曲. 耽羅遠自高夫良, 女
   子今始觀上國. 來如雷喧逝鵠擧, 長留高風灑寰宇. 人生立名有如此, 女懷淸臺
   安足數?"

4) 단양의 두향은 퇴계 이황 선생과의 로맨스로 유명하고, 함흥 기생 가련은 이광덕
   (李匡德)과 애련한 사랑을 나눈 여인으로 수많은 사대부가 그녀에게 준 시집이
   전한다. 운심은 18세기를 대표하는 검무의 명인으로 필자가 『조선의 프로페셔
   널』에서 그녀의 생애를 추적한 바 있다. 장성의 노아는 조선 중기의 기생으로 미
   모와 기지로 유명하다. 모두 전국적인 명성을 얻은 유명인이다.

5) "金鐘周大母大施島饑, 被殊異之恩, 至入金剛山, 縉紳皆紀傳歌詠之, 古今罕
   有也. 書贈此扁, 以表其家. 阮堂."

6) 편자 미상, 『청구야담』, 「걸혼수박도령정표(乞婚需朴道令呈表)」, 앞의 책,
   583~587쪽. "安約正金風憲, 此皆不願於娶渠. 許座首權別監, 彼亦無意於婿
   我. 頭上之加冠已久, 人或疑其喪妻; 脚間之同甲夙成, 孰不冤其無子. 寡婦家
   獨女婿, 平生之至願蹉跎; 大臣宅兒婢夫, 遐方之蹤跡趷躂. 所以上下寺不及,
   每被今明年虛過. 稠人廣座中, 不飮而面熱; 獨守空房裏, 堗雖暖而心寒. 曾未
   過襁褓中孩兒, 宋神宗之天緣何在; 尙不知衣裾下珍味, 梁處士之人生可憐. 心
   懷惡時, 豈無拳夫人之戲; 兒童逢處, 難堪老都令之稱."

7) 고순희, 「노처녀가(1) 연구」, 『한국시가연구』제14집, 2003, 165~193쪽; 성무

경, 「'노처녀' 담론의 형성과 문학양식들의 반향」, 『한국시가연구』 제15집, 2004, 157~187쪽; 박일용, 「노처녀가(1)의 담론 형태와 그 시학적 의미」, 『조선 후기 시가와 여성』, 월인, 2006, 73~110쪽.

8) 안대회, 「연작가사 『승가』의 작자와 작품 성격」, 『한국시가연구』 제26집, 한국시가학회, 2009. 5; 안대회, 「18세기 기궤첨신(奇詭尖新) 한시(漢詩)의 한 방향: 서명인(徐命寅)의 『취사당연화록(取斯堂煙華錄)』을 중심으로」, 『한문학연구』 48집, 2010. 6. 30; 안대회, 「서명인의 악부시(樂府詩) 창작과 국문 시가」, 『한국시가연구』 제28집, 한국시가학회, 2010. 5.

9) 임천상(任天常), 『쇄편요록(瑣編要錄)』, 국립중앙도서관 소장 사본, 164쪽. "南都事徽有勇智, 好意氣. 少時喜游蕩不檢, 嘗遇女僧甚美, 作僧歌挑之, 遂畜于家, 今世所傳僧歌是也."

10) 임천상, 위의 책, 164~165쪽. "南都事晚年治産, 身致萬金. 嘗散貸緡錢數千於三江江戶. 及期送奴督之, 奴還報事, 不覺失笑. 南怪問之, 奴乃言: '曉往某家, 尙早, 側聽則其夫妻方有房事, 妻問好麽, 夫曰不知, 妻曰云何不好, 夫曰今朝南都事宅必督錢以此不知好'云云. 南聞之, 卽取債券, 投之火曰: '男女之慾, 人之至樂, 而以吾督責, 令人不樂如彼, 吾何惜數千緡錢, 使之感傷和氣哉?'"

11) 임천상, 위의 책, 같은 곳. "南都事身致巨富, 或問富術. 南卽使盤上庭樹, 兩手握枝懸空, 尋使釋一手, 又令盡釋 一手. 其人愕曰: '若爾落傷!' 南乃曰: '下來! 此富術也. 用一錢, 如釋此手!'"

12) 서지영, 「근대적 사랑의 이면: '정사'를 중심으로」, 『한국문화』 49, 297~319쪽; 권보드래, 『연애의 시대』, 현실문화연구, 2003.

13) 이 저작은 범곡(凡谷) 김수근(金洙根)이 편찬한 책으로 추정되는데, 현재 전하지 않고 이 기사가 유재건의 『이향견문록』에 인용되어 있다.

14) 안대회, 『고전산문산책』, 휴머니스트, 2008, 360~363쪽.

15) 원매(袁枚)는 『신제해(新齊諧)』 중 '사람 새우' 항목에서 이 방법으로 자살하려다가 불구자가 된 기이한 인물을 소개하였다.

16) 홍낙순(洪樂純), 『대릉유고(大陵遺稿)』 권9, 「의창전(義娼傳)」, 개인 소장 필사본. "義倡翠娥者, 本安陰縣妓也. 來京師爲倡, 善歌舞, 工言笑, 巧中人意. 京師中宗室豪傑貴游子弟及俠少年愛慕之, 每宴飮, 非娥不樂也. 酒半酣, 引聲唱竹枝辭詞, 其聲幽咽, 若叩玉吹簫, 座客盡傾, 諸名妓自以爲不及也. 娥雖

爲倡也, 豪俠好意氣合己者, 雖貧賤必與, 不合己者, 雖貴游積金錢, 不顧也.
是故多怨者, 復歸安陰爲倡, 安陰太守沈鑰心悅之, 納諸室甚嬖, 孃撫鑰幼子
有恩. 上之乙亥國家討賊, 鑰兄鍒以大逆誅死. 鑰坐, 謫北塞爲奴, 將行謂孃
曰: '爾娼也. 無從我, 且悅人也.' 及鑰行, 孃收鑰餘財, 衣男子服, 騎匹馬, 獨
行之北塞, 見鑰. 鑰大驚, 孃泣曰: '子宜死久矣, 卽不忍引刀, 與我處數月, 可
以色荒死矣.' 後數月, 鑰果死, 孃哭之哀, 親自葬. 葬畢, 自刎死其傍. 塞上人
大義之, 與鑰同瘞也. 京師少年聞之曰: '是甞好意氣, 果以俠死也.'"

17) 성대중(成大中) 원저, 김종태 외 옮김, 『국역 청성잡기』, 민족문화추진회,
2006.

18) 임상원(任相元)·임천상(任天常), 『시필(試筆)』 교거쇄편(郊居瑣編) 5책, 규
장각 소장 필사본. "全州妓寒蟾, 選針線婢(屬工曹), 遊都下. 後色衰, 無依. 李
判書鼎輔見而憐之, 畜于家, 未嘗有私, 而善待之. 晚年厚齎送本鄉. 及李卒,
妓聞之, 乃馱酒, 尋李墳. 至則酹酒澆墳, 復大酹自飮, 曰: '大監平生喜酒喜
歌!' 遂長歌, 歌已, 慟哭, 哭罷更取酒澆之. 酒盡, 慟絶頓仆墓前, 及醒便去."

19) 편자 미상, 『청구야담』, 「추기임로설고사(秋妓臨老說故事)」, 앞의 책, 258쪽.
"秋月, 公山妓也. 以歌舞姿色選入尙方, 聲價最高, 風流輩爭慕之, 擅名繁華
之場, 數十年久矣. 及其老也, 每自言平生有三可笑事. '一時在李尙書家, 笙
歌喧轟之時, 唱雜詞, 絃轉而聲正繁, 適有一宰相入來, 風儀端正, 目不邪視,
可知其爲正人君子也. 與主人大監敍寒喧畢, 仍使唱歌, 盡歡而罷. 時琴客金
哲石·歌客李世春·妓桂蟾梅月等偕焉.'"

20) 심로숭(沈魯崇), 『효전산고(孝田散稿)』7, 「계섬전(桂纖傳)」, 연세대 도서관
소장 필사본. 여기에는 계섬의 섬(蟾) 자가 섬(纖) 자로 수정 표시되어 있다.

21) 심낙수(沈樂洙), 『은파산고(恩坡散稿)』3책 「시문속집(詩文續集)」, 「증노기
(贈老妓)」제2수, 규장각 소장 필사본.

22) 조수삼(趙秀三), 『연상소해(聯床小諧)』제2칙, 수경당 소장 필사본. "海鹽人
王嵩母, 年八十餘, 康健殊如少壯. 一日入浴室, 化爲大鰍, 鱗鬣簸動. 其子
放諸海濱, 掉尾顧眄, 卽久入水. 瀚塘江舍人, 爲余道, 江亦海鹽人也."

23) 원매(袁枚), 『신제해(新齊諧)·속신제해(續新齊諧)』, 「인변어(人變語)」, 베이
징: 인민문학출판사, 1996, 736쪽.

24) 유몽인(柳夢寅) 원저, 유제한 편, 『어우야담(於于野談)』권5 장24, 만종재(萬
宗齋), 1964.

25) 임방(任埅) 원저, 정환국 옮김, 『천예록』, 성균관대 출판부, 2005.

3부 윗것 아랫것 뒤섞인 반상班常의 풍경

1) 장한종(張漢宗) 원저, 송신용(宋申用) 교열, 『어수록(禦睡錄)』, 「홍생아사(洪生餓死)」, 정음사, 1947, 58~59쪽.

2) 유재건, 『이향견문록』, 「정초부봉(鄭樵夫鳳)」, 아세아문화사 영인본, 1974, 297쪽.

3) 강준흠(姜浚欽) 원저, 민족문학사연구소 한문분과 옮김, 『삼명시화(三溟詩話)』, 소명출판, 2006, 446~447쪽.

4) 유언호(俞彦鎬), 『연석(燕石)』, 「동원아집도소기(東園雅集圖小記)」, 문집총간 247집, 한국고전번역원. 같은 책 「동원아집기(東園雅集記)」와 「동원아집도찬(東園雅集圖贊)」을 비롯하여 이덕무, 남공철 등의 글에도 관련 사실이 나온다.

5) 남종현(南鍾鉉), 『월암집(月巖集)』, 「초부시권서(樵夫詩卷敍)」, 장서각 소장 필사본.

6) 윤기(尹愭), 『무명자집(無名子集)』, 「시고(詩稿)」 1책, 「泮水之東北, 有所謂宋洞者, 幽閒秀異, 蒼巖削立, 刻曾朱壁立四大字, 泮人鄭祚胤築室其下, 又作書堂, 以敎授學徒, 聞之者爭往遊賞. 余亦暇日, 乘興往訪, 見同齋諸丈, 已於昨日留詩軸, 遂索筆次之.」 문집총간 256집, 한국고전번역원. 「無事饗齋日似年, 偶尋幽墅白雲巓. 人閑紫陌繁華外, 堂築蒼巖壁立前. 澗水耳淸深僻地, 桃花眼醉豔陽天. 若爲移得家相近, 乘興時來共酒筵.」

7) 김려(金鑢), 『담정유고(藫庭遺藁)』 권1, 「귀현관시초(歸玄觀詩草)」, '만춘유람절구(晩春游覽絶句)' 제4수, 문집총간 289집.

8) 홍직필(洪直弼), 『매산집(梅山集)』 권29, 「송홍동기(宋洪洞記)」 문집총간 296집, 한국고전번역원. 「洞舊有塾, 泮僕鄭學洙敎授於其中, 克修竪拂秉牌故事, 冠童百餘人, 彬彬有西河之風, 閒已累易主矣. 尤翁後人欽象戒之, 謂不宜屬別人, 買取書齋, 栽花種果, 用添其形勝, 斯可謂修族代而不遷, 遵世守而不失也. 戒之沒而不克保有, 余亦無以爲力, 任其變遷, 徒誦宋洪洞名, 有媿戒之之大矣.」

9) 풍몽룡(馮夢龍), 『고금담개(古今譚槪)』, 「벽기부(癖嗜部)」 제9, 베이징: 중화서국(中華書局), 2007, 120쪽.

10) 장진성, 「조선 후기 미술과『임원경제지(林園經濟志)』」─ 조선 후기 고동서화(古董書畵) 수집 및 감상 현상과 관련하여」, 『진단학보』 108호, 2009, 107~130쪽.

11) 신위(申緯), 『경수당전고(警修堂全藁)』 7책, 「벽로방고삼(碧蘆坊藁三)」, '재중영물삼십수(齋中詠物三十首)', 〔고려비색준(高麗秘色尊)〕, 문집총간 291집, 한국고전번역원.

12) 선조 임금 때의 인물 유극량이 귀신이 나오는 폐가에서 은으로 만든 동자 열두 개를 찾아내는 사연은『좌계부담(左溪裒談)』등에 흥미롭게 전개되었다.

13) 『승정원일기』, 영조 30년 윤4월 4일 기사.

14) 신돈복(辛敦復) 원저, 김기동 편, 『학산한언(鶴山閑言)』, 태학사, 1981.

15) 이 이야기는 권득기가 쓴『연송잡록(然松雜錄)』에 나온다.

4부 어두운 뒷골목을 사로잡았나니

1) 김윤식(金允植), 『음청사(陰晴史)』, 국사편찬위원회, 1960.

2) 성대중 원저, 김종태 외 옮김, 『국역 청성잡기』, 민족문화추진회, 2006, 214~216쪽.

3) 유희(柳僖), 『문통(文通)』(『진주유씨서파유희전서(晉州柳氏西陂柳僖全書)』 II, 한국학중앙연구원, 2007), 「도협서(盜俠敍)」, 294~301쪽.

4) 장조(張潮), 『우초신지(虞初新志)』 권7, 앞의 책, 127~128쪽.

5) 홍길주(洪吉周), 『표롱을첨(縹礱乙㡨)』, 「수여방필(睡餘放筆)」, 연세대 소장 필사본. "又如大盜名一枝梅, 或謂之李貞翼公爲將時人, 或謂之張大將鵬翼時人. 后亦於稗記中見之."

6) 성해응, 『연경재전집(研經齋全集)』 권9, 「기도(記盜)」, 문집총간 273집, 한국고전번역원. "孝廟時都下有墨梅盜, 發人家財, 輒畫墨梅而去, 趫勇便捷, 人莫能跡. 入貴主家竊財寶, 孝廟命貞翼捕之. 墨梅盜曰: '是公以糾盜聞, 吾將試之.' 故被擒, 貞翼詰之, 自云非墨梅盜, 公亦無以得其贓, 姑囚而廉之. 墨梅盜伺守者睡, 自解枷鎖, 潛入貞翼室儵貨出, 又畫墨梅. 貞翼覺而見墨梅在壁, 以爲囚非墨梅盜, 卽釋之."

7) 서신혜, 「일지매 이야기의 연원과 전승 양상」, 『어문연구』 통권 123호, 2004, 239~260쪽; 최용철, 「의적 일지매 고사의 연원과 전파」, 『중국어문논총』 30권,

2006, 279~308쪽.

8) 고학힐(顧學頡) · 왕학기(王學奇) 편, 『원곡석사(元曲釋詞)』 1, 베이징: 중국사
회과학출판사, 1983, 76쪽.

9) 조희룡(趙熙龍), 「김억 · 임희지」, 『호산외기(壺山外記)』, 한길아트, 1999.

10) 이규경, 『오주연문장전산고』, 「명통시변증설(明通寺辨證說)」, 한국고전번역원
국한원전 표점본. "我東盲人, 多出於海西鳳山 · 黃州之間. 世傳海西有地陷
之災, 故人多眼眚, 其說不誣. 盲則不參於四民之列, 而無以糊口掩體, 故必學
易卜, 而兼治誦經呪. (……) 入國朝, 盲卜以洪繼寬 · 劉殷泰 · 咸順命 · 陜川
盲人, 爲卜盲之祖."

11) 정창권의 「조선 후기 시각 장애인의 삶과 사회적 인식」(주영하, 『19세기 조선,
생활과 사유의 변화를 엿보다』, 돌베개, 2005, 157~189쪽)은 조선 후기 시각
장애인의 환경을 조리 있게 정리 · 분석하여 참고가 된다.

12) 신광수, 『석북집(石北集)』, 「증봉산일자유운태(贈鳳山日者劉雲泰)」, 문집총
간 231집, 한국고전번역원.

13) 성대중, 앞의 책, 237쪽.

14) 이덕무, 『청장관전서』 권66, 「입연기(入燕記)」 상, 문집총간 259집, 한국고전
번역원, 197쪽.

15) 편자 미상, 『청구야담』 권1, 「방명복원옥득신(訪名卜冤獄得伸)」, 앞의 책,
1985, 47~51쪽.

참고문헌

강이천(姜彛天), 『중암고(重菴稿)』, 규장각 소장 필사본.

강준흠(姜浚欽) 원저, 민족문학사연구소 한문분과 옮김, 『삼명시화(三溟詩話)』, 소명출판, 2006.

고학힐(顧學頡) · 왕학기(王學奇) 편, 『원곡석사(元曲釋詞)』, 베이징: 중국사회과학출판사, 1983.

구수훈(具樹勳), 『이순록(二旬錄)』, 『패림(稗林)』 9, 탐구당, 1970.

권보드래, 『연애의 시대』, 현실문화연구, 2003.

기윤(紀昀), 『열미초당필기(閱微草堂筆記)』, 상하이: 상해고적출판사(上海古籍出版社), 2005.

김기형 역주, 『적벽가 · 강릉매화타령 · 배비장전 · 무숙이타령 · 옹고집전』, 한국고전문학전집 33집, 고려대 민족문화연구원, 2005.

김동욱 교주, 『단편소설선』, 민중서관, 1973.

김소운, 『조선구전민요집』, 도쿄: 제일서방, 1933.

사진실, 『공연문화의 전통』, 태학사, 2002.

서가(徐柯), 『청패유초(淸稗類鈔)』, 베이징: 중화서국(中華書局), 1986.

서유구 원저, 안대회 편역, 『산수간에 집을 짓고』, 돌베개, 2005.

성대중(成大中) 원저, 김종태 외 옮김, 『국역 청성잡기』, 민족문화추진회, 2006.

손태도, 『광대의 가창문화』, 집문당, 2003.

신광수(申光洙), 『석북집(石北集)』, 문집총간 231집, 한국고전번역원.

신위(申緯), 『경수당전고(警修堂全藁)』, 문집총간 291집, 한국고전번역원.

신익(申瀷), 『소심유고(素心遺稿)』, 규장각 소장 필사본.

심로숭(沈魯崇), 『효전산고(孝田散稿)』, 연세대 도서관 소장 필사본.

안대회, 『고전산문산책』, 휴머니스트, 2008.

안대회, 『조선의 프로페셔널』, 휴머니스트, 2006.

원매(袁枚), 『신제해(新齊諧) · 속신제해(續新齊諧)』, 베이징: 인민문학출판사, 1996.

유경종(柳慶種), 『해암고(海巖稿)』, 개인 소장 필사본.

유몽인(柳夢寅) 원저, 신익철 외 옮김, 『어우야담(於于野談)』, 돌베개, 2007.

유몽인 원저, 유제한 편, 『어우야담』, 만종재(萬宗齋), 1964.

유재건(劉在建) · 조희룡(趙熙龍), 『이향견문록(里鄕見聞錄) · 호산외기(壺山外記)』, 아세아문화사 영인본, 1975.

유희(柳僖), 『문통(文通)』, 『진주유씨서파유희전서(晉州柳氏西陂柳僖全書)』 Ⅱ, 한국학중앙연구원, 2007.

이규경(李圭景), 『오주연문장전산고(五洲衍文長箋散稿)』, 한국고전번역원 국한원전 표점본.

이덕무(李德懋), 『청장관전서(靑莊館全書)』, 문집총간 259집, 한국고전번역원.

이방(李昉) 등 편, 『태평광기(太平廣記)』, 베이징: 중화서국(中華書局), 1959.

이영유(李英裕), 『운소만고(雲巢謾稿)』, 규장각 소장 필사본.

이용기 편, 정재호 외 주해, 『주해악부(註解樂府)』, 고려대 민족문화연구원, 1992.

임방(任埅) 원저, 정환국 옮김, 『천예록』, 성균관대 출판부, 2005.

임상원(任相元) · 임천상(任天常), 『교거쇄편(郊居瑣編)』, 규장각 소장 필사본.

장조(張潮) 편, 『우초신지(虞初新志)』, 스자좡: 하북인민출판사(河北人民出版社), 1985.

장한종(張漢宗) 원저, 송신용 교열, 『어수록(禦睡錄)』, 정음사, 1947.

정조(正祖) 원저, 백승호 외 7인 탈초 · 번역 · 윤문, 『정조어찰첩(正祖御札帖)』 상 · 하, 성균관대 출판부, 2009.

정조, 『홍재전서(弘齋全書)』, 문집총간 262~267책, 한국고전번역원.

조길사(趙吉士), 『기원기소기(寄園寄所寄)』, 베이징: 황산서사(黃山書社), 2008.

조수삼(趙秀三), 『추재집(秋齋集)』 4책, 보진재(寶晉齋) 간본, 1939.

조수삼, 『연상소해(聯床小諧)』, 수경실 소장 필사본.

조수삼, 『추재시고(秋齋詩稿)』 8책, 서울대 규장각 소장 필사본.

조희룡 원저, 실시학사 옮김, 『조희룡전집』, 한길아트, 1999.

최영년, 『해동죽지(海東竹枝)』, 장학사, 1925.

편자 미상, 『청구야담(靑邱野談)』, 아세아문화사 영인본, 1985.

풍몽룡(馮夢龍), 『고금담개(古今譚槪)』, 베이징: 중화서국, 2007.

한재락(韓在洛), 『녹파잡기(綠波雜記)』, 단국대 연민문고 소장 복사본.

홍낙순(洪樂純), 『대릉유고(大陵遺稿)』, 개인 소장 필사본.

홍직필(洪直弼), 『매산집(梅山集)』, 문집총간 296집, 한국고전번역원.

『조선왕조실록(朝鮮王朝實錄)』, 『승정원일기(承政院日記)』, 『일성록(日省錄)』

조선을 사로잡은 꾼들

초판 1쇄 발행 2010년 9월 1일
초판 3쇄 발행 2011년 1월 6일

지은이 안대회
펴낸이 이기섭
편집주간 김수영
기획편집 박상준, 김윤정, 임윤희, 정회엽, 이길호
마케팅 조재성, 성기준, 한성진
관리 김미란, 장혜정

펴낸곳 한겨레출판(주)
등록 2006년 1월 4일 제313-2006-00003호
주소 121-750 서울시 마포구 공덕동 116-25 한겨레신문사 4층
전화 영업관리 02)6383-1602~1604 기획편집 02)6383-1619
팩스 02)6383-1610
홈페이지 www.hanibook.co.kr
이메일 book@hanibook.co.kr

ISBN 978-89-8431-419-1 03910